Fernando Lebbe

FULL MARKETING

A metodologia para organizar o marketing da sua empresa e multiplicar os resultados

Fernando Lebbe

FULL MARKETING

A metodologia para organizar o marketing da sua empresa e multiplicar os resultados

DVS EDITORA
www.dvseditora.com.br
São Paulo, 2025

FULL MARKETING

Revisão de Textos: Karoline Tureta
Design de capa: Fernando Lebbe
Projeto gráfico e diagramação: Bruno Ortega | BRO® studio

Dados Internacionais de Catalogação na Publicação (CIP)
(Câmara Brasileira do Livro, SP, Brasil)

Lebbe, Fernando
Full marketing : a metodologia para organizar o marketing da sua empresa e multiplicar os resultados / Fernando Lebbe. -- 1. ed. -- São Paulo : DVS Editora, 2025.

ISBN 978-65-5695-166-9

1. Gestão de negócios 2. Marketing - Administração 3. Marketing - Decisões 4. Planejamento estratégico I. Título.

25-309685.0 CDD-658.8

Índices para catálogo sistemático:

1. Marketing : Administração 658.8

Aline Graziele Benitez - Bibliotecária - CRB-1/3129

Nota: Muito cuidado e técnica foram empregados na edição deste livro. No entanto, não estamos livres de pequenos erros de digitação, problemas na impressão ou de uma dúvida conceitual. Para qualquer uma dessas hipóteses solicitamos a comunicação ao nosso serviço de atendimento através do e-mail: atendimento@dvseditora.com.br. Só assim poderemos ajudar a esclarecer suas dúvidas.

Dedico este livro à minha esposa, Dani, que pacientemente cuida de nossa vida para que eu possa me dedicar ao trabalho, aos estudos e à Lebbe.

Também às minhas duas filhas, Elis e Micaela, que me inspiram a ser uma nova pessoa todos os dias.

AGRADECIMENTOS

Agradeço imensamente a todos os clientes que atendi desde 2002, pois foram meus melhores professores.

Aos meus parceiros de jornada na vida profissional, Humberto Barra Filho, meu primeiro sócio, Dino Bastos e Dino Sávio, sócios da Lebbe no Grupo Partners, ao consultor Carlos Caixeta e ao meu irmão de profissão, grande amigo e diretor de criação da Lebbe, Marcos Ferraz.

EPÍGRAFE

"Weniger, aber besser."
(Less, but better - Menos, porém melhor)

— **Dieter Rams**,
Designer industrial alemão

* * *

Se não for um SIM óbvio, é um NÃO óbvio.

— **Greg McKeown**,
Essencialismo

PREFÁCIO

MARCOS FERRAZ

Comecei numa agência que tinha um slogan excepcional: "A verdade bem-dita". E, passados 40 anos, creio que havia ali uma aula de marketing extremamente poderosa e contemporânea.

A parte do "bem-dita" se referia à maneira com que você diz algo: criativa, inovadora, diferente.

Mas é na parte da "verdade" que se esconde uma potência que muitas vezes é equivocadamente esquecida. A que se refere à **essência**, ao significado do que uma marca é, do motivo pelo qual ela existe.

Definitivamente ninguém muda, amplia ou melhora algo que desconhece. Ou mesmo se desconecta.

Somos desafiados a todo tempo a conhecer e dominar uma nova tecnologia, uma nova ferramenta, uma nova inteligência. E essa busca de agora em diante será sem fim.

Mas quando esquecemos nossa essência, nosso propósito, mais cedo ou mais tarde nos perdemos no caminho.

Este livro é um convite permanente a ampliar seus domínios. É um convite sistemático a olhar sob diferentes perspectivas, todas as dimensões do que faz, de que maneira faz e para quem está fazendo.

A um pedreiro não basta mais saber que está colocando tijolos e fazendo uma parede.

É fundamental saber que está erguendo uma escola e ter orgulho disso.

Qual o coração da sua empresa, qual o cerne do seu negócio? Como o mercado o vê, como as pessoas o reconhecem? Quem é você na fila do pão?

"Quem nega aos seus, degenera." A frase é meio antiguinha, mas continua sendo um martelo nos dedos de quem desvia, mesmo que por um instante, da própria vocação.

Como você educa e reeduca, constantemente, as pessoas que viajam com você na embarcação que é a sua empresa, marca ou mesmo a sua vida?

As ondas fortes do mercado vão jogá-lo de um lado para outro todo o tempo, mas se seu leme está muito bem amarrado na direção que precisa estar, as tempestades e os enjoos serão apenas desafios temporários de suas conquistas.

Bem-vindo a bordo do Full Marketing de Fernando Lebbe, que tenho a intimidade de chamar de irmão e dupla.

Aqui você vai navegar nos mares intensos, vivos e desbravadores em que tenho navegado nos últimos anos na Lebbe.

Boa viagem.

Marcos Ferraz *é poeta, publicitário e professor.*

Foi redator da McCann-Erickson, Ogilvy, JWT, Enio Mainardi, VS Escala.

Foi Diretor de Criação da Ogilvy, Sócio e Diretor de Criação da SA&A — agência que deu origem à NewcommBates Brasil, onde foi Sócio de Roberto Justus e também dirigiu a criação.

Criou cases importantes para Coca-Cola, Kaiser, Perdigão, Correios, Eletrobrás, Goodyear, Governo de São Paulo, Nossa Caixa, SOS Mata Atlântica, Sony Pictures, Casas Bahia, Trifil, Asics, Delta Air Lines/Vasp, Extra Hipermercados, Shopping Center Norte.

E os memoráveis "Nossa verdade é dedicação total a você", para Casas Bahia e "a marca mais gostosa SIM!", para a Perdigão.

Hoje é Diretor de Criação da Lebbe.

INTRODUÇÃO

A URGÊNCIA DE PENSAR MARKETING POR INTEIRO, OU NO FULL MARKETING

Comecei a trabalhar em uma agência de publicidade em meados de 2004. Foi ali que tive meus primeiros contatos com um planejamento de marketing efetivo e colocado em prática, mesmo atuando na área de criação. Anos depois, em 2007, abri minha primeira agência e, desde então, passei a ter contato direto com clientes e a atuar mais profundamente na gestão de marketing.

Dando um salto no tempo, após atender mais de 2.000 empresas de diferentes segmentos e vivenciar de perto todas as transformações pelas quais o marketing passou, em 2022, fui convidado para coordenar a área digital de uma campanha política para o Governo de Minas Gerais. Estávamos em plena disputa para o Palácio Tiradentes, e ali ajudei a eleger, ainda no primeiro turno, o atual governador Romeu Zema.

Estava mergulhado em uma frente do marketing, o digital, com todos os seus múltiplos canais, métricas e estratégias. Mas, mesmo diante de um trabalho intenso e bem estruturado, sentia que ele poderia ter ainda mais força... se estivesse verdadeiramente integrado às demais frentes da campanha.

Ao sair daqueles longos e desafiadores dois meses de campanha, ficou claro para mim um padrão que eu já vinha observando há anos: a fragmentação do marketing.

Muitos negócios investem em ações digitais, contratam agências, publicam nas redes sociais, lançam promoções, criam campanhas sazonais... mas fazem tudo isso de forma desconectada. Sem um plano claro. Sem uma estratégia unificada. E, principalmente, sem visão de longo prazo. O resultado? Esforço disperso, ruído de marca e desperdício de recursos.

Foi daí que nasceu o conceito de **FULL MARKETING**.

Mais do que uma expressão, FULL MARKETING é uma provocação: será que estamos olhando para o marketing de forma completa? Será que estamos integrando todas as disciplinas, frentes e áreas que, de fato, geram valor e crescimento para o negócio?

O QUE É FULL MARKETING?

FULL MARKETING é o entendimento de que marketing não é apenas comunicação. Não é só mídia paga, criação de conteúdo ou presença digital. Marketing é construção de marca, é relacionamento com públicos-chave, é estratégia comercial, é experiência, é geração de valor. E tudo isso precisa ser **planejado, estruturado e conectado**.

FULL MARKETING é sobre unir:

Posicionamento, estratégia e execução;

Branding, relacionamento e performance;

Presença e ataque com conversão;

Experiência com encantamento;

Valor com resultado;

Ou seja, é transformar o valor das marcas, de dentro para fora.

O RISCO DE FAZER MARKETING PELA METADE

Marcas sem identidade clara, equipes que não se falam, métricas que não se conversam e investimentos que não retornam. Esse é o retrato de empresas que enxergam o marketing como um conjunto de tarefas soltas. Fazer marketing pela metade é apostar no curto prazo e abdicar da construção de valor.

FULL MARKETING nasce como resposta a esse cenário. É uma metodologia, uma forma de pensar e um convite à profundidade. Porque crescimento de verdade exige consistência, estratégia e visão integrada.

O QUE VOCÊ ENCONTRARÁ NESTE LIVRO

Este não é um livro de dicas genéricas.

É um guia estratégico e prático para quem quer colocar o marketing no centro do crescimento da empresa. Um caminho claro para estruturar **um plano completo de marketing**, do diagnóstico ao planejamento, da essência da marca à execução — com foco em resultados reais.

Você vai conhecer a **Mandala Lebbe**, um modelo que ajuda a entender onde sua marca está e o que precisa fazer para evoluir. Vai explorar a **metodologia Lebbe Growth**, que equilibra marca, relacionamento e vendas como pilares de crescimento sustentável.

Mais do que isso: encontrará ferramentas, frameworks, provocações e exemplos reais que podem transformar a forma como você e sua empresa enxergam o marketing.

Seja você um CMO, CEO, líder de marketing, consultor ou empreendedor, este livro é para quem acredita que crescimento consistente exige estratégia. E que marketing, quando bem feito, é o motor que transforma visão em valor.

Não pretendo, com este livro, entrar profundamente em cada tema específico, mas lhe dar um norte, uma noção clara de como sua empresa pode atuar em determinada área do marketing. Para aproveitar ao máximo este conteúdo, minha sugestão é simples: utilize este livro como um **curso completo sobre marketing**.

Mas vá além da leitura linear.

A cada capítulo, pesquise os conceitos mencionados, assista a vídeos no YouTube, veja campanhas reais, entenda como grandes marcas pensam. Explore imagens, assista a comerciais, aprofunde-se nas referências. Use a IA para mergulhar no tema que faz mais sentido para você e para o seu negócio.

Com esse olhar ativo, você irá se enriquecer de conhecimento teórico e prático, absorvendo conceitos de forma mais profunda e divertida.

Você vai se apaixonar pelo **FULL MARKETING**.

Vamos juntos nessa jornada?

LinkedIn: Fernando Lebbe

Instagram: @fernandolebbe

Site: lebbe.com.br

SUMÁRIO

CAPÍTULO 1

A REVOLUÇÃO DO MARKETING

Vivemos em uma era de transformações rápidas e profundas, na qual o marketing, antes centrado em grandes campanhas publicitárias e canais tradicionais, foi radicalmente alterado pela digitalização e personalização. Nos últimos anos, o cenário mudou drasticamente com a ascensão das redes sociais, do e-commerce, dos marketplaces e das tecnologias baseadas em dados, que permitiram às marcas impactar seu público de maneira segmentada e eficiente.

Philip Kotler, em sua obra ***Marketing 4.0: Do Tradicional ao Digital***, enfatiza que o marketing moderno não é apenas uma evolução das plataformas, mas reflete uma mudança comportamental do consumidor, que agora detém mais poder em sua relação com as marcas. Este capítulo explora os marcos dessa revolução e as mudanças que moldaram o marketing contemporâneo.

O MARKETING ONTEM E HOJE: UMA EVOLUÇÃO HISTÓRICA

O marketing, como o conhecemos hoje, é o resultado de uma longa jornada que reflete mudanças sociais, econômicas e tecnológicas. Suas raízes remontam ao início do século XX, quando o mundo industrializado começou a se deparar com o desafio de conectar produtos a consumidores em um mercado cada vez mais competitivo. Com a industrialização em ascensão, a produção em massa superou rapidamente a demanda, exigindo ferramentas que ajudassem as empresas a se destacarem. Nesse contexto, surgiram as primeiras teorias formais sobre publicidade, como as de Claude Hopkins, que defendia a aplicação de métodos científicos e mensuráveis para influenciar comportamentos de compra.

Ao longo do tempo, o marketing evoluiu para acompanhar as novas formas de comunicação. Na metade do século XX, a popularização de meios como o rádio e, mais tarde, a televisão, transformou a publicidade em um fenômeno de massa. Nesse período, Philip Kotler consolidou o marketing como uma ciência estratégica, introduzindo conceitos que se tornariam pilares da disciplina, como segmentação, posicionamento e o composto de marketing conhecido como os 4Ps: Produto, Preço, Praça e Promoção. As campanhas publicitárias ganharam alcance nacional e internacional, levando marcas a milhões de lares e consolidando o marketing como um elemento indispensável para o sucesso empresarial.

Porém, a saturação dos mercados e o aumento da competição nos anos 1980 trouxeram a necessidade de inovação. Foi nessa época que Al Ries e Jack Trout introduziram a ideia de posicionamento, definindo-o como "a batalha pela mente do consumidor". Esse conceito ajudou as marcas a compreenderem que, para prosperar, não bastava oferecer bons produtos; era preciso ocupar um espaço claro e distinto na percepção do público. Essa mudança marcou o início da era do branding, em que empresas começaram a construir identidades fortes e emocionais que iam além das características funcionais de seus produtos.

No Brasil, marcas como a Sadia adotaram estratégias de branding inovadoras. Em 1971, a Sadia lançou seu mascote, o franguinho veloz conhecido como Lequetreque, criado por Francesc Petit e Washington Olivetto, da agência DPZ. O personagem rapidamente se tornou um importante elo de comunicação entre a marca e o consumidor, reforçando a identidade da Sadia no mercado nacional.

Outro exemplo é o do Banco Nacional, que, nos anos 1980, utilizou o jingle "Quero ver você não chorar" em suas campanhas de Natal. A música tornou-se um clássico, associando o banco a sentimentos de nostalgia e tradição, fortalecendo sua presença na mente dos consumidores.

Sugestão: procure no YouTube os filmes do lançamento das campanhas e a evolução da publicidade.

Com o final do século XX, o marketing começou a se transformar em resposta às mudanças comportamentais e econômicas da época. Em 1984, Jay Conrad Levinson lançou o livro ***Marketing de Guerrilha***, que introduziu uma abordagem revolucionária para o marketing, focada em ações de baixo custo, mas com alto impacto. Levinson defendia que as empresas precisavam ser criativas para se aproximar dos clientes, utilizando táticas personalizadas e não convencionais para criar conexões emocionais e diferenciação. Ele enfatizava que o marketing não era apenas uma série de campanhas publicitárias, mas um processo contínuo de relacionamento que deveria ser parte integrante do cotidiano de um negócio.

Essas ideias, inovadoras para a época, anteciparam muitas das práticas que se tornariam padrão com a chegada da internet nos anos 1990. O surgimento da rede mundial de computadores, em 1991, e sua popularização ao longo daquela década, marcou uma mudança de paradigma. O marketing deixou de ser unidirecional, como nas mídias tradicionais, e passou a permitir interações bidirecionais, em tempo real, entre marcas e consumidores. Essa conectividade transformou a ideia de "marketing de guerrilha" em algo ainda mais poderoso, pois possibilitou às marcas criar ações altamente personalizadas e segmentadas, aproveitando os dados dos usuários e novas plataformas digitais.

O ambiente digital expandiu os princípios defendidos por Levinson. Táticas como e-mails personalizados, fóruns interativos e os primeiros sites corporativos nos anos 1990 exemplificaram essa evolução. Com ferramentas como o Google Ads, lançado em 2000, e as redes sociais que surgiram logo depois, pequenas empresas começaram a aplicar os fundamentos de guerrilha em um ambiente digital, competindo com grandes marcas por meio de criatividade e relevância, muitas vezes com orçamentos reduzidos.

Essa transição da era pré-digital para o marketing digital revelou como as ideias centrais de Levinson — criatividade, proximidade e personalização — continuam sendo fundamentais para qualquer estratégia de sucesso, mesmo em um cenário moldado por tecnologia e dados.

À medida que o século XXI avançava, a internet continuou a remodelar as estratégias de marketing. Plataformas como Google e Facebook introduziram ferramentas que permitiam segmentações incrivelmente detalhadas, possibilitando que empresas alcançassem públicos específicos com precisão cirúrgica. A ascensão das redes sociais, como Instagram, LinkedIn e TikTok, não apenas multiplicou os pontos de contato entre marcas e consumidores, mas também mudou o equilíbrio de poder. Os consumidores tornaram-se mais exigentes, influenciados por recomendações de influenciadores digitais e comunidades on-line, em vez de confiar cegamente em mensagens publicitárias unilaterais.

Entrando na era do tempo real, profissionais como Neil Patel começaram a enxergar o marketing digital não apenas como uma ferramenta, mas como uma ciência baseada em dados. Hoje, campanhas são ajustadas em tempo real, aproveitando insights comportamentais e algoritmos que interpretam tendências emergentes. Essa abordagem, baseada em métricas e personalização, trouxe novas possibilidades, mas também novos desafios. Com tantos canais, mensagens e públicos a gerenciar, as marcas enfrentam uma complexidade sem precedentes.

O marketing de ontem, com sua ênfase em alcance e escala, deu lugar a um cenário onde cada interação conta, onde cada consumidor espera ser tratado como único e onde a relevância é o novo nome do jogo. Essa transformação, embora cheia de oportunidades, também exige que as marcas revisitem os fundamentos do branding para manter sua essência em um mundo cada vez mais volátil e fragmentado. É essa essência que continuará a guiar as estratégias mais bem-sucedidas em meio às rápidas mudanças que definem o presente e o futuro do marketing.

MUDANÇAS NO MARKETING: IMPACTO DO MARKETING DIGITAL, REDES SOCIAIS, E-COMMERCES E A PERSONALIZAÇÃO EM MASSA

O marco inicial dessa transformação foi a popularização da internet. Em 2000, apenas 361 milhões de pessoas estavam conectadas globalmente, mas esse número saltou para mais de 5 bilhões em 2023 (Statista). Essa conectividade massiva não apenas mudou a forma como consumimos conteúdo, mas também transformou o comportamento de compra.

O surgimento do Google Ads, em 2000, foi um divisor de águas, trazendo a publicidade baseada em buscas. Empresas passaram a atingir consumidores no momento exato em que demonstravam interesse por produtos ou serviços, mudando as regras do jogo. Pequenos negócios, que antes não podiam competir com grandes marcas, agora podiam anunciar de forma segmentada e acessível.

No Brasil, esse fenômeno teve impacto profundo. Dados do IBGE indicam que, entre 2008 e 2022, a proporção de domicílios com acesso à internet saltou de 18% para 91%. Esse crescimento abriu espaço para uma adoção massiva de serviços digitais e marketing baseado em dados, mesmo que os dados fossem incipientes.

EVOLUÇÃO DOS CANAIS E FORMATOS: GOOGLE, META, LINKEDIN, STREAMING DE VÍDEO E ÁUDIO, INFLUENCIADORES

A explosão de novas plataformas definiu uma era de diversidade de canais. O Facebook, lançado em 2004, foi o precursor dessa transformação, seguido por gigantes como YouTube (2005), Twitter (2006), Instagram (2010) e TikTok (2016). Essas redes não apenas conectaram pessoas, mas redefiniram como as marcas interagem com seus públicos.

Por exemplo, o TikTok revolucionou a criação de conteúdo publicitário com vídeos curtos e virais. Em 2021, 67% dos usuários afirmaram ter comprado um produto depois de vê-lo anunciado ou mencionado na plataforma (Statista). O LinkedIn, por outro lado, tornou-se essencial para marcas B2B, sendo responsável por 80% dos leads gerados em campanhas de marketing nesse segmento.

O streaming também alterou a maneira como consumimos mídia. Plataformas como Netflix, Spotify e Amazon Prime Video criaram oportunidades para as marcas, desde anúncios programáticos até conteúdos patrocinados, integrando produtos de forma sutil e altamente segmentada.

Outra mudança significativa foi a ascensão dos influenciadores digitais. Inicialmente vistos como celebridades on-line, eles se tornaram peças-chave para marcas que buscam autenticidade e alcance em nichos específicos. Segundo um estudo da Nielsen, 49% dos consumidores confiam mais em recomendações de influenciadores do que em anúncios tradicionais.

Um exemplo notável é a campanha de parcerias da Amazon com influenciadores no Brasil, que aumentou as vendas de dispositivos Echo Dot em mais de 80% em 2021. Essa estratégia não só impulsionou vendas diretas, mas também consolidou a presença da marca no mercado de casas conectadas.

MARKETING FRAGMENTADO E SEUS DESAFIOS

Com tantas opções de canais e ferramentas, o marketing moderno tornou-se mais fragmentado do que nunca. Embora isso permita segmentação detalhada, também cria desafios significativos, como:

- **Falta de embasamento teórico**: o baixo custo de entrada para serviços de marketing digital resultou em uma proliferação de profissionais e agências que carecem de conhecimento técnico sólido. Isso frequentemente gera campanhas mal direcionadas e desperdício de recursos.
- **Busca por resultados imediatos**: muitos clientes esperam retorno quase instantâneo de suas ações de marketing, negligenciando a importância de estratégias de longo prazo, como construção de marca e relacionamento.

Um exemplo dessa fragmentação é o crescimento do e-commerce de nicho, que muitas vezes foca em resultados rápidos sem desenvolver uma proposta de valor clara. No Brasil, cerca de 70% das lojas que entraram no e-commerce durante a pandemia encerraram atividades até 2022 por falta de planejamento estratégico (ABComm).

A EXPLOSÃO DO E-COMMERCE, MARKETPLACES E A PERSONALIZAÇÃO EM MASSA

A pandemia de covid-19 foi um divisor de águas para o comércio eletrônico global. Segundo um relatório da UNCTAD (Conferência das Nações Unidas sobre Comércio e Desenvolvimento), a participação do e-commerce no varejo mundial saltou de 16% para 19% apenas em 2020, resultado direto das restrições físicas e da aceleração digital forçada. Em 2024, as vendas on-line foram estimadas em torno de **US$ 6,01 trilhões**, e devem alcançar **US$ 7,4 trilhões em 2025**, significando que **quase um em cada quatro dólares do varejo** já é gasto on-line. Em 2025, a participação do e-commerce no varejo global chegou a aproximadamente **20,1%**, batendo um novo recorde.

Nos Estados Unidos, os números impressionam: as vendas on-line chegaram a US$ 791 bilhões em 2020, um crescimento de 32% em relação a 2019, de acordo com dados do U.S. Census Bureau. No acumulado de 2024, o e-commerce respondeu por **18,4%** das vendas nos EUA, com receita total de **US$ 1,337 trilhão**.

Globalmente, estima-se que existam cerca de 3 bilhões de consumidores on-line em 2025, o que representa cerca de 38% da população mundial, e mais de 28 milhões de lojas virtuais ativas no mundo todo.

O Brasil não apenas seguiu a tendência global, mas tornou-se líder mundial em crescimento do e-commerce. O setor brasileiro consolidou uma trajetória impressionante: após movimentar cerca de R$ 450 bilhões entre 2019 e 2022 — mais que o dobro do triênio anterior (R$ 178 bilhões) — o país alcançou R$ 204,3 bilhões em faturamento apenas em 2024, representando crescimento de 10,5% sobre 2023, segundo dados da ABComm (Associação Brasileira de Comércio Eletrônico).

As projeções para 2025 são ainda mais otimistas. Relatórios do portal E-Commerce Brasil e da ABComm estimam crescimento entre 10% a 16%, podendo atingir entre R$ 224,7 bilhões e R$ 240 bilhões em faturamento total, com volume de pedidos subindo para 435 milhões.

Além do salto no faturamento, houve uma verdadeira transformação no comportamento do consumidor durante a pandemia:

- 47% dos brasileiros fizeram sua primeira compra on-line em 2020, segundo a Ebit|Nielsen.
- Cerca de 150 mil novas lojas virtuais foram criadas só naquele ano, conforme relatório da ABComm.
- O ticket médio evoluiu de R$ 417, em 2019, para R$ 247,60, em 2024, refletindo maior democratização do e-commerce.

REVOLUÇÃO NOS MEIOS DE PAGAMENTO

Uma das principais transformações que impulsionaram esse crescimento foi a revolução nos meios de pagamento no país. O Pix encerrou 2024 com 63,8 bilhões de transações, crescimento de 52% ante os 41,9 bilhões em 2023, tornando-se novamente o meio de pagamento mais usado no Brasil.

Segundo estudo da Ebanx baseado em dados da PCMI, o Pix deverá representar 44% do valor total de transações on-line no Brasil em 2025, superando os cartões de crédito, que ficarão com 41% do mercado. Dados do Banco Central revelam que 63% dos brasileiros usaram o Pix pelo menos uma vez por mês em 2024, consolidando a preferência nacional por pagamentos instantâneos.

Essa mudança comportamental não apenas facilitou o acesso ao e-commerce, mas também reduziu barreiras de conversão, especialmente entre consumidores que antes dependiam exclusivamente de dinheiro físico ou boletos bancários.

Com o aumento da concorrência no digital, surgem novos imperativos: relevância e personalização. Ferramentas baseadas em inteligência artificial e *machine learning* já permitem que grandes varejistas façam recomendações hipersegmentadas, otimizem funis de compra e melhorem margens com campanhas sob medida.

Segundo estudo da McKinsey & Company, empresas que investem fortemente em personalização obtêm um aumento de até 40% na receita derivada de marketing digital. No Brasil, essa tendência se consolida: o Mercado Livre, líder absoluto com vendas estimadas em R$ 138,9 bilhões e mais de 250 milhões de visitas mensais, segundo dados da consultoria Conversion, exemplifica como algoritmos personalizados impulsionam resultados significativos no varejo eletrônico.

Fontes:

- *UNCTAD (Conferência das Nações Unidas sobre Comércio e Desenvolvimento).*
- *U.S. Census Bureau.*
- *ABComm (Associação Brasileira de Comércio Eletrônico) — dados 2024.*
- *Portal E-Commerce Brasil — projeções 2025.*
- *Ebit|Nielsen — comportamento do consumidor.*
- *McKinsey & Company — estudos sobre personalização.*
- *Conversion — rankings e dados de tráfego 2024.*

MARKETPLACES: O PICO DO COMÉRCIO DIGITAL

Os marketplaces se consolidaram como os grandes protagonistas do e-commerce brasileiro, dominando completamente o cenário nacional. Dados históricos da Ebit|Nielsen e ABComm mostram que, em 2021, cerca de 78% de todas as compras on-line no país passaram por marketplaces, representando um faturamento superior a R$ 161 bilhões no período.

Essa preferência do consumidor por essas plataformas se intensificou ainda mais. Uma pesquisa da PwC Brasil (Total Retail 2022) apontava que 71% dos brasileiros compravam exclusivamente em marketplaces, motivados principalmente pela conveniência, variedade e custo-benefício. Hoje, segundo dados da consultoria Conversion (2024), as dez maiores lojas detêm 51,5% de toda a audiência do e-commerce brasileiro, evidenciando uma concentração ainda maior do mercado.

O DOMÍNIO DOS GIGANTES: NOVO CENÁRIO COMPETITIVO

O mercado brasileiro de marketplaces passou por significativas mudanças nos últimos anos. Dados atualizados da consultoria Conversion e relatórios da ABComm (2024) mostram um novo ranking de liderança:

- **Mercado Livre** – Mantém liderança absoluta com vendas estimadas em R$ 138,9 bilhões e mais de 250 milhões de visitas mensais.
- **Shopee** – Consolidou-se na segunda posição, superando *players* tradicionais.
- **Amazon Brasil** – Terceira posição mantida.
- **Magazine Luiza** – Perdeu posições para marketplaces chineses.
- **Shein** – Subiu da 7ª para a 5ª posição com 9,3 milhões de visitas mensais.

Um movimento notável foi a ascensão de marketplaces chineses no ranking brasileiro. O AliExpress ultrapassou a Magazine Luiza, enquanto a Shein teve crescimento expressivo, refletindo a mudança no comportamento do consumidor em busca de variedade e preços competitivos.

O Mercado Livre exemplifica como a personalização se tornou essencial: a empresa reportou crescimentos significativos impulsionados por algoritmos de recomendação, baseados em comportamento de navegação e compra, consolidando sua posição de liderança no mercado nacional.

A NOVA ONDA: SOCIAL COMMERCE E O TIKTOK SHOP

Se os marketplaces tradicionais já dominam o mercado, os social commerces chegam para sacudir definitivamente as estruturas do e-commerce brasileiro. Plataformas como Shopee consolidaram-se entre as líderes, enquanto a Temu impressiona com crescimentos exponenciais no país.

Mas a verdadeira virada de jogo atende pelo nome de TikTok Shop. A plataforma alcançou um GMV (Gross Merchandise Value) global impressionante: US$ 32,6 bilhões em 2024, representando quase o triplo dos US$ 11,09 bilhões registrados no ano anterior; tais dados são da Associação Brasileira de Comércio Eletrônico (ABComm). O Brasil tornou-se o 12° país a receber a solução, que estreou oficialmente em maio de 2025, depois de expandir para México e Espanha no mesmo período.

Análises do Banco Santander indicam que o TikTok Shop pode capturar de 5% a 9% do e-commerce brasileiro até 2028, movimentando um GMV de até R$ 39 bilhões (FecomercioSP). Em outros mercados, os números já impressionam: US$ 9 bilhões nos EUA, US$ 6,2 bilhões na Indonésia e US$ 5,7 bilhões na Tailândia em 2024 (InvesteSP).

O PODER DO LIVE COMMERCE

A cultura de vendas ao vivo, conhecida como live commerce, já é consolidada globalmente. Na China, foram realizadas cerca de 50 mil transmissões ao vivo por dia em 2020, gerando mais de 50 bilhoes de visualizações e faturamento de mais de um trilhão de iuanes (aproximadamente R$ 750 bilhões), segundo dados da KPMG e Ali Research.

No Brasil, o cenário é promissor. Pesquisa do Statista aponta que 88% dos brasileiros demonstram interesse em participar de eventos de live commerce, enquanto das pessoas que consomem lives no Instagram (60%) e no YouTube (46%), 50% já compraram via live commerce.

Estimativas indicam que, até 2025, as midias sociais movimentem US$ 1,2 trilhão em vendas globalmente, com as compras ao vivo representando 20% desse total, segundo o Instituto Retail Think Tank (IRTT). Um exemplo notável foi uma marca que, em apenas 20 minutos de live, reuniu oito mil pessoas e vendeu cerca de R$ 40 milhões em hidratantes labiais.

Com forte integração entre influenciadores, live shopping e categorias de grande apelo, como beleza e cuidados pessoais, o TikTok Shop está transformando o comércio eletrônico ao unir entretenimento e vendas em uma experiência única.

A nova lógica do e-commerce brasileiro está sendo reescrita por dois movimentos simultâneos: a consolidação dos marketplaces como canal dominante e a ascensão dos social e live commerces como alternativas mais personalizadas, emocionais e integradas ao entretenimento.

Para os profissionais de marketing, fica o alerta: não basta vender onde o consumidor está, é preciso entender como ele se comporta, decide e se envolve. E isso exige mais do que performance. Exige estratégia, diferenciação e, sobretudo, posicionamento.

A ECONOMIA DA ATENÇÃO

Com o aumento da competição por canais e atenção, as marcas precisaram ser mais criativas para capturar e manter o interesse dos consumidores. Tim Wu, em *The Attention Merchants* (Columbia Global Reports, 2016), explica que a atenção humana se tornou o recurso mais valioso na economia digital.

A campanha "Shot on iPhone", da Apple, exemplifica como capturar atenção com autenticidade. Desde seu lançamento em 2015, a campanha gerou mais de 70 milhões de interações em redes sociais e conquistou prêmios como o Outdoor Lions, no Festival de Cannes. Segundo relatórios financeiros da Apple, a empresa registrou aumento de 27% em vendas de iPhones no ano fiscal de 2021, atribuído, em parte, ao impacto das campanhas de marketing que reforçavam a qualidade fotográfica do produto.

O PAPEL DAS PMES NA REVOLUÇÃO DIGITAL

Um dos aspectos mais marcantes dessa transformação foi a inclusão de pequenas e médias empresas no universo do marketing digital. Antes restritas pela falta de recursos, essas empresas aproveitaram plataformas como Facebook, Instagram e Google para criar campanhas com baixo custo e alto impacto, gerando resultados notáveis em termos de vendas e alcance.

Por exemplo, um pequeno restaurante local pôde, com poucos reais, anunciar para seu público-alvo no bairro e atrair clientes, enquanto uma loja de roupas artesanais conseguiu conquistar clientes em todo o país com um e-commerce simples e bem direcionado. Essas ferramentas nivelaram o campo de jogo, permitindo que as PMEs competissem com grandes marcas em seu segmento.

O lado negativo: no entanto, essa acessibilidade trouxe um problema estrutural. Grande parte dessas empresas apostou no marketing tático e de curto prazo, focado em promoções e conversões imediatas, sem considerar os fundamentos da construção de marca. Muitas obtiveram resultados rápidos nos primeiros anos do "boom digital", mas essa abordagem começou a mostrar limitações.

Hoje, a concorrência digital está saturada e as estratégias que funcionaram no início, como postagens genéricas em redes sociais ou anúncios impulsivos, já não trazem os mesmos resultados. A falta de consistência e conhecimento profundo em construção de marca fez com que muitas empresas perdessem relevância ou não conseguissem sustentar seu crescimento a longo prazo.

RESUMO GERAL

O marketing dos últimos 15 anos passou por uma revolução guiada pela tecnologia, pelo comportamento do consumidor e pela inovação nos canais de comunicação. Essas mudanças proporcionaram oportunidades imensas para marcas que souberam se adaptar, mas também trouxeram desafios significativos em um cenário cada vez mais competitivo e fragmentado.

Oportunidades:

- **Maior acessibilidade:** ferramentas como Google Ads e redes sociais democratizaram o acesso ao marketing, permitindo que pequenas e médias empresas (PMEs) competissem com grandes marcas.
- **Segmentação precisa:** plataformas digitais possibilitaram alcançar nichos específicos de forma eficiente, direcionando campanhas a públicos extremamente segmentados.
- **Personalização em massa:** tecnologias baseadas em dados, como IA e algoritmos, tornaram possível oferecer experiências únicas para cada consumidor, criando maior conexão e engajamento.
- **Amplificação do alcance:** influenciadores digitais e novos formatos de mídia, como vídeos curtos, proporcionaram às marcas maneiras criativas e autênticas de atingir suas audiências.
- **Crescimento do e-commerce e dos marketplaces:** o digital deu um impulso gigantesco às vendas on-line, permitindo que empresas eliminassem intermediários e alcançassem clientes de qualquer parte do mundo.

Desafios:

- **Fragmentação do marketing:** a multiplicação de canais e ferramentas tornou a gestão mais complexa, exigindo estratégias integradas para evitar esforços dispersos.
- **Falta de embasamento técnico:** muitas empresas e profissionais adotaram o marketing digital sem bases sólidas de conhecimento em branding e estratégia, o que resultou em ações ineficientes e insustentáveis.
- **Concorrência acirrada:** com a acessibilidade do marketing digital, o aumento da competição tornou mais difícil se destacar e captar atenção em um ambiente saturado.
- **Desafios de consistência:** muitas empresas priorizaram ações pontuais e resultados rápidos, negligenciando a construção de marca e relacionamento de longo prazo.

A revolução do marketing nos últimos 15 anos abriu um novo horizonte de possibilidades para empresas de todos os tamanhos. Contudo, ela também evidenciou a importância de aliar a acessibilidade das ferramentas digitais a um pensamento estratégico robusto.

As marcas que se destacam hoje são aquelas que vão além do digital, integrando ações táticas a uma visão consistente de branding e relacionamento. O futuro do marketing continuará a ser moldado pela tecnologia, mas as empresas que quiserem prosperar precisarão equilibrar inovação com a construção de uma identidade sólida e um propósito claro.

CAPÍTULO 2

CRIANDO VALOR REAL PARA AS MARCAS

No cerne de todas as estratégias de marketing e comunicação bem-sucedidas está uma premissa inquestionável: o valor. Mas o que exatamente significa "valor" no contexto do marketing? Philip Kotler define o marketing como "a ciência e a arte de explorar, criar e entregar valor para satisfazer necessidades de um público-alvo com rentabilidade". Para Kotler, o valor é uma equação fundamental entre benefícios percebidos e custos incorridos. Em outras palavras, ele é determinado pela relação entre o que o consumidor ganha — funcionalidade, conveniência, experiência emocional — e o que ele entrega — tempo, dinheiro, esforço e até sacrifício pessoal. Isso coloca o consumidor no centro da equação, destacando que o valor não é intrínseco ao produto, mas uma percepção subjetiva que precisa ser cultivada pela marca.

Regis McKenna, um dos pioneiros do pensamento estratégico de branding, vai além ao afirmar que o marketing é "uma expressão do caráter da organização". Para McKenna, o valor gerado por uma marca está diretamente ligado à sua autenticidade, consistência e capacidade de contar uma história que ressoe com seu público. Em um mercado no qual a saturação de mensagens tornou os consumidores mais seletivos, é a habilidade de criar narrativas relevantes e autênticas que define as marcas capazes de gerar valor duradouro.

O VALOR NA MENTE DO CONSUMIDOR: FUNCIONAL, EMOCIONAL E SIMBÓLICO

Kevin Lane Keller, em sua obra *Gestão Estratégica de Marcas*, aprofunda o conceito de valor ao dividi-lo em três dimensões principais:

1. **Valor funcional** – Relaciona-se aos atributos tangíveis do produto ou serviço. São os benefícios práticos, como qualidade, confiabilidade e eficiência.
    - **Exemplo global:** a Tesla gera valor funcional ao oferecer veículos elétricos com tecnologia de ponta e alta autonomia, respondendo a preocupações práticas, como sustentabilidade e economia de combustível.
    - **Exemplo brasileiro:** a Natura, com seus produtos *eco-friendly*, combina eficácia com benefícios, como respeito ao meio ambiente e ingredientes naturais.

2. **Valor emocional** – Vai além do funcional para engajar os sentimentos e emoções do consumidor. Marcas que despertam emoções positivas criam um apego mais profundo e diferenciado.
   - **Exemplo global:** a Disney não vende apenas filmes e parques temáticos; ela oferece "mágica" e "felicidade", cultivando memórias e experiências únicas.
   - **Exemplo brasileiro:** a Havaianas construiu um vínculo emocional ao posicionar seus chinelos como símbolo de descontração e brasilidade, conectando-se ao estilo de vida leve e autêntico do brasileiro.
3. **Valor simbólico** – Relaciona-se ao status e à identidade. Consumidores escolhem marcas que refletem quem são ou quem desejam ser.
   - **Exemplo global:** a Rolex é uma marca icônica de valor simbólico, associada a prestígio e sucesso.
   - **Exemplo brasileiro:** O Boticário combina seus produtos com campanhas que celebram diversidade e inclusão, reforçando um valor simbólico alinhado aos princípios contemporâneos de aceitação e respeito.

Essas dimensões juntas formam o que Keller chama de "capital de marca baseado no cliente" (*Customer-Based Brand Equity*). Em resumo, quanto maior for o valor percebido pela audiência, maior será a capacidade da marca de conquistar lealdade, justificar preços *premium* e sobreviver a crises de mercado. Veja a seguir um importante framework criado pelo autor:

A PIRÂMIDE DE KELLER
– NÍVEIS DE DESENVOLVIMENTO DA MARCA

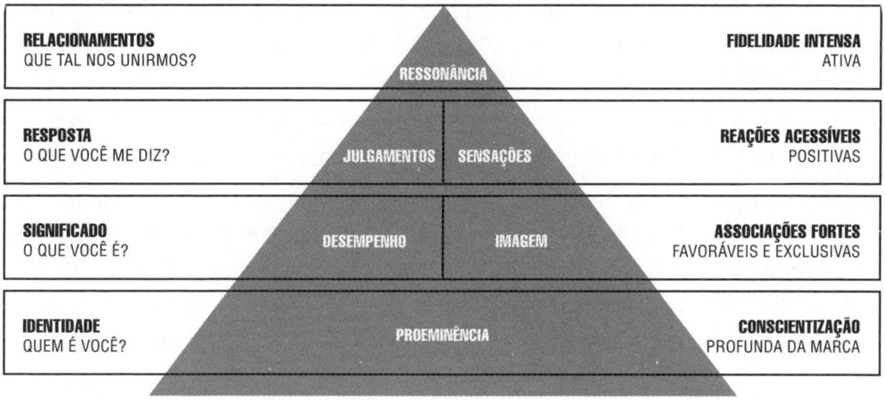

1. **Identidade da Marca** (*Brand Identity*)
   - O primeiro passo é garantir que os consumidores reconheçam e se lembrem da marca.
   - Aqui entra o conceito de brand *awareness* (conhecimento da marca).
2. **Significado da Marca** (*Brand Meaning*)
   - Relaciona-se à percepção dos consumidores sobre o desempenho e a imagem da marca.
   - Inclui os atributos funcionais (qualidade, durabilidade, desempenho) e os benefícios emocionais (status, confiança, conexão).
3. **Resposta da Marca** (*Brand Response*)
   - Aqui, os consumidores formam julgamentos e sentimentos em relação à marca.
   - Julgamentos: qualidade, credibilidade, relevância.
   - Sentimentos: alegria, segurança, orgulho de pertencer.
4. **Ressonância da Marca** (*Brand Resonance*)
   - O nível mais alto da pirâmide, em que o consumidor desenvolve um relacionamento profundo com a marca.
   - Inclui fidelidade, engajamento e defesa ativa da marca.

CONSTRUINDO VALOR EM TEMPOS DE SATURAÇÃO

Vivemos na era da superexposição. São mais de dez mil estímulos de marca por dia disputando nossa atenção — segundo levantamento da Red Crow Marketing. Uma pessoa comum vê cerca de cinco mil marcas por dia e é exposta a 362 anúncios por dia, notando apenas 153 deles, segundo pesquisa da Media Dynamics.

Na prática, isso significa que a maioria das mensagens se perde no ruído. O consumidor não lembra, não responde e, principalmente, não se conecta.

Nesse ambiente saturado, repetir fórmulas já não basta. O que diferencia marcas de verdade não é o alcance, e sim o impacto gerado na mente e no coração das pessoas. Mais do que capturar cliques, é preciso construir significado. Mais do que gerar tráfego, é preciso gerar valor.

Seth Godin resume bem esse novo paradigma em *This is Marketing*:

> *"As pessoas não compram bens e serviços; elas compram relações, histórias e mágica."*

Esse insight revela uma verdade profunda: criar valor não é só entregar um bom produto. É cultivar experiências que emocionam, narrativas que envolvem e causas que importam. O valor percebido vai além do funcional — ele se constrói no simbólico, no emocional e no relacional.

A seguir, veja como marcas globais e brasileiras constroem valor de forma consistente — e por que isso tem feito toda a diferença nos resultados.

1. **Lealdade à marca:** quando consumidores percebem valor, eles não apenas compram, mas recomendam.
    - **Exemplo global:** a Apple, com sua abordagem de design intuitivo e branding emocional, conquistou uma legião de fãs fiéis que fazem filas por seus lançamentos.
    - **Exemplo brasileiro:** o Magazine Luiza transforma o varejo digital em uma experiência personalizada, com estratégias como Lu, sua assistente virtual, que reforça o valor funcional e emocional. Além disso, a marca investe em humanização e inovação, criando uma relação de confiança com seus consumidores.

2. **Justificação de preços *premium*:** marcas que constroem valor simbólico conseguem cobrar mais sem perder clientes.
   - **Exemplo global:** a Starbucks não vende apenas café, mas um "terceiro lugar" entre trabalho e casa, justificando preços altos com experiência e status.
   - **Exemplo brasileiro:** a Reserva posiciona-se como uma marca de moda masculina que une design de qualidade, estilo e propósito. Além de produtos *premium*, a marca constrói narrativas fortes, como a do impacto social e ambiental positivo, ao converter parte de suas vendas em doações de alimentos para quem mais precisa, reforçando seu valor simbólico.
3. **Resiliência em tempos de crise:** marcas que constroem valor são mais capazes de sobreviver a crises econômicas ou mudanças de mercado.
   - **Exemplo global:** durante a crise de 2008, a LEGO apostou em branding emocional e inovação em seus produtos, revitalizando a marca com novas linhas de brinquedos e parcerias estratégicas (como com a franquia *Star Wars*). Essa abordagem não apenas ajudou a empresa a sobreviver, mas a crescer em um momento adverso.
   - **Exemplo brasileiro:** a Natura mostrou resiliência durante períodos de incerteza econômica ao reforçar seus valores de sustentabilidade e conexão humana. A marca adaptou sua estratégia ao investir fortemente no digital, permitindo que suas consultoras vendessem remotamente e mantendo sua base engajada por meio de narrativas autênticas sobre autocuidado e impacto positivo. Essa combinação de inovação e propósito garantiu sua relevância e crescimento mesmo em tempos desafiadores.

VALOR ESTRATÉGICO: O PAPEL CENTRAL DO BRANDING

David Aaker, em ***Building Strong Brands***, afirma que o branding é o alicerce para a construção de valor sustentável. Ele explica que o branding eficaz vai além de criar logotipos ou slogans atrativos; trata-se de construir associações claras e consistentes na mente do consumidor, capazes de gerar confiança, preferência e diferenciação. Para Aaker, um branding bem-sucedido age como uma plataforma estratégica que guia todas as interações e decisões da marca, criando uma experiência unificada para o cliente.

Kevin Lane Keller, em ***Gestão Estratégica de Marcas***, complementa essa visão ao destacar que o branding deve ser o núcleo de qualquer estratégia de marketing. Ele define o conceito de **"capital de marca baseado no cliente — *Customer-Based Brand Equity* (CBBE)"**, que representa o valor que uma marca gera com base em como os consumidores pensam e se sentem sobre ela. Keller defende que marcas com associações positivas e únicas não apenas atraem clientes, mas também conseguem fidelizá-los e transformar essa lealdade em ganhos financeiros significativos.

Simon Sinek, em ***Comece pelo Porquê***, introduz o **Golden Circle**, um modelo que enfatiza que as marcas mais fortes começam pelo propósito (o "porquê"), que é a base de sua existência. Para ele, o branding não deve ser apenas uma identidade visual, mas uma filosofia que permeia todos os aspectos da empresa, desde a cultura interna até a experiência do cliente. Marcas que operam com um "porquê" bem definido inspiram consumidores e equipes, criando conexões emocionais que vão além da transação comercial.

Investimentos em branding não apenas fortalecem a presença de uma marca no mercado, mas também exercem influência direta no valor de mercado e na avaliação financeira da empresa. Empresas que investem em branding sólido e consistente podem aumentar seu valor de mercado em até 20%, conforme a pesquisa da Millward Brown (Fonte: insights.allidem.com).

Além disso, uma pesquisa da Interbrand indica que, em média, 50% do valor das marcas mais valiosas do mundo está diretamente relacionado ao fator marca (Fonte: insights.allidem.com).

Esses dados reforçam a importância de investir em estratégias de branding não apenas para fortalecer a identidade da marca, mas também para aumentar o valor percebido pelos investidores e sócios, impactando positivamente o *valuation* da empresa.

O BRANDING COMO NÚCLEO DA ESTRATÉGIA: PONTOS-CHAVE

Antes de mais nada, vamos pegar a definição de branding feita por Keller: "Branding é o processo de construção e gerenciamento da marca para criar diferenciação e valor na mente do consumidor". Entendendo bem o conceito, dá para entender por que o branding deve estar no núcleo de qualquer estratégia de marketing.

1. **Dá direção estratégica:** sem branding, o marketing se torna disperso e inconsistente. O branding define a identidade e o propósito, alinhando todas as ações à visão da empresa e evitando esforços desconexos.
    - **Exemplo:** o Nubank baseia sua estratégia de branding na proposta de "descomplicar a vida financeira das pessoas". Esse propósito orienta desde o tom de comunicação informal até o design simples de seus produtos digitais.
2. **Constrói memória e valor duradouro:** Kevin Keller reforça que o branding aumenta a lembrança e a preferência pela marca, construindo associações que ressoam com o público-alvo.
    - **Exemplo:** a Dengo Chocolates utiliza o branding para comunicar qualidade e responsabilidade social. Cada aspecto da marca — desde o design das lojas até a valorização de pequenos produtores — reforça seu propósito de conectar prazer e sustentabilidade.
3. **Fomenta relevância e diferenciação:** um branding forte permite que as marcas se destaquem em mercados saturados, conectando-se com públicos que compartilham dos mesmos valores.
    - **Exemplo:** Boca Rosa Beauty, de Bianca Andrade, explora autenticidade e conexão com o público jovem. A marca utiliza a trajetória pessoal da fundadora como um elemento central de branding, criando identificação e lealdade.
4. **Cria experiências personalizadas:** um branding bem construído permite que as marcas se conectem profundamente com seus consumidores por meio de experiências que entregam praticidade, emoção e impacto positivo.
    - **Exemplo:** a Liv Up traduz o conceito de alimentação saudável e prática em todos os seus pontos de contato, desde as embalagens minimalistas até uma narrativa que valoriza a origem dos alimentos e a conexão com o bem-estar do consumidor.

METODOLOGIAS PARA A CONSTRUÇÃO DE MARCAS FORTES

Para estruturar o branding como núcleo estratégico, autores e especialistas oferecem metodologias que combinam propósito, identidade e consistência. Esses modelos guiam a construção de marcas fortes ao alinhar valores, comunicação e ações práticas de forma coerente e intencional.

David Aaker — Brand Identity Planning Model

David Aaker, em seu ***Brand Identity Planning Model***, apresenta uma abordagem detalhada para a construção e gestão da identidade de marca. O modelo destaca que a identidade de uma marca deve ser estrategicamente desenvolvida e integrada a todos os níveis da organização, conectando análises internas e externas com uma proposta de valor clara e consistente. A estrutura se divide em três pilares principais:

a. Análise Estratégica da Marca (*Strategic Brand Analysis*):

Este primeiro passo envolve entender o mercado, os consumidores e a posição competitiva da marca. Ele é baseado em três análises essenciais:

- **Análise do consumidor:** identificar tendências, motivações, segmentos não atendidos e segmentações existentes.
- **Análise de concorrentes:** estudar a identidade e as estratégias das marcas concorrentes, compreendendo seus pontos fortes e fracos.
- **Autoanálise:** avaliar a identidade existente, os valores organizacionais e a herança da marca para alinhar o que ela representa.

b. Sistema de Identidade da Marca (*Brand Identity System*):

O núcleo da metodologia, o sistema de identidade de marca, organiza os elementos da identidade em quatro dimensões interconectadas:

- **Marca como produto:** foco nos atributos tangíveis, como qualidade, valor percebido, origem e uso do produto.
- **Marca como organização:** reforça os valores organizacionais, como inovação, confiança e responsabilidade, além de definir se a marca é global ou local.

- **Marca como pessoa:** explora a personalidade da marca, incluindo traços como autenticidade, energia ou confiabilidade, e a forma como ela constrói um relacionamento com os consumidores.
- **Marca como símbolo:** trabalha a força visual e a herança da marca, criando imagens simbólicas que representam sua identidade de forma memorável e emocional.

c. No centro do sistema está o **Brand Core** (o núcleo da marca). Ele define sua essência fundamental e os aspectos estendidos que complementam essa base.

d. Sistema de Implementação da Identidade de Marca (*Brand Implementation System*):

e. Por fim, Aaker propõe que a identidade de marca não deve ser estática, mas aplicada de forma consistente e estratégica em todas as interações da marca com seu público. Isso inclui:

- **Posicionamento de marca:** definir como a marca será percebida em relação à concorrência.
- **Elaboração da identidade:** executar ações que traduzam a identidade da marca em experiências reais.
- **Programas de construção de marca:** desenvolver campanhas e iniciativas que reforcem continuamente a identidade e a proposta de valor.

Brand Identity Planning Model

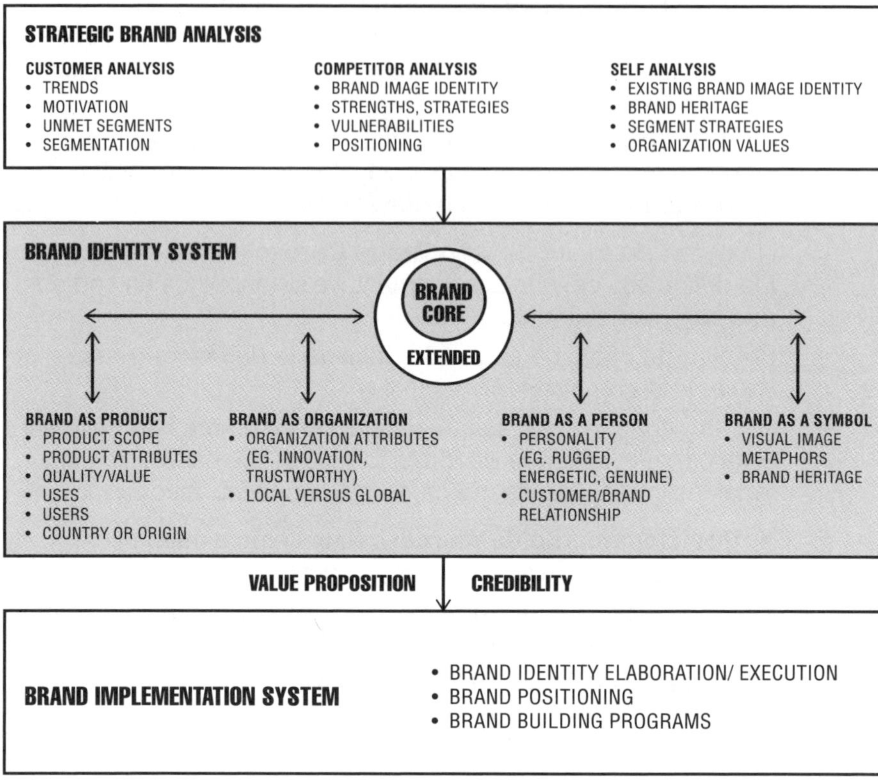

APLICAÇÃO

Coca-Cola

A Coca-Cola é um exemplo clássico da aplicação do *Brand Identity Planning Model*.

- **Análise estratégica:** a marca analisa tendências de consumo global, como a busca por sustentabilidade, e identifica concorrentes diretos e indiretos, ajustando sua estratégia de acordo.
- **Sistema de identidade:** a Coca-Cola é vista como um produto (refrescância, qualidade e ubiquidade), uma organização (inovadora e global), uma pessoa (otimista, acolhedora) e um símbolo (com ícones visuais como o logotipo clássico e a garrafa contornada).
- **Implementação:** a marca mantém consistência em campanhas como "Open Happiness", que reforçam sua promessa central de refrescar o mundo e inspirar momentos de otimismo.

Nike

David Aaker também cita a **Nike** como um exemplo de marca que utiliza sua identidade para impulsionar uma conexão emocional poderosa com os consumidores:

- **Análise estratégica:** a Nike foca no desempenho atlético como valor central, conectando-se a consumidores que buscam melhorar sua performance esportiva. Além disso, monitora seus concorrentes — como Adidas e Puma — para identificar lacunas no mercado.
- **Sistema de identidade:** a Nike é vista como:
    - **Produto:** alta qualidade, inovação tecnológica e design funcional em calçados e roupas esportivas.
    - **Organização:** inovadora e comprometida com o desempenho e a sustentabilidade.
    - **Pessoa:** inspiradora, confiante e desafiadora, com campanhas que motivam os consumidores a atingirem seus objetivos.
    - **Símbolo:** seu icônico logotipo "Swoosh" e o slogan "Just Do It" são reconhecidos globalmente como símbolos de superação e energia.
- **Implementação:** a Nike executa campanhas integradas que associam a marca a atletas de elite e valores como determinação e resiliência, criando ressonância emocional e um senso de pertencimento entre seus consumidores.

Kevin Keller — Brand Resonance Model

Keller apresenta o **Modelo de Ressonância de Marca**, que descreve as etapas para criar uma conexão emocional profunda com os consumidores:

- **Identidade:** quem é você?
- **Significado:** o que você representa?
- **Resposta:** como o consumidor se sente em relação à marca?
- **Ressonância:** qual é o nível de fidelidade e engajamento do consumidor?
- **Exemplo:** o Spotify aplica esse modelo ao criar playlists personalizadas, reforçando ressonância emocional com seus usuários ao oferecer experiências únicas baseadas em dados.

Ana Couto — Metodologia "É, Faz e Fala"

Ana Couto, uma das maiores especialistas brasileiras em branding, desenvolveu a metodologia **"É, Faz e Fala"**, que integra essência, ações e comunicação da marca.

- **É:** define a essência da marca, seu propósito, valores e identidade.
- **Faz:** representa as ações práticas da marca, desde a entrega de seus produtos ou serviços até as iniciativas sociais e ambientais que reforçam sua autenticidade.
- **Fala:** é a forma como a marca se comunica, traduzindo sua essência e ações de maneira clara, consistente e alinhada com os públicos.
- **Exemplo:** Ana Couto aplicou essa metodologia em marcas como Havaianas, cuja essência está na brasilidade e na descontração (É), evidenciada em produtos acessíveis e inovadores (Faz) e traduzida em campanhas publicitárias que celebram o estilo de vida brasileiro (Fala).

Donald Miller — Metodologia StoryBrand

Donald Miller, em seu livro **Building a StoryBrand**, introduz um framework que utiliza os elementos de uma narrativa para posicionar as marcas de forma clara e atrativa. Neste caso, não é a construção da marca em si, mas uma narrativa baseada no *storytelling* da marca. O modelo centra o cliente como o protagonista da história, enquanto a marca atua como o guia que o ajuda a superar desafios e alcançar seus objetivos.

- **Personagem:** quem é o cliente e o que ele deseja?
- **Problema:** qual é o obstáculo ou dificuldade que ele enfrenta?
- **Guia:** como a marca se posiciona para ajudar o cliente?
- **Plano:** qual é o caminho que a marca propõe para superar o problema?
- **Chamado para ação:** o que o cliente deve fazer para atingir seus objetivos?
- **Resultado:** como a vida do cliente será transformada após o sucesso?

Essas metodologias fornecem um panorama prático e estratégico para estruturar o branding como o núcleo de qualquer organização. Cada uma delas oferece ferramentas para alinhar identidade, propósito e ações de forma coerente, garantindo que o valor gerado pela marca seja percebido em todos os pontos de contato com o público.

Importante salientar que fiz resumos breves das metodologias baseados no meu entendimento e, como toda citação deste livro, recomendo a leitura isolada.

O BRANDING COMO MOTOR DE VALOR

O branding não é apenas mais um elemento dentro da estratégia; ele é a base, o ponto de partida e o eixo que sustenta todas as ações de uma marca. Ao definir a essência, o propósito e a personalidade, o branding fornece o contexto necessário para que cada ponto de contato gere valor — seja funcional, emocional ou simbólico. Autores como David Aaker e Kevin Keller deixam claro que marcas fortes não surgem por acaso; elas são fruto de intencionalidade, consistência e, acima de tudo, de um profundo entendimento das necessidades e aspirações dos consumidores.

Ao longo de 20 anos de experiência com marketing e comunicação, estudei, apliquei e questionei muitos conceitos, sempre buscando entender como as marcas podem se destacar e criar conexões genuínas com seus públicos. Foi nesse caminho que percebi a necessidade de um framework que pudesse traduzir minha visão sobre o marketing moderno — um modelo que conectasse as inúmeras ferramentas e canais que surgiram nos últimos anos a um propósito claro e central: encontrar a essência da marca e **construir seu valor**.

No primeiro capítulo, falamos sobre como o marketing digital revolucionou o mercado, mas também trouxe uma proliferação de práticas sem embasamento teórico, com estratégias fragmentadas que, muitas vezes, ignoram o papel essencial do branding. Essa realidade evidenciou a necessidade de uma bússola, um guia que pudesse orientar empresas a navegar por um cenário tão complexo e desafiador.

Foi assim que surgiu o conceito de **FULL MARKETING**, materializado na Mandala Lebbe — um framework que integra os três tipos de valor (funcional, emocional e simbólico) em um sistema prático e mensurável. Este modelo é a tradução do que acredito ser o marketing essencial: um sistema integrado, onde cada camada — do branding às ações táticas — trabalha de forma harmônica e estratégica para gerar valor real.

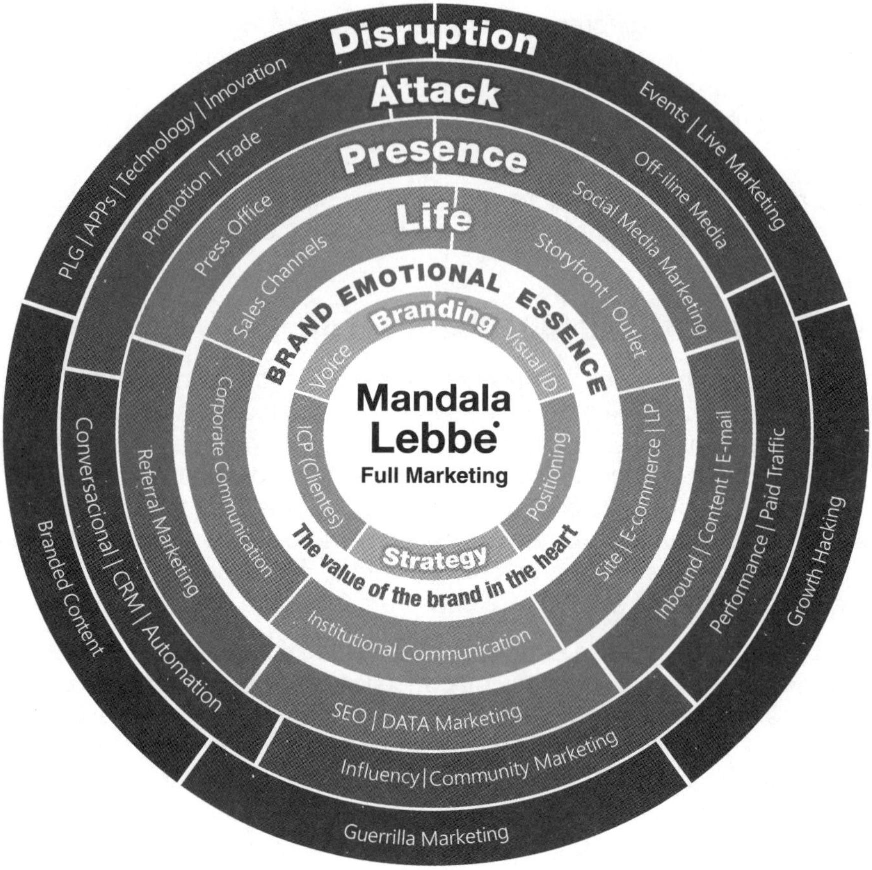

Nos próximos capítulos, vou detalhar o pensamento por trás da Mandala, explicando como ela foi construída e como cada elemento se conecta para formar um todo robusto e coerente. Mas, antes disso, quero compartilhar um pouco mais da minha trajetória e do olhar diverso que me permitiu criar algo tão abrangente e inovador. É fundamental entender o caminho que me trouxe até aqui para compreender a visão que dá vida a essa metodologia.

CAPÍTULO 3

A ORIGEM DA MANDALA LEBBE

ENCONTRANDO A ESSÊNCIA NO MARKETING

Toda metodologia tem uma história. E a **Mandala Lebbe**, ou **Matriz de Marketing Lebbe**, carrega em si não apenas conceitos e estratégias, mas um pedaço da minha jornada — uma jornada cheia de viradas, lições e momentos de construção. Porque, para chegar até aqui, eu precisei viver, errar e acertar. Essa matriz, que guia marcas em busca de essência e relevância, é a soma de tudo isso.

CAMPO BELO E OS CAMPINHOS DE FUTEBOL

Minha história começa no interior de Minas Gerais, na pacata e linda Campo Belo. Não fui aquele garoto prodígio, sabe? Nem gênio nem nerd. Era curioso. Gostava de matemática e português, de biologia e história. Mas o que eu amava mesmo era brincar na rua, jogar bola e inventar moda. Com 11 anos, mudei com minha família para uma casa que meus pais construíram em um bairro afastado. Era um lugar novo, com poucas casas e muito espaço para explorar.

Meus pais sempre foram grandes exemplos de trabalho duro. Minha mãe, professora de português, trabalhava nos três turnos dando aula — acho que daí veio meu gosto por letras e palavras. Já meu pai era vendedor; quando não estava na estrada, estava na roça. E eu? Eu era aquele menino da rua. Ficava o dia inteiro jogando bola e, quando não tinha campinho, a gente inventava. Pegava um lote vago, arrumava duas traves e deixava o terreno plano. Gostava dessa ideia de pegar algo bruto, sem forma, e transformar.

Esses momentos moldaram muito quem eu sou. Porque, no fundo, não estava só construindo campinhos. Estava aprendendo a resolver problemas, a lidar com o que tinha, a improvisar e a criar algo que funcionasse.

O MENINO DA RÁDIO E O SONHO DO JORNALISMO

No ensino médio, entre as brincadeiras, os esportes e as redações da escola, descobri que gostava de criar narrativas. Passei a escrever poesias, participar de concursos de redação e, quando vi, estava assumindo a rádio da escola — normalmente um trabalho dos alunos do terceiro ano, mas lá estava eu, no segundo, metendo o bedelho. Inventava brincadeiras, escolhia músicas para o recreio, e confesso que algumas vezes exagerei nas piadas de mau gosto. Era meu jeito de experimentar, de testar limites.

Quando chegou a hora de escolher uma profissão, a ideia de trabalhar com palavras e comunicação me levou ao jornalismo. Passei na Universidade Federal de Juiz de Fora e fui, como se diz por aí, "mais cru que comida japonesa".

UM CHOQUE DE REALIDADE

A faculdade foi um choque. Descobri que eu não sabia nada. Nada de cinema, de livros, de desenhos animados, de cultura pop. Enquanto outros colegas traziam referências de filmes e séries, eu vinha do meu mundo simples, de brincadeiras na rua e sem TV em casa. Mas sabe de uma coisa? Essa falta de repertório só me deu mais gás. Virei noites lendo, descobrindo o que podia e mergulhando de cabeça no que não sabia. E foi aí que me apaixonei pelo design.

Entrei na empresa júnior da faculdade e ali comecei a entender o que era trabalhar. Foi uma escola inicial, mas minha verdadeira introdução ao universo da publicidade aconteceu quando recebi uma ligação de Humberto Barra, que me contratou para trabalhar na Signa Comunicação. Na época, eu não fazia ideia do que aquela ligação representaria para minha vida.

Humberto Barra foi mais do que meu chefe. Ele se tornou meu mentor, minha dupla criativa e uma das pessoas mais brilhantes que já conheci. Humberto era um publicitário completo, com uma trajetória impressionante. Ele começou na Almap-Rio, passou por grandes agências como a McCann — onde atendeu contas icônicas como Coca-Cola —, foi premiado em Cannes, com um Leão de Bronze pelo comercial "O Papa" para os Tapetes São Carlos, pela agência Contemporânea. Após uma década trabalhando em Portugal em contas globais, ele retornou ao Brasil e escolheu Juiz de Fora para estar perto de sua mãe.

Na Signa Comunicação, nosso dia a dia era intenso, recheado de madrugadas, discussões acaloradas sobre ideias e campanhas, e uma meta pessoal que criei para mim mesmo: fazer, pelo menos, um tutorial por dia para melhorar minhas habilidades técnicas. Foi nesse ambiente que descobri o poder de combinar criatividade e estratégia para resolver qualquer problema. Humberto sempre dizia que a publicidade era mais do que vender; era sobre contar histórias, criar conexões e deixar algo que marcasse as pessoas.

A CYB (CORRÊA Y BARRA) E AS LIÇÕES DA SOCIEDADE

Era madrugada. Daquelas em que o silêncio pesa mais do que a escuridão, e os pensamentos começam a se amontoar na cabeça. Humberto já estava morando em Belo Horizonte, e nossas conversas eram cada vez mais francas, quase confessionais. Entre um trabalho e outro, em meio à exaustão que só a publicidade sabe trazer, começamos a brigar. Falávamos sobre como estávamos cansados, como o trabalho já não fazia mais sentido da mesma forma. Lembro-me de dizer, quase sem pensar: "Vou sair da agência". Foi uma frase meio jogada, mas que carregava a sinceridade de quem precisava de uma mudança.

Humberto, direto como sempre, respondeu: "Então, eu também quero sair. Por que a gente não abre uma agência juntos?". Aquilo me pegou de surpresa, contudo, também acendeu uma fagulha. "Se você arrumar clientes, eu topo", foi o que disse, ainda com certa hesitação, mas já imaginando o que poderia vir.

E assim foi. Na manhã do dia 28 de outubro de 2007, esse plano improvável começou a ganhar forma. Pouco mais de um mês depois, em 3 de dezembro, estávamos sentados em uma sala vazia na Rua Bernardo Guimarães, no coração de Belo Horizonte. A sala tinha um computador novo, comprado com minha previdência privada; uma mesa e uma cadeira herdadas do Humberto; e uma energia elétrica que ainda não havia sido ligada. Tivemos que usar a tomada do corredor do prédio para fazer o primeiro trabalho. Era um cenário que os otimistas chamariam de "humilde", mas, para nós, era uma revolução.

A CYB Comunicação nasceu com a simplicidade de quem tinha pouco, mas também com a força de quem tinha tudo: vontade, criatividade e, acima de tudo, uma parceria inquebrável. Coincidentemente, o CNPJ da CYB foi registrado no dia do meu aniversário, 17 de dezembro. Parecia um presente do destino, um sinal de que aquele projeto, mesmo incerto, tinha algo especial.

A CYB não era só uma agência; era um sonho compartilhado. Éramos Humberto e eu, Corrêa e (Y) Barra, cada um com sua força, cada um com sua visão, porém ambos unidos pela vontade de fazer algo diferente. Os primeiros anos foram de luta, noites viradas e muita improvisação. Mas havia também poesia naquilo tudo: a beleza de começar do zero, de transformar uma sala vazia em um espaço de ideias e possibilidades infinitas.

Ele cuidava do comercial e da redação, e eu fazia o resto: direção de arte, produção, mídia, atendimento, financeiro — o que precisasse. A agência cresceu, ganhamos clientes e criamos campanhas que me enchem de orgulho até hoje. Mas não foi fácil. Quando o marketing digital explodiu, em 2011, precisei aprender tudo do zero: gestão de tráfego, SEO, redes sociais, inbound marketing. Virava noites estudando porque, com equipes pequenas e pouca verba, ou eu aprendia, ou a agência não entregava resultados.

Os anos em que trabalhei ao lado de Humberto moldaram não apenas a minha carreira, mas também a forma como enxergo o marketing e a criatividade. Ele me ensinou a olhar além do briefing, a entender o cliente e o público em profundidade e a sempre buscar algo maior nas ideias que criávamos. Se hoje consigo criar, estruturar e desafiar o mercado com novas metodologias como a Mandala Lebbe, muito disso veio das sementes plantadas naquele período com ele.

Um dos momentos que melhor define o DNA criativo que construímos juntos foi na comemoração dos dez anos da CYB. Criamos um texto que resumia nossa jornada usando apenas expressões com nomes de animais, como se a agência fosse a barca de Noé — um exercício de criatividade pura que demonstrava como transformávamos limitações em oportunidades:

CYB 10 ANOS – UMA AVENTURA ANIMAL!

Esta é a história de dois gatos pingados e não é conversa para boi dormir.

No começo, a gente matava cachorro a grito, trocava gato por lebre. Mas a gente acreditava, sempre acreditou. Tínhamos que fazer até vaquinha para pagar a conta de luz. E, algumas vezes, a vaca quase foi para o brejo.

O tempo foi passando e aquele elefante branco foi ficando colorido. Passou todo tipo de bicho por aqui: que falava feito papagaio, mão de vaca, bicho grilo, boca de siri e até ovelha negra! Todos deixaram boas pegadas e boas histórias.

Mas teve gente que nos fez cair que nem patinho, chorou lágrimas de crocodilo e lavou a égua com nossa boa vontade. Engolimos muitos sapos, nos fizeram de gato e sapato... e até pagar o pato.

Mas, como temos o gênio do cão, estômago de avestruz e não somos de uma ideia só, tivemos que matar um leão por dia para dar o pulo do gato... e em nenhum momento ficamos pensando na morte da bezerra.

Mesmo quando o mar não estava para peixe, trabalhamos, trabalhamos e trabalhamos duro... colocamos muita coruja para dormir. Parece que foi ontem, mas o tempo nos deu a experiência e a idade dos lobos!

Acertamos na mosca, como um camaleão, pois temos minhoca na cabeça e fazemos a porca torcer o rabo! Temos certeza de que a onça vai beber água e então matamos a cobra e mostramos o pau!

A gente sabe que uma andorinha só não faz verão, por isso continue voando com a gente em 2018, ou, quem sabe, por mais 10 anos!

Depois de 12 anos de sociedade, no entanto, o desgaste veio. A CYB passou por um ciclo difícil, com poucos clientes e muito peso nas minhas costas. Eu me sentia sem ânimo, sem brilho. Foi quando li **Essencialismo**, de Greg McKeown, e percebi que precisava mudar. Era hora de cortar o que não fazia sentido e focar no que realmente importava. Foi assim que nasceu a **Lebbe**.

A ESSÊNCIA DA LEBBE E O INÍCIO DE UMA NOVA JORNADA

A **Lebbe** nasceu de um momento de respiro, como aquele instante de silêncio profundo depois de uma tempestade. Após atender mais de 1400 clientes diferentes, de vários níveis e segmentos, nesses anos todos de marketing, eu vinha de anos intensos, repletos de desafios e aprendizados com a CYB, mas havia chegado a um ponto de ruptura. Era como se algo dentro de mim pedisse uma pausa, um olhar mais profundo para tudo o que eu havia construído e para onde queria ir. Foi nesse contexto que, durante as férias de fim de ano, li o livro **Essencialismo,** de Greg McKeown. A mensagem foi um tapa de realidade: **menos, porém melhor.**

A frase ficou ecoando na minha mente. Menos. Porém. Melhor. E, de repente, tudo fez sentido. Eu precisava eliminar o que não agregava, o que não fazia sentido. Mais do que isso, precisava reencontrar a essência. Foi aí que tive o insight que mudaria minha trajetória e, mais tarde, o rumo de muitas marcas: o marketing, assim como a vida, não é sobre fazer tudo, mas sobre fazer o que realmente importa, de forma consistente, estratégica e com propósito.

No início de 2019, nasceu a **Lebbe**. Não foi apenas uma mudança de nome ou de estrutura, mas uma mudança de mentalidade. A **Lebbe** veio como um sopro de novidade, um espaço para criar, pensar e construir marcas com o olhar voltado para o essencial. Escolhi o nome inspirado na ideia de **Less, but better** — **menos, porém melhor** — porque ele traduzia tudo o que eu queria para mim, para meus clientes e para o marketing.

A partir desse conceito, passei a estruturar uma nova cultura, baseada em aprendizado constante, estratégia fundamentada e, principalmente, na busca pela essência. A **Lebbe** não era apenas uma agência; era uma filosofia. Era sobre ajudar marcas a se reencontrarem, a se conectarem com o que realmente importa e a traduzirem isso em valor para as pessoas.

Foi desse processo de essencialização que nasceram duas ferramentas fundamentais: primeiro, o **Sintonizando** — uma metodologia de branding profundo que você conhecerá no próximo capítulo. E depois, a **Mandala Lebbe** — um framework que organiza todo o marketing em camadas integradas, do núcleo da marca às ações táticas. A Mandala não surgiu de teoria pura, mas da necessidade prática de organizar tudo o que aprendi nesses anos, pensando no **FULL MARKETING**: como integrar branding, relacionamento e performance? Como equilibrar estratégia de longo prazo com resultados de curto prazo? Como transformar essência em valor mensurável?

O QUE VEM A SEGUIR

Nos próximos capítulos, você conhecerá o coração do que construí: primeiro, o Sintonizando — nossa metodologia para descobrir a essência das marcas. Depois, a Mandala Lebbe — o framework que transforma essa essência em estratégia integrada de marketing. Assim como aquele menino que transformava terrenos baldios em campinhos, acredito que as melhores marcas são aquelas que sabem pegar o que é bruto e transformar em algo memorável e valioso.

CAPÍTULO 4
SINTONIZANDO
APROFUNDANDO O ENTENDIMENTO DA MARCA

O núcleo da **Mandala Lebbe** é o **branding**, a base essencial para a construção de uma marca sólida e duradoura. Nesse processo, a metodologia **Sintonizando** foi criada para guiar a imersão profunda no universo da marca, garantindo uma visão global e estratégica de seus valores, públicos e posicionamento. Essa abordagem permite alinhar racionalidade e criatividade, construindo marcas que ressoam na mente e no coração de seus stakeholders.

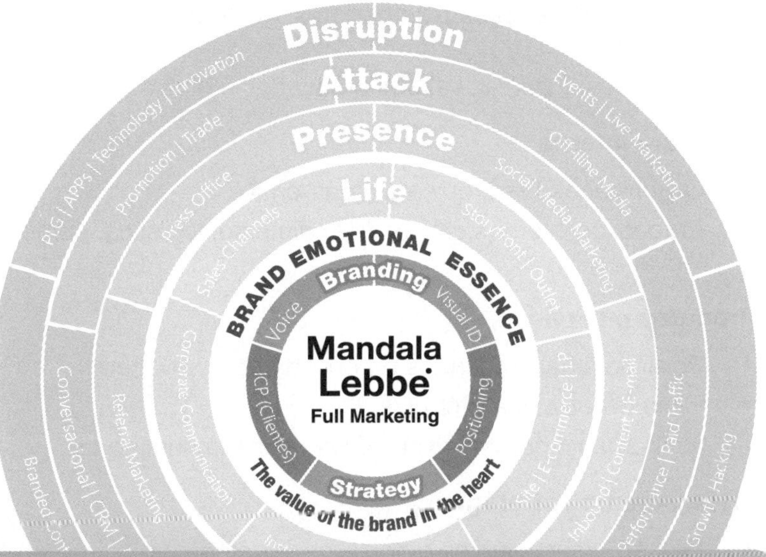

ANÁLISE GERAL DA EMPRESA

O primeiro passo do Sintonizando é mergulhar nos aspectos estruturais e históricos da organização, explorando os pilares que sustentam a marca.

1. Elementos avaliados:

1.1. História e cultura organizacional

- Trajetória da empresa, fundadores, gestores e momentos marcantes.
- Princípios culturais, valores praticados e rituais organizacionais.

1.2. Estrutura interna

- Organização hierárquica e áreas-chave.
- Processos internos críticos (atendimento, logística, comercial, inovação).

1.3. Produtos e serviços

- Portfólio atual em termos de qualidade e inovação.
- Ciclo de vida dos produtos.
- Alinhamento com as expectativas dos consumidores.

1.4. Planejamento estratégico

- Missão, visão, valores e objetivos estratégicos.
- Análise SWOT (forças, fraquezas, oportunidades e ameaças).

1.5. Mercado e concorrência

- Setor de atuação e tendências.
- Concorrentes diretos e indiretos.
- Benchmarking de posicionamento, preço e proposta de valor.

1.6. Dados do negócio (essenciais para marketing)

- **Faturamento bruto e líquido** (com evolução histórica).
- **Margem de contribuição** por produto/serviço.
- **Ticket médio** e variação por segmento de cliente.
- **CAC (Custo de Aquisição de Cliente)**.
- **LTV (Lifetime Value do cliente)**.
- **Taxa de churn** (perda de clientes) e **retenção**.

- **Taxa de recompra** e tempo médio entre compras.
- **NPS (Net Promoter Score)** e indicadores de satisfação.
- **Canais de venda e de marketing mais rentáveis** (ROI por canal).
- **Mix de clientes** (novos vs. recorrentes, B2B vs. B2C, geografia, faixa etária).
- **Produtos/serviços mais vendidos e menos vendidos**.
- **Sazonalidade de vendas** e comportamento em datas-chave.
- **Base de leads e clientes ativos/inativos**.
- **Tempo médio de conversão** no funil de vendas.

Essa imersão inicial fornece uma base sólida para compreender o contexto em que a marca opera e suas potencialidades.

2. Identificação e segmentação de públicos

O entendimento profundo dos públicos é essencial para criar um branding eficaz. O Sintonizando trabalha para mapear todos os stakeholders, desde consumidores finais até colaboradores e parceiros, utilizando ferramentas e metodologias robustas.

2.1. Pesquisa qualitativa para entender o público comprador

Através de metodologias qualitativas, exploramos comportamentos, motivações e necessidades dos consumidores. Algumas ferramentas utilizadas:

- **Entrevistas em profundidade:** exploram percepções e expectativas dos clientes.
- **Focus groups:** grupos moderados para discutir opiniões sobre produtos e estratégias.
- **Mapas de empatia:** ferramenta que ajuda a entender o que os consumidores pensam, sentem, veem e ouvem.
- **Etnografia:** observação direta do comportamento do consumidor em situações reais de uso ou compra.

Essas abordagens revelam insights valiosos sobre os públicos, ajudando a construir estratégias alinhadas às suas demandas.

2.2. Ouvindo as lideranças da empresa

Lideranças internas têm uma visão estratégica que pode orientar o branding. Por isso, promovemos:

- **Workshops colaborativos:** espaços para alinhar as perspectivas da liderança com os objetivos da marca.
- **Entrevistas estruturadas:** conversas profundas para captar insights sobre valores, percepções e aspirações.
- Essas interações ajudam a criar um senso de pertencimento entre os líderes e garantem que o branding esteja alinhado com a visão estratégica da organização.

2.3. Mapeamento completo de stakeholders

Além dos consumidores, identificamos todos os stakeholders que influenciam ou são influenciados pela marca:

- **Colaboradores:** alinhados ao propósito da empresa, tornam-se embaixadores naturais da marca.
- **Comunidades locais:** especialmente relevantes para empresas com impacto regional.
- **Imprensa e formadores de opinião:** essenciais para fortalecer a reputação e expandir o alcance da marca.
- **Governo e reguladores:** importantes para empresas em setores regulamentados.

A análise é feita com ferramentas como **mapas de influência** e **mapas de poder**, classificando os stakeholders conforme seu impacto sobre a marca.

2.4. Criação de personas

A criação de personas ajuda a personalizar ações de branding e marketing. Cada persona representa um arquétipo detalhado do público-alvo, incluindo:

- **Dados demográficos:** idade, localização, renda etc.
- **Dados psicográficos:** estilo de vida, valores e interesses.
- **Comportamento de compra:** preferências e jornadas.
- **Dores e necessidades:** problemas que a marca pode resolver.

A criação de personas é amplamente debatida no mundo do marketing. De um lado, encontramos defensores que veem as personas como ferramentas indispensáveis para a compreensão e conexão com o público. Por outro, há críticos que argumentam que as personas são artificiais, ilusórias e incapazes de capturar a complexidade real do comportamento humano.

No nosso processo, consideramos as personas uma forma poderosa de facilitar o entendimento e criar empatia com os públicos. No entanto, reconhecemos suas limitações e, por isso, não nos limitamos a apenas um tipo ou metodologia. Muitas empresas focam exclusivamente na **Buyer Persona**, que representa o cliente ideal para o produto ou serviço. Embora essa seja uma abordagem válida, ela não abrange a totalidade do público que interage com a marca.

Por isso, no Sintonizando, adotamos um modelo mais amplo e multidimensional:

- **Buyer Persona:** uma representação detalhada do cliente ideal, com base em dados demográficos, comportamentais e psicográficos. Sugiro trabalhar com três tipos por marca ou produto.
- **Stakeholder Personas:** consideramos públicos indiretos, como colaboradores, parceiros e comunidades, que também exercem influência significativa sobre a marca.
- **Influence Persona:** identificamos pessoas que, embora não sejam diretamente compradores, impactam decisões de compra, como influenciadores ou líderes de opinião dentro de uma organização.

A internet está cheia de guias e templates para criar personas, mas nosso diferencial está em ir além do básico. Nossa abordagem utiliza dados concretos de pesquisas qualitativas e quantitativas, conduz entrevistas com profundidade e reúne insights das lideranças da empresa para construir um panorama mais completo e acionável.

As personas não são uma "verdade absoluta", mas, quando bem elaboradas, ajudam o time de marketing a enxergar além dos números. Elas dão um rosto, uma voz e uma história aos dados, facilitando a criação de estratégias que não só falam com o público, mas que realmente se conectam com ele.

Para deixar claro a diferença entre segmentação e persona, fiz um quadro que mostra a importância de trabalhar com as duas frentes:

QUADRO DE REFERÊNCIA: SEGMENTAÇÃO X PERSONAS

ASPECTO	SEGMENTAÇÃO	PERSONAS
Definição	Divisão do mercado em grupos de consumidores com características semelhantes (demográficas, geográficas, comportamentais, psicográficas).	Representações semifictícias de indivíduos dentro desses segmentos, criadas para humanizar e detalhar o público-alvo.
Objetivo	Entender **quem** compõe o mercado e estruturar grupos estratégicos.	Entender **como** esses indivíduos pensam, sentem e se comportam.
Base de dados	Geralmente quantitativa: pesquisas de mercado, dados censitários, relatórios de consumo.	Combina dados quantitativos e qualitativos: entrevistas, mapas de empatia, etnografia.
Nível de detalhe	Mais amplo e coletivo — ex.: "Mulheres de 25 a 40 anos, classe B, grandes centros urbanos".	Mais profundo e individualizado — ex.: "Mariana, 32 anos, gerente de marketing, busca conveniência em compras on-line, valoriza marcas sustentáveis".
Aplicação	Definição de público-alvo, posicionamento e estratégias macro de marketing.	Criação de mensagens personalizadas, conteúdo direcionado e jornadas de experiência.
Limitações	Pode ser genérico demais e não capturar nuances individuais.	Pode criar caricaturas ou simplificações excessivas se não for baseada em dados sólidos.
Exemplo prático	Segmentação: "Homens de 20 a 35 anos que praticam esportes".	Persona: "Lucas, 28 anos, engenheiro, corre três vezes por semana, busca suplementos práticos e de rápida absorção porque tem pouco tempo".

Síntese para o leitor:

- **Segmentação** é a fotografia ampla do mercado.
- **Persona** é o retrato com zoom, que coloca um rosto e uma história dentro dessa fotografia.

3. Eixos de percepção de marca

Os eixos de percepção ajudam a posicionar a marca em relação à concorrência e a definir sua identidade em cada ponto de contato.

3.1. Entendendo os eixos

Mais do que os tradicionais 4Ps (Produto, Preço, Praça e Promoção), utilizamos comparativos específicos que respondem às prioridades do público e do mercado. Exemplos:

- **Qualidade x Preço:** avalia se a marca será percebida como *premium* ou acessível.
- **Tempo de Entrega x Preço:** posiciona a marca entre agilidade e economia.
- **Inovação x Tradição:** define se a marca será vista como disruptiva ou clássica.
- **Atendimento x Escalabilidade:** analisa o equilíbrio entre personalização e alcance.

3.2. Comparação com concorrentes

Utilizamos **mapas de posicionamento** para identificar onde a marca se situa em relação aos concorrentes. Por exemplo:

- Um restaurante pode ser avaliado em **Qualidade x Preço** para identificar oportunidades de destaque.
- Uma startup de tecnologia pode ser comparada em **Inovação x Facilidade de Uso** para se diferenciar em relação às líderes de mercado.

Essas análises permitem identificar lacunas e oportunidades estratégicas no mercado.

4. Definições estratégicas para o branding – Encontrar a essência do negócio e da marca

Após a análise inicial, o próximo passo é construir os pilares que darão forma ao branding da marca.

4.1. Posicionamento mercadológico

O posicionamento é o espaço que a marca ocupa na mente do consumidor. Jack Trout e Al Ries, em seu clássico **Posicionamento: A Batalha por Sua Mente**, definem o conceito como a habilidade de criar um espaço único e diferenciado no mercado. Segundo os autores, "o consumidor está constantemente bombardeado por informações e, para que a mensagem de uma marca seja memorável, ela precisa ser clara, específica e diferenciada".

Exemplo global: a Volvo é sinônimo de segurança no setor automobilístico. Essa associação não é acidental, mas fruto de décadas de campanhas focadas na inovação em segurança, como a introdução do cinto de segurança de três pontos em 1959.

Exemplo brasileiro: o iFood posicionou-se como a referência para delivery de comida no Brasil, utilizando diferenciais como agilidade, praticidade e uma ampla variedade de restaurantes. Sua campanha "Comida para quem tem fome de quê?" reforça esse espaço.

Ponto de ação: durante a etapa de posicionamento, é essencial mapear o que o público já associa à marca e encontrar uma lacuna relevante em relação aos concorrentes.

4.2. Pilares de diferenciação

Os pilares de diferenciação respondem à pergunta: **"O que torna essa marca única?".** Eles são divididos em dois tipos:

- **Diferenciação funcional:** baseada em benefícios tangíveis e racionais.
- **Diferenciação emocional:** conexões que criam afinidade com os consumidores.

Kevin Lane Keller, em **Gestão Estratégica de Marcas**, afirma que o equilíbrio entre funcionalidade e emoção é a chave para criar marcas memoráveis. Ele descreve que a diferenciação funcional responde a uma necessidade prática, enquanto a emocional cria lealdade.

Exemplo funcional: a Tesla diferencia-se por sua tecnologia de ponta em veículos elétricos, oferecendo alta performance e autonomia superior.

Exemplo emocional: a Natura cria uma conexão emocional com seus consumidores ao associar seus produtos a valores como sustentabilidade e cuidado com o próximo.

Ponto de ação: desenvolver pesquisas que identifiquem não apenas atributos práticos valorizados pelo público, mas também elementos que geram engajamento emocional.

4.3. Arquétipos e Brand Persona: construindo conexões emocionais profundas

Os **arquétipos**, introduzidos na psicologia analítica por Carl Jung, são padrões universais que habitam o inconsciente coletivo. No contexto do branding, eles fornecem uma estrutura para que as marcas construam histórias que ressoem emocionalmente com seus públicos. Margaret Mark e Carol Pearson, em **O Herói e o Fora da Lei**, identificaram 12 arquétipos principais que ajudam marcas a criarem identidades consistentes e memoráveis. Cada arquétipo reflete uma motivação central e conecta-se a valores específicos, funcionando como uma bússola estratégica para a construção de branding e comunicação.

Os 12 Arquétipos e seus exemplos

1. ***O Inocente***
   - ***Motivação:*** *buscar felicidade e simplicidade.*
   - ***Mensagem:*** *"Seja você mesmo e viva plenamente."*
   - ***Personalidade: simples, otimista, confiável.***
   - ***Tom de voz:*** *calmo, amigável, inspirador. Deve transmitir leveza e simplicidade.*
   - ***Exemplo global:*** *Coca-Cola — com campanhas como "Open Happiness", a marca celebra momentos simples de alegria e otimismo.*
   - ***Exemplo brasileiro: Açúcar União — representa a doçura simples do lar, conectando-se a momentos genuínos de afeto familiar através do slogan "União é amor que se vê".***
2. ***O Herói***
   - ***Motivação:*** *superar desafios e inspirar coragem.*
   - ***Mensagem: "Você pode vencer."***
   - ***Personalidade: determinado, ambicioso, corajoso.***
   - ***Tom de voz:*** *motivador, energético, assertivo. Deve inspirar superação e confiança.*
   - ***Exemplo global:*** *Nike — o slogan "Just Do It" personifica determinação e conquista.*
   - ***Exemplo brasileiro:*** *Olympikus — marca brasileira de artigos esportivos que incentiva superação através do slogan "É do Brasil" e campanhas que celebram conquistas no esporte.*
3. ***O Fora da Lei***
   - ***Motivação:*** *desafiar o status quo e promover rebeldia.*
   - ***Mensagem: "Quebre as regras."***
   - ***Personalidade: rebelde, provocador, independente.***
   - ***Tom de voz:*** *irreverente, ousado, direto. Deve quebrar regras e desafiar o convencional.*
   - ***Exemplo global:*** *Harley-Davidson, com sua imagem de liberdade e rebeldia nas estradas.*
   - ***Exemplo brasileiro:*** *Reserva — quebra convenções do varejo tradicional com campanhas provocativas, comunicação irreverente e ações que desafiam o status quo da moda masculina brasileira.*

4. ***O Explorador***

- ***Motivação:*** *descobrir novas experiências e aventuras.*
- ***Mensagem:*** *"Vá além do conhecido."*
- ***Personalidade: aventureiro, curioso, destemido.***
- ***Tom de voz:*** *inspirador, entusiasmado, descritivo. Deve encorajar o público a buscar novas experiências.*
- ***Exemplo global:*** *The North Face, incentivando as pessoas a explorarem o mundo natural.*
- ***Exemplo brasileiro:*** *CVC — com o slogan "Sua próxima viagem começa aqui", a marca encoraja descobertas, novos destinos e experiências de viagem.*

5. ***O Sábio***

- ***Motivação:*** *buscar conhecimento e compartilhar sabedoria.*
- ***Mensagem:*** *"A verdade nos libertará."*
- ***Personalidade: inteligente, confiável, ponderado.***
- ***Tom de voz:*** *educativo, respeitoso, analítico. Deve oferecer respostas confiáveis e promover reflexão.*
- ***Exemplo global:*** *Google, ao oferecer acesso universal ao conhecimento.*
- ***Exemplo brasileiro:*** *Abril Educação — editora e plataforma educacional que democratiza o conhecimento através de livros didáticos, cursos e conteúdo educacional.*

6. ***O Mágico (Mago)***

- ***Motivação:*** *transformar sonhos em realidado.*
- ***Mensagem: "Crie o extraordinário."***
- ***Personalidade: transformador, visionário, inspirador.***
- ***Tom de voz:*** *envolvente, criativo, imaginativo. Deve criar histórias que encantem e transportem o público.*
- ***Exemplo global:*** *Disney, que oferece "mágica" em todos os seus produtos e experiências.*
- ***Exemplo brasileiro:*** *Rock In Rio — mais do que um festival de música, é uma experiência transformadora que cria um "mundo mágico" de encontros, memórias e emoções coletivas.*

7. ***O Cuidador***

- ***Motivação:*** *proteger e cuidar do próximo.*
- ***Mensagem:*** *"Você está em boas mãos."*
- ***Personalidade: criativo, inovador, autêntico.***
- ***Tom de voz:*** *inspirador, descritivo, visionário. Deve estimular criatividade e inovação.*
- ***Exemplo global:*** *Johnson & Johnson, com foco em cuidado e segurança para famílias.*
- ***Exemplo brasileiro:*** *Natura, que promove autocuidado e bem-estar, ao mesmo tempo que cuida do meio ambiente.*

8. ***O Criador***

- ***Motivação:*** *promover inovação e criatividade.*
- ***Mensagem:*** *"Transforme sua visão em realidade."*
- ***Personalidade: inventivo, visionário, expressivo.***
- ***Tom de voz:*** *inspirador, imaginativo, encorajador. Deve transmitir liberdade criativa e originalidade.*
- ***Exemplo global:*** *Lego — permite que as pessoas criem mundos ilimitados a partir da imaginação, simbolizando o poder da criatividade em ação.*
- ***Exemplo brasileiro:*** *Melissa — revolucionou o uso do plástico na moda, criando colaborações artísticas inovadoras e designs únicos que unem funcionalidade, sustentabilidade e expressão criativa contemporânea.*

9. ***O Governante***

- ***Motivação:*** *controlar e criar ordem.*
- ***Mensagem: "Lidere pelo exemplo."***
- ***Personalidade: autoritário, responsável, confiável.***
- ***Tom de voz:*** *formal, respeitoso, claro. Deve transmitir liderança e estabilidade.*
- ***Exemplo global:*** *Microsoft, com soluções que organizam e potencializam empresas e pessoas.*
- ***Exemplo brasileiro:*** *Banco do Brasil, promovendo confiança e estabilidade como valores centrais.*

10. ***O Amante***

- ***Motivação:*** *conectar-se emocionalmente e celebrar a beleza.*
- ***Mensagem: "Ame a vida."***
- ***Personalidade: apaixonado, sensual, estético.***
- ***Tom de voz:*** *emocional, caloroso, encantador. Deve atrair o público com mensagens que celebram beleza e emoção.*
- ***Exemplo global:*** *Chanel, com sua associação ao glamour e à sensualidade.*
- ***Exemplo brasileiro:*** *O Boticário, com campanhas que destacam beleza e emoção, conectando-se profundamente com os consumidores.*

11. ***O Bobo da Corte***

- ***Motivação:*** *trazer leveza e alegria à vida.*
- ***Mensagem: "Aproveite o momento."***
- ***Personalidade: divertido, irreverente, otimista.***
- ***Tom de voz:*** *descontraído, espirituoso, engraçado. Deve entreter e criar leveza.*
- ***Exemplo global:*** *M&M's, com seus personagens engraçados e descontraídos.*
- ***Exemplo brasileiro:*** *Guaraná Antarctica, com campanhas humorísticas e um tom irreverente que conecta com o público.*

12. *O Cara Comum*

- ***Motivação:*** *pertencer e se conectar com o público de maneira genuína.*
- ***Mensagem: "Somos todos iguais."***
- ***Personalidade: genuíno, prático, acessível.***
- ***Tom de voz:*** *simples, inclusivo, amigável. Deve transmitir autenticidade e conexão humana.*
- ***Exemplo global:*** *IKEA, oferecendo design acessível e funcional para todos.*
- ***Exemplo brasileiro:*** *Cerveja Skol, com campanhas que promovem diversão e conexão em um tom descontraído.*

Nota importante:

Os arquétipos apresentados e os exemplos de marcas — globais e brasileiras — foram selecionados a partir da minha compreensão, interpretação e percepção prática sobre o mercado e suas narrativas de branding. Eles não refletem necessariamente a estratégia oficial de posicionamento das empresas citadas, nem devem ser entendidos como uma "verdade absoluta".

O objetivo aqui é didático e ilustrativo: facilitar a compreensão dos arquétipos e mostrar como eles podem se manifestar em diferentes marcas, contextos e setores. Vale lembrar que, na prática, muitas empresas transitam entre arquétipos ou mesclam elementos de mais de um deles ao longo do tempo.

BRAND PERSONA: PERSONIFICAÇÃO DA MARCA

Enquanto os arquétipos oferecem um modelo universal de comportamento, a Brand Persona é a representação específica da identidade e personalidade de uma marca. Ela ajuda a traduzir o arquétipo escolhido em uma comunicação tangível e alinhada aos valores da marca.

Exemplos de Brand Persona

- **Skittles (global):** leve, divertida e irreverente, com campanhas que exploram o absurdo e criam uma conexão única com seu público jovem.
- **Magazine Luiza (Brasil):** A Lu, assistente virtual, representa proximidade, agilidade e inovação, refletindo os valores da marca em cada interação digital.

Ponto de ação prático:

A escolha do arquétipo e a criação da Brand Persona devem ser consistentes com os valores e objetivos da marca. Juntas, essas ferramentas ajudam a construir conexões emocionais que geram lealdade, identidade e lembrança no público.

Brand Persona e Tom de Voz Alinhados ao Arquétipo

Ao alinhar o arquétipo a uma **Brand Persona** bem definida e um tom de voz consistente, a marca constrói conexões emocionais duradouras com o público.

Por exemplo:

- **A Natura (Cuidador)** personifica empatia e sustentabilidade, com um tom de voz acolhedor e inspirador que reforça cuidado e conexão humana.
- **O Nubank (Cara Comum)** cria uma relação de proximidade e simplicidade, com uma comunicação informal que quebra barreiras no setor financeiro.

Essa coerência entre arquétipo, Brand Persona e tom de voz permite que as marcas se destaquem em mercados saturados, conectem-se com o público em um nível emocional e construam associações duradouras. A escolha do arquétipo correto, unida a uma execução consistente em todos os pontos de contato, é essencial para marcas que desejam criar impacto e relevância no mundo moderno.

A seguir, um passo a passo para identificar o arquétipo da marca.

Dica: promova workshops ou dinâmicas de grupo para validar a escolha e receber feedbacks.

a. ***Compreenda a essência da marca***

Antes de tudo, é fundamental mergulhar na essência da marca e entender:

b. ***Missão, visão e valores:*** *o que a marca busca alcançar e como ela quer ser percebida?*
c. ***Propósito:*** *por que essa marca existe além de gerar lucro?*
d. ***História:*** *qual a origem da marca e quais eventos moldaram sua identidade?*
e. ***Cultura organizacional:*** *a forma como a equipe interna trabalha também reflete na identidade da marca.*

Ferramenta útil: Utilize o *Golden Circle,* de Simon Sinek, para identificar o "Porquê" da marca.

1. ***Entenda o público-alvo***

Considere quem são os principais públicos da marca:

a. *Quais são suas necessidades e aspirações?*
b. *Que tipo de conexão emocional eles buscam?*
c. *Como esses consumidores querem se sentir ao interagir com a marca?*

Ferramenta útil: realize pesquisas qualitativas e entrevistas para capturar insights emocionais e comportamentais do público.

2. ***Analise a concorrência***

Estude as marcas concorrentes e identifique:

a. *Quais arquétipos elas utilizam?*
b. *Como a sua marca pode se diferenciar nesse cenário?*

Exemplo: se muitas marcas no segmento utilizam o arquétipo do Herói (coragem e superação), talvez haja espaço para explorar o arquétipo do Cuidador (empatia e proteção) como um diferencial.

3. ***Realize um mapeamento emocional da marca***

   Liste palavras-chave associadas à marca:

   a. *Como a marca gostaria de ser percebida?*
   b. *Que emoções ela quer evocar nos consumidores?*

   Ferramenta útil: crie um ***mapa de associações emocionais***, agrupando adjetivos que melhor descrevam a personalidade e os valores da marca.

4. ***Conecte a essência da marca a um arquétipo***

   Com base nas respostas anteriores, analise qual arquétipo reflete:

   a. *O propósito e os valores da marca.*
   b. *As emoções que ela deseja gerar no público.*
   c. *O tom de voz que será usado na comunicação.*

5. ***Referência rápida aos arquétipos mais comuns:***

   a. *Inocente: inspira pureza e simplicidade.*
   b. *Herói: motiva ação e superação.*
   c. *Fora da Lei: desafia normas e é disruptivo.*
   d. *Cuidador: reflete empatia e proteção.*
   e. *Governante: exala autoridade e confiança.*

6. ***Teste o arquétipo com a equipe e stakeholders***

   Apresente os arquétipos mais prováveis para lideranças, equipes internas e até mesmo alguns clientes-chave. Pergunte:

   a. *Este arquétipo representa o que somos e queremos transmitir?*
   b. *Existe um alinhamento entre o arquétipo e a experiência que oferecemos?*

7. ***Valide o alinhamento entre arquétipo e personalidade da marca***

   a. *Certifique-se de que a escolha do arquétipo está alinhada com a comunicação e o posicionamento da marca:*
   b. *O arquétipo escolhido reflete a cultura da empresa?*
   c. *Ele é coerente com os produtos ou serviços oferecidos?*

8. ***Documente e operacionalize o arquétipo***

   Após escolher o arquétipo, registre como ele será aplicado:

   a. ***Tom de voz:*** *formal ou descontraído? Inspirador ou provocador?*
   b. ***Estilo visual:*** *simples e clean ou vibrante e ousado?*
   c. ***Mensagens-chave:*** *quais palavras ou expressões serão associadas à marca?*

Ferramenta prática para apoiar o processo:

Crie uma tabela para comparar arquétipos com as características da marca.

ARQUÉTIPO	PROPÓSITO DA MARCA	EMOÇÕES DESEJADAS	TOM DE VOZ	EXEMPLO ALINHADO
Herói	Superação	Coragem, Inspiração	Motivador, Energético	Nike
Cuidador	Proteção	Empatia, Segurança	Acolhedor, Reconfortante	Natura
Fora da Lei	Disrupção	Liberdade, Rebeldia	Provocador, Direto	Reserva

Ao seguir esse passo a passo, você terá maior clareza e embasamento teórico para identificar o arquétipo ideal, garantindo que ele seja uma extensão genuína da marca e ressoe com seus públicos.

4.4. Propósito (Golden Circle – O Círculo Dourado)

Simon Sinek, em **Comece pelo Porquê**, argumenta que as marcas mais bem-sucedidas não começam com "o que fazem" ou "como fazem", mas, sim, com "por que fazem". O propósito, ou "porquê", é o que diferencia marcas comuns de marcas extraordinárias.

- **Por quê:** o propósito maior da marca.
- **Como:** a forma como a marca entrega valor.
- **O quê:** os produtos ou serviços oferecidos.

Sinek reforça que consumidores não compram produtos, mas, sim, as crenças e os valores que a marca representa. Para quem não viu quando ele lançou o vídeo explicando o Golden Circle, vale a pena: procure por Simon Sinek, "Como grandes líderes inspiram ação / TED no YouTube".

Exemplo global: a Patagonia, marca de roupas outdoor, foca seu propósito em proteger o meio ambiente. Suas campanhas não apenas vendem roupas, mas promovem ativismo ecológico.

Exemplo brasileiro: a Dengo Chocolates tem como propósito promover a felicidade e a sustentabilidade, valorizando pequenos produtores e oferecendo chocolates de alta qualidade com um impacto ambiental positivo.

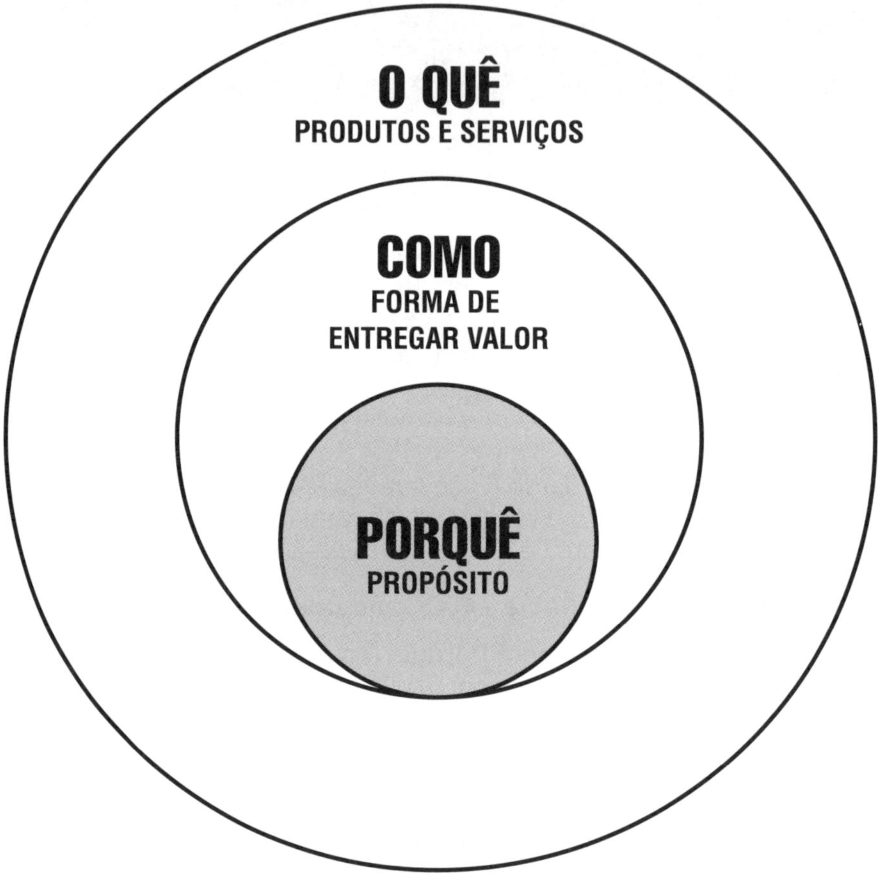

Ponto de ação: realizar workshops colaborativos com líderes da empresa para definir um propósito claro e alinhado com a cultura organizacional e as expectativas do público.

4.5. Canvas de Proposta de Valor e UVP

O **Canvas de Proposta de Valor** é uma ferramenta visual desenvolvida por Alexander Osterwalder que conecta a entrega da marca às necessidades dos clientes. Ele é dividido em dois blocos principais:

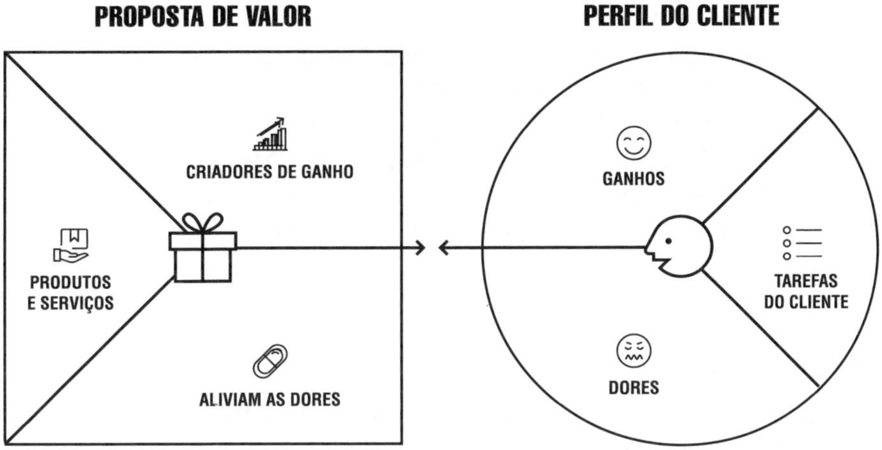

1. **Perfil do Cliente**

   - **Tarefas do Cliente:** o que o cliente precisa realizar? Pode incluir tarefas funcionais (como comprar um produto), sociais (como ganhar reconhecimento) e emocionais (como alcançar satisfação pessoal).

   Exemplo: para um cliente de uma plataforma de ensino on-line, a tarefa funcional é aprender uma habilidade, a social é impressionar seus colegas e a emocional é aumentar a confiança.

   - **Dores:** quais são os obstáculos, riscos ou problemas enfrentados pelo cliente ao tentar executar suas tarefas?

   Exemplo: no contexto de um banco digital, dores incluem burocracia, taxas altas e demora no atendimento.

   - **Ganhos:** quais os benefícios ou desejos que o cliente espera alcançar? Isso pode incluir economia de tempo, facilidade, conveniência ou até reconhecimento social.

   Exemplo: a principal expectativa ao usar o Nubank é a simplicidade e a agilidade no gerenciamento das finanças.

2. **Proposta de Valor da Marca**

- **Produtos e Serviços:** o que a marca oferece para ajudar os clientes a realizarem suas tarefas?
- **Exemplo:** a Dengo Chocolates oferece produtos que alinham prazer e sustentabilidade, destacando a origem dos ingredientes.
- **Aliviadores de Dores (Pain Relievers):** como a marca elimina ou reduz as dores do cliente?
- **Exemplo:** a Liv Up alivia a dor de quem busca refeições saudáveis, mas tem pouco tempo para cozinhar.
- **Criadores de Ganhos (Gain Creators):** como a marca cria ganhos extras para o cliente, indo além das expectativas?

Exemplo: o Spotify cria ganhos ao personalizar playlists com base no gosto musical dos usuários, oferecendo experiências únicas.

Como usar o Canvas?

1. Liste os pontos de dores, tarefas e ganhos dos clientes com base em entrevistas ou pesquisas qualitativas.
2. Crie correspondências diretas entre os elementos do Perfil do Cliente e a Proposta de Valor da marca.
3. Ajuste a comunicação e os produtos para alinhar as expectativas do cliente com as entregas da marca.

4.6. Método PATO: Estrutura para Vendas e Comunicação

O que é o PATO?

O **PATO (Problema, Ajuda, Testemunho, Oferta)** é uma estrutura prática e estratégica, criada por mim, para gerar argumentos de vendas e textos persuasivos que conectam a marca às dores, necessidades e aspirações dos clientes. Ele se desdobra em mensagens diretas e focadas no cliente, sendo ideal para aplicações em *landing pages*, anúncios segmentados e *copies* de vendas.

Estrutura do PATO

1. **Problema:** identifique a dor ou dificuldade que o cliente enfrenta.

   Exemplo: "Está cansado de perder tempo na fila do banco ou de pagar tarifas abusivas?"

2. **Ajuda:** apresente como sua marca resolve essa dor de forma clara e objetiva.

   Exemplo: "Com o Nubank, você gerencia suas finanças de forma simples, sem tarifas e diretamente do celular."

3. **Testemunho:** inclua provas sociais, como depoimentos, cases de sucesso ou métricas relevantes.

   Exemplo: "Mais de 60 milhões de brasileiros confiam no Nubank para descomplicar suas vidas financeiras."

4. **Oferta:** finalize com o diferencial exclusivo da sua marca e um convite à ação.

   Exemplo: "Abra sua conta gratuitamente e tenha controle total das suas finanças ao alcance de um toque."

Por que o PATO funciona?

O PATO funciona porque gera conexão emocional com o cliente. Ele parte de um princípio fundamental das vendas: **"Vender é resolver problemas"**, como diria Ricardo Jordão Magalhães, mentor de vendas e especialista em estratégias de mercado.

Quando uma marca identifica e comunica de forma clara a solução para os problemas do cliente, o processo de venda deixa de ser uma batalha e se transforma em um alinhamento natural. Afinal, quem tem um problema busca soluções — e se a sua marca oferece a resposta certa, a venda é apenas o próximo passo.

Aplicações práticas do PATO

- **Landing Pages:** estruture páginas de conversão com foco no problema do cliente e como a marca resolve isso.

  Exemplo: "Não consegue encontrar tempo para cozinhar comida saudável? Conheça a Liv Up: refeições práticas, saborosas e feitas com ingredientes naturais, entregues diretamente à sua casa."

- **Anúncios segmentados em redes sociais**: crie *copies* que falem diretamente com nichos específicos.

  Exemplo: "Sua pele sofre com a poluição e o calor do dia a dia? Conheça o novo hidratante Natura Ekos: proteção, frescor e cuidado em uma única fórmula."

- **E-mails de vendas:** utilize o PATO para criar mensagens impactantes que geram conexão e engajamento.

  Exemplo:

  - **Problema:** "Cansado de fazer malabarismos para equilibrar trabalho e vida pessoal?"
  - **Ajuda:** "Com nosso planner inteligente, organize suas tarefas com praticidade e tenha mais tempo para o que importa."
  - **Testemunho:** "Mais de 20 mil usuários alcançaram seus objetivos com nosso método."
  - **Oferta:** "Garanta o seu agora com 20% de desconto e transforme sua rotina."

O PATO é uma metodologia simples, mas poderosa, que ajuda times de marketing e vendas a estruturar mensagens persuasivas e relevantes. Ele é uma extensão prática do Canvas de Proposta de Valor, transformando insights estratégicos em ações concretas e conectadas com o público.

4.7. Territórios de marca

Os territórios de marca são os espaços simbólicos ou temáticos que a marca ocupa para se conectar emocionalmente com o público. Kevin Lane Keller descreve os territórios como "extensões da identidade da marca que refletem seus valores e criam associações significativas".

Territórios comuns incluem:

- **Esportes:** Heineken com o futebol sendo, por exemplo, patrocinadora oficial da UEFA Champions League e da Red Bull, com seu envolvimento em esportes radicais.
- **Sustentabilidade:** Natura, com seus valores ambientais.
- **Música:** Apple, com o iTunes e campanhas icônicas como "Silhouettes".
- **Causas sociais:** Avon, com sua luta contra a violência doméstica.

Ponto de ação: identificar territórios que ressoem com os valores da marca e estejam alinhados aos interesses do público, utilizando-os como base para ações de comunicação e relacionamento.

4.8. Proposta Única de Valor (UVP) – O núcleo racional da marca

Antes de falar sobre emoção, precisamos falar sobre clareza. Toda marca precisa ser capaz de comunicar de forma objetiva e estratégica o valor central que entrega ao mundo. E esse valor começa com a Proposta Única de Valor — ou UVP (Unique Value Proposition).

Mais do que um slogan ou frase bonita, a UVP é a síntese racional da estratégia de marca. É a declaração mais essencial e estratégica que responde, com precisão:

"Por que alguém deve escolher a sua marca, e não a do concorrente?"

Trata-se de uma mensagem clara, curta e poderosa que revela:

- o **principal benefício** da sua marca;
- **para quem** ela é relevante;
- e **o que a diferencia** de todas as outras.

É o ponto de partida para todas as decisões de marketing e comunicação. Quando bem construída, a UVP orienta não apenas campanhas, mas produtos, canais, linguagem e até cultura interna.

Características de uma UVP eficaz

Uma UVP de verdade não tenta dizer tudo — ela foca naquilo que mais importa para o cliente e que a marca pode entregar com excelência.

Ela precisa ser:

Clara: sem jargões ou floreios. Uma criança deveria entender.

- **Exemplo:** Nubank – "Descomplicar a vida financeira das pessoas."

  Simples, direto, humano.

Relevante: precisa falar diretamente com as dores, desejos e aspirações do público.

- **Exemplo:** Liv Up – "Comida saudável e prática para quem tem uma rotina corrida."

  Aqui, a marca resolve um problema real com uma solução plausível.

Diferenciada: deve ser algo que apenas a sua marca pode dizer com verdade. Se qualquer concorrente poderia usar a mesma frase, ela não é uma UVP.

- **Exemplo:** Tesla – "Carros elétricos de alta performance."

  Enquanto outras marcas falam de sustentabilidade, a Tesla une design, inovação e propósito.

Baseada em benefício central: não descreve o que você faz, mas o que você entrega de valor.

- **Exemplo:** Amazon – "A loja de tudo, com entrega rápida."

  Perfeita combinação de amplitude + conveniência.

Como construir uma UVP impactante?

1. **Comece pelo problema real que você resolve.**

   Marcas fortes existem para solucionar algo importante na vida das pessoas.

   - Qual a dor central do seu cliente?
   - Qual a frustração que ele vive e que sua marca pode aliviar?

2. **Apresente sua solução com objetividade.**

   Mostre como você resolve o problema, de forma única.

   Sem exageros, com foco na proposta real de valor.

3. **Destaque seu diferencial competitivo.**

   Por que essa solução é melhor ou mais desejável com você do que com qualquer outro?

4. **Valide com o público.**

   Testar sua UVP com o mercado é essencial.

   Use entrevistas, pesquisas e escuta ativa para entender se o que você acredita como diferencial realmente ressoa com quem importa: seu cliente.

Encontrar a UVP é encontrar a essência racional da marca

Depois de mais de duas décadas atuando com branding e criação, aprendi que o trabalho de encontrar a UVP não é apenas estratégico, ele é emocionalmente transformador. Porque quando você realmente descobre o que torna sua marca única e valiosa, tudo ao redor se alinha: o tom de voz, as campanhas, a cultura interna, os investimentos.

Desde que fundei a Lebbe, essa é minha missão central ao trabalhar com marcas: ajudar a descobrir sua verdade essencial, aquela que não precisa ser forçada, que já existe e só precisa ser lapidada.

Marcos Ferraz, nosso diretor de criação na Lebbe, costuma dizer que "encontrar a UVP é encontrar o óbvio que ninguém enxergava". Com uma carreira brilhante, passagem pelas maiores agências do mundo como McCann Erickson, Ogilvy e Newcomm Bates, Marcos se tornou um verdadeiro mestre em transformar o simples em poderoso. Um dos livros que mais moldou sua visão criativa foi **Adams Óbvios, de Rory Sutherland**. A seguir, compartilho um trecho que certamente pode inspirar você também:

"As soluções mais impactantes são frequentemente as mais simples — não por serem banais, mas porque são emocional e psicologicamente óbvias para o ser humano. O valor está em enxergar o que estava diante de todos, mas que ninguém ousou transformar em mensagem."

Nos próximos capítulos, entraremos em uma camada ainda mais profunda: a da essência emocional da marca — o que a marca faz sentir. Mas para isso funcionar de verdade, a base racional (a UVP) precisa estar sólida.

Porque emoção sem direção é só barulho. Mas emoção sobre uma verdade clara... é conexão.

Os pilares do branding são mais do que fundamentos teóricos; são ferramentas práticas para transformar a essência de uma marca em uma força tangível no mercado. Cada um desses elementos contribui para criar marcas que não apenas entregam valor, mas que inspiram, conectam e se destacam em mercados cada vez mais competitivos.

Esses pilares formarão a base para o próximo passo: integrar o branding ao restante da Mandala Lebbe, criando um framework prático para a construção de valor consistente e duradouro.

CAPÍTULO 5
BRAND EMOTIONAL ESSENCE
A ESSÊNCIA EMOCIONAL DAS MARCAS

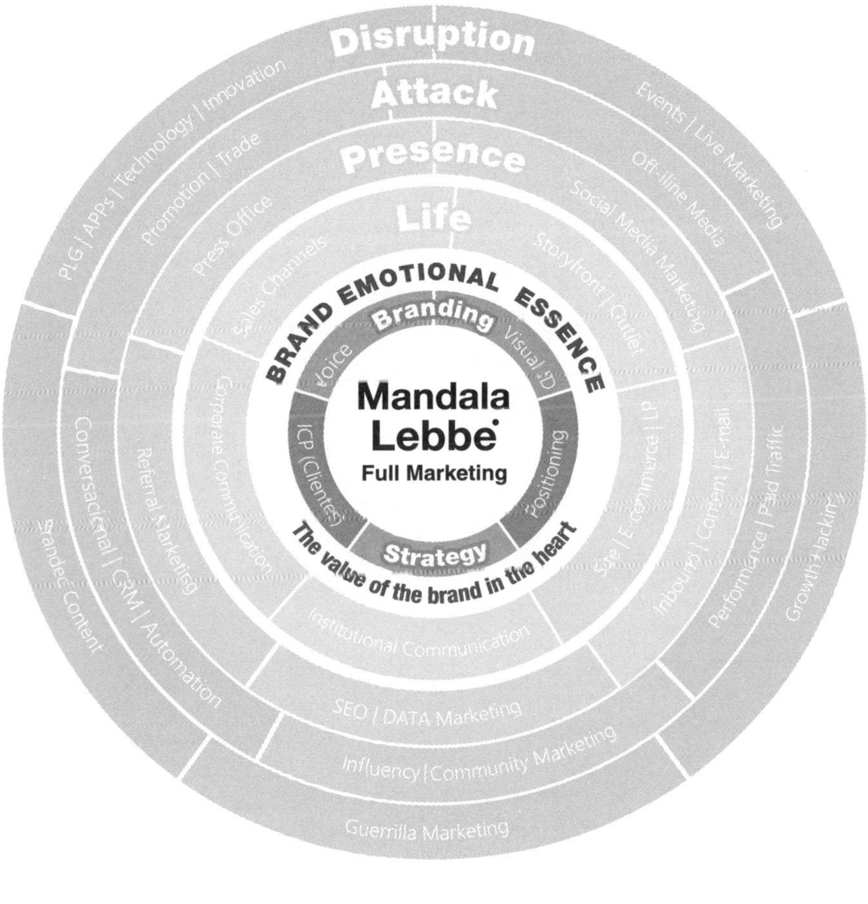

Se o branding é o coração estratégico de uma marca, a essência emocional é o pulsar que conecta a marca ao público. É o valor que não está apenas na mente, mas no coração do consumidor. O **Brand Emotional Essence (BEE)** é o conceito que sintetiza toda a construção racional do branding em uma mensagem emocional que inspira, ressoa e permanece.

David Ogilvy, uma das maiores mentes da publicidade, certa vez afirmou que "as melhores ideias vêm da interseção entre emoção e relevância". Para ele, a publicidade não era apenas uma ferramenta para vender produtos, mas um meio de criar significado na vida das pessoas. Se Ogilvy acreditava que a interseção entre emoção e relevância era o ponto alto da publicidade, no marketing contemporâneo, essa interseção se traduz no conceito de **Brand Emotional Essence (BEE)**. É através dessa mensagem emocional que as marcas alcançam o significado que ele tanto pregava.

No mundo saturado em que vivemos, onde milhares de mensagens competem pela atenção do consumidor diariamente, a emoção é a ponte mais forte para se destacar e permanecer na mente — e no coração — das pessoas.

A IMPORTÂNCIA DA CONEXÃO EMOCIONAL NO BRANDING

A emoção é o que transforma consumidores em fãs, clientes em defensores e transações em relacionamentos. O diretor de criação da Lebbe, Marcos Ferraz, sempre diz: "Para abrir carteiras, é preciso abrir sorrisos. E, para conseguir um cliente fiel, é preciso atingir a sua alma".

Estudos do *Harvard Business Review* revelam que consumidores emocionalmente conectados são, em média, 52% mais valiosos para as marcas do que aqueles que estão somente satisfeitos. Outro dado interessante, segundo pesquisa da Capgemini, intitulada *Loyalty Deciphered*, com mais de 9.000 consumidores, revelou que 70% dos consumidores com alto engajamento emocional gastam até duas vezes mais com as marcas que são leais.

No Brasil, marcas como Magalu transformaram a conexão emocional em estratégia, personificando sua marca com a assistente virtual Lu. Essa abordagem gerou não apenas empatia, mas impulsionou vendas e fidelização.

A diferença entre valor racional e valor emocional:

- Valor Racional: é tangível e objetivo. Refere-se aos benefícios funcionais do produto, como preço, qualidade, eficiência e praticidade.
- Valor Emocional: é intangível e subjetivo. Ele está relacionado ao que o consumidor sente ao interagir com a marca — orgulho, nostalgia, felicidade, pertencimento.

Por que a emoção é o coração do branding?

Estudos da *Harvard Business Review* indicam que as decisões de compra são 95% influenciadas por fatores emocionais. Isso acontece porque a emoção atua em áreas do cérebro ligadas à memória e ao comportamento. Quanto mais uma marca emociona, maior a chance de ser lembrada e, eventualmente, escolhida.

Como Al Ries e Jack Trout defendem em **Posicionamento: A Batalha pela Sua Mente:** "A mente do consumidor é um campo de batalha". E, no meio dessa batalha, o emocional é a arma mais poderosa.

Como já citado, consumidores conectados emocionalmente não apenas compram mais, mas se tornam advogados da marca. Essa lealdade emocional cria um ciclo de valor: o cliente retorna à marca mesmo quando surgem alternativas mais baratas ou convenientes.

Exemplo: a Harley-Davidson criou comunidades globais de consumidores engajados que veem a marca como uma extensão de sua identidade pessoal. Esse engajamento emocional permite à Harley-Davidson cobrar um prêmio de até **30% a mais** do que concorrentes.

Daniel Kahneman, em *Rápido e Devagar: Duas Formas de Pensar*, explica que o Sistema 1 do cérebro — rápido, emocional e intuitivo — domina a maioria das decisões, enquanto o Sistema 2 — lento e analítico — entra apenas para validar escolhas já feitas emocionalmente.

Essa teoria é central para a publicidade: marcas que ocupam um lugar na memória emocional têm mais chances de serem escolhidas no momento da decisão de compra.

Na publicidade, essa conexão emocional pode ser gerada de diversas formas:

1. **Humor:** marcas como Skol e Doritos usam a leveza para criar campanhas memoráveis.
2. **Sentimentalismo:** marcas como O Boticário e Pampers exploram momentos familiares e de afeto para construir vínculos profundos.
3. **Inspiração:** Nike e Airbnb apostam na superação e realização de sonhos para motivar e engajar.

A publicidade emocional utiliza técnicas que se apoiam em gatilhos psicológicos, como humor e sentimento, para capturar atenção e gerar memórias duradouras. De acordo com o *Journal of Advertising Research*, anúncios que evocam emoções positivas têm 2,5 vezes mais chances de serem lembrados.

A BEE é**,** portanto, a interseção entre emoção e estratégia. Ela responde à pergunta: o que minha marca faz as pessoas sentirem?

O PAPEL DA REPETIÇÃO NO BRANDING EMOCIONAL

A emoção é importante, mas ela só se fixa na mente do consumidor através da repetição. Jay Conrad Levinson, em **Marketing de Guerrilha**, resume esse ponto com clareza:

> *"É melhor um marketing medíocre com compromisso do que um marketing brilhante sem compromisso".*

Agora, já imaginou trabalhar bem para criar a *Brand Emotional Essence* e ter compromisso com essa mensagem, criando campanhas memoráveis?

Muitas empresas cometem o erro de desistir de suas campanhas antes que elas tenham tempo de criar impacto. Essa impaciência mina a construção de valor emocional. Como Levinson afirma, o marketing requer compromisso: compromisso com uma mensagem clara, com um propósito consistente e com a paciência necessária para transformar esforços em resultados.

A repetição cria familiaridade e, eventualmente, confiança. Tomas Smith, em 1885, desenvolveu uma lista que ilustra como a repetição afeta o consumidor; essa lista foi citada no livro de Levinson. Apesar de muito antiga, é uma ótima referência para nosso entendimento:

1. A primeira vez que um homem vê um anúncio, não o enxerga.
2. Na segunda vez, não percebe.
3. Na terceira vez, toma consciência de que o anúncio existe.
4. Na quarta vez, ele se recorda vagamente de tê-lo visto.
5. Na quinta vez, lê o anúncio.
6. Na sexta vez, torce o nariz para o anúncio.
7. Na sétima vez, ele lê até o fim e diz "Ai, meu Deus!".
8. Na oitava vez, diz "É aquela coisa confusa de novo!".
9. Na nona vez, ele se pergunta se aquilo pode ser algo bom.
10. Na décima vez, vai perguntar ao vizinho se ele já experimentou.
11. Na décima primeira vez, ele se pergunta como é que o anunciante consegue lucrar com aquilo.
12. Na décima segunda vez, acredita que o produto deve ser bom.
13. Na décima terceira vez, acha que talvez valha alguma coisa.
14. Na décima quarta vez, ele se lembra de que há muito tempo já estava querendo aquilo.
15. Na décima quinta vez, fica aflito porque não tem dinheiro para comprar.
16. Na décima sexta vez, pensa que um dia comprará.
17. Na décima sétima vez, ele anota que é para comprar.
18. Na décima oitava vez, solta o verbo contra a sua pobreza.
19. Na décima nona vez, conta seu dinheiro cuidadosamente.
20. Na vigésima vez, compra o produto ou pede para alguém comprar.

Para complementar, estudos modernos de neuromarketing indicam que são necessárias entre 7–13 exposições para uma marca ser efetivamente lembrada, dependendo do canal e contexto.

No mundo digital, onde somos expostos a milhares de anúncios por dia, a repetição é ainda mais crucial. É através dela que as marcas não apenas capturam atenção, mas constroem memórias afetivas que influenciam a decisão de compra.

COMO CRIAR UMA BEE – BRAND EMOTIONAL ESSENCE

A BEE é, em essência, a alma da marca traduzida em uma frase ou conceito emocional. É como um slogan, mas vai além — ela encapsula a promessa emocional que a marca faz ao seu público. Para construir essa essência, alguns passos são fundamentais:

1. Basear-se no Posicionamento, na Proposta de Valor e na UVP

A mensagem emocional deve nascer da análise racional feita na etapa anterior de branding, no Sintonizando. E mais do que isso, ela precisa estar alinhada ao posicionamento da marca e refletir a proposta de valor única (UVP). Encontre a essência do negócio!

2. Identificar emoções-chave

Pergunte: o que queremos que nossos consumidores sintam quando interagem com a marca?

- **Exemplo:** a Coca-Cola deseja que as pessoas sintam felicidade e momentos compartilhados.

3. Traduzir emoções em mensagens memoráveis

A essência emocional precisa ser clara, curta e universal.

- **Apple:** "Think Different" – uma mensagem que celebra a criatividade e a inovação.
- **Havaianas:** "Todo mundo usa" – capturando a leveza e a brasilidade.

4. Validar com o Público

Antes de implementar, teste a essência emocional com o público para garantir que ela ressoe de maneira autêntica.

Um desafio para você: descubra a Brand Emotional Essence por trás dos slogans

Agora que exploramos como uma **Brand Emotional Essence** pode transformar marcas em símbolos emocionais que ressoam com o público, que tal testar seus conhecimentos? Vamos brincar de adivinhar algumas das marcas que trabalharam consistentemente suas mensagens ao longo dos anos e deixaram suas essências emocionais gravadas em nossas memórias.

A seguir, estão slogans que marcaram época. Sua missão é descobrir qual marca representa cada um desses **BEEs**.

1.	"Quem pede um, pede (...)."	**1.**	____________
2.	"Energia que dá gosto."	**2.**	____________
3.	"Vale por um bifinho."	**3.**	____________
4.	"Amo muito tudo isso."	**4.**	____________
5.	"Pode ser bom. Pode ser muito bom. Pode ser (...)."	**5.**	____________ ____________
6.	"A verdadeira maionese."	**6.**	____________
7.	"Faça uma pausa com (...)."	**7.**	____________
8.	"Porque nós somos mamíferos."	**8.**	____________
9.	"(...) te dá asas."	**9.**	____________
10.	"Tomou (...), a dor sumiu."	**10.**	____________
11.	"(...) não te abandona, nunca."	**11.**	____________
12.	"Para você ficar legal, tome (...)."	**12.**	____________
13.	"Puro prazer de dirigir."	**13.**	____________
14.	"Vem para (...) você também, vem!"	**14.**	____________
15.	"Feito Para Você."	**15.**	____________
16.	"Todo mundo usa."	**16.**	____________
17.	"A gente se vê por aqui."	**17.**	____________
18.	"De mulher para mulher, (...)."	**18.**	____________
19.	"Dedicação total a você."	**19.**	____________
20.	"A número 1."	**20.**	____________
21.	"Uma boa ideia."	**21.**	____________
22.	"Deu duro, tome um (...)."	**22.**	____________
23.	"A cerveja que desce redondo."	**23.**	____________
24.	"Existem coisas que o dinheiro não compra. Para todas as outras existe (...)."	**24.**	____________

Lembre-se: cada slogan encapsula uma emoção, uma ideia central que conquistou corações e mentes ao longo do tempo. Pegue uma caneta ou apenas pense — será que você consegue acertar todas?

No próximo trecho, vou revelar as marcas e, mais importante, o que cada slogan representa em termos de emoção, propósito e conexão. Vamos nessa?

A essência emocional revelada: o que está por trás dos slogans?

Agora que você tentou adivinhar as marcas por trás dos slogans, vamos explorar não apenas quem são elas, mas também o que cada mensagem emocional representa em termos de valor e posicionamento. Essas marcas não só repetiram consistentemente suas mensagens, mas também alinharam seus slogans ao propósito e à percepção desejada, criando uma conexão emocional forte com seus consumidores.

1. **"Quem pede um, pede (...)."**
   - **Marca:** BIS
   - **Posicionamento:** um chocolate viciante e irresistível, que nunca é suficiente em apenas uma mordida.
   - **Essência emocional:** desejo incontrolável e prazer contínuo. O slogan reforça o comportamento natural de repetir o consumo, tornando-se quase um hábito viciante.
2. **"Energia que dá gosto."**
   - **Marca:** Nescau
   - **Posicionamento:** uma fonte de energia para crianças e adolescentes em momentos de diversão e atividade.
   - **Essência emocional:** vitalidade e movimento.
3. **"Vale por um bifinho."**
   - **Marca:** DANONINHO
   - **Posicionamento:** um complemento nutritivo para crianças, fornecendo cálcio e outros nutrientes essenciais.
   - **Essência emocional:** segurança e cuidado. A mensagem reforça o papel do produto na nutrição infantil, trazendo tranquilidade para os pais.
4. **"Amo muito tudo Isso."**
   - **Marca:** McDonald's
   - **Posicionamento:** um lugar onde pequenos momentos de felicidade são criados para todas as idades.
   - **Essência emocional:** alegria e conforto.

5. **“Pode ser bom. Pode ser muito bom. Pode ser (...).”**
    - **Marca:** Pepsi
    - **Posicionamento:** uma alternativa divertida e vibrante ao tradicional.
    - **Essência emocional:** atitude e ousadia.
6. **“A verdadeira maionese.”**
    - **Marca:** Hellmann’s
    - **Posicionamento:** a qualidade original e confiável em receitas caseiras e familiares.
    - **Essência emocional:** tradição e autenticidade.
7. **“Faça uma pausa com (...).”**
    - **Marca:** KitKat
    - **Posicionamento:** um doce aliado aos momentos de descontração.
    - **Essência emocional:** leveza e alívio.
8. **“Porque nós somos mamíferos.”**
    - **Marca:** Parmalat
    - **Posicionamento:** uma marca de laticínios próxima das famílias, focada em nutrição e carinho.
    - **Essência emocional:** nostalgia e afeto.
9. **“(...) te dá asas.”**
    - **Marca:** Red Bull
    - **Posicionamento:** o energético que estimula a mente e o corpo.
    - **Essência emocional:** energia e ambição.
10. **“Tomou (...), a dor sumiu.”**
    - **Marca:** DORIL
    - **Posicionamento:** alívio rápido e eficaz para dores de cabeça e outras dores leves.
    - **Essência emocional:** confiança e instantaneidade. A marca se posiciona como uma solução imediata, trazendo alívio e bem-estar quase instantâneos.

11. **"(...) não te abandona, nunca."**

- **Marca:** REXONA
- **Posicionamento:** um desodorante que protege durante todo o dia, garantindo segurança e frescor contínuo.
- **Essência emocional:** confiança e proteção. O consumidor se sente seguro de que não será pego de surpresa por odores ou suor excessivo.

12. **"Para você ficar legal, tome (...)."**

- **Marca:** MELHORAL
- **Posicionamento:** um analgésico leve e acessível para aliviar dores e febre.
- **Essência emocional:** conforto e bem-estar. O slogan sugere que o produto melhora rapidamente o estado físico e emocional do consumidor.

13. **"Puro prazer de dirigir."**

- **Marca:** BMW
- **Posicionamento:** um símbolo de luxo e desempenho automotivo.
- **Essência emocional:** elegância e excelência.

14. **"Vem para (...) você também, vem!"**

- **Marca:** Caixa
- **Posicionamento:** um banco acessível e inclusivo, que atende a todos os brasileiros, especialmente os das classes C e D.
- **Essência emocional:** pertencimento e oportunidade. A mensagem convida o consumidor a fazer parte de um universo em que o crédito e o suporte financeiro são acessíveis.

15. **"Feito para você."**

- **Marca:** Itaú
- **Posicionamento:** um banco personalizado, que se adapta às necessidades individuais de cada cliente.
- **Essência emocional:** personalização e proximidade. O cliente sente que os serviços do banco são moldados para sua realidade e necessidades.

16. **"Todo mundo usa."**
    - **Marca:** Havaianas
    - **Posicionamento:** a marca democrática que celebra o estilo e a leveza brasileira.
    - **Essência emocional:** versatilidade e brasilidade.
17. **"A gente se vê por aqui."**
    - **Marca:** Rede Globo
    - **Posicionamento:** a emissora que está presente em todos os momentos da vida do brasileiro.
    - **Essência emocional:** familiaridade e relevância.
18. **"De mulher para mulher, (...)."**
    - **Marca:** Marisa
    - **Posicionamento:** moda acessível e relevante para a mulher brasileira.
    - **Essência emocional:** conexão e empatia.
19. **"Dedicação total a você."**
    - **Marca:** Casas Bahia
    - **Posicionamento:** uma varejista focada em oferecer preços acessíveis e facilidade de pagamento para as classes populares.
    - **Essência emocional:** atendimento próximo e acessibilidade. A marca transmite a ideia de que cada cliente é tratado com prioridade e dedicação total.
20. **"A número 1."**
    - **Marca:** Brahma
    - **Posicionamento:** uma cerveja de qualidade superior e tradição.
    - **Essência emocional:** orgulho e celebração.
21. **"Uma boa ideia."**
    - **Marca:** Caninha 51
    - **Posicionamento:** a cachaça mais popular do Brasil, sinônimo de tradição e qualidade.

- **Essência emocional:** conexão e celebração. A frase simples e direta reforça a ideia de que escolher Caninha 51 é sempre uma decisão acertada para momentos de lazer e confraternização.

22. **"Deu duro, tome um (...)."**

    - **Marca:** Dreher
    - **Posicionamento:** um conhaque acessível e popular, tradicionalmente associado ao trabalhador brasileiro.
    - **Essência emocional:** recompensa e relaxamento. A mensagem sugere que, após um dia cansativo, o consumidor merece um momento de prazer e alívio.

23. **"A cerveja que desce redondo."**

    - **Marca:** Skol
    - **Posicionamento:** uma cerveja descontraída e leve para os momentos de celebração.
    - **Essência emocional:** alegria e diversão.

24. **"Existem coisas que o dinheiro não compra. Para todas as outras existe (...)."**

    - **Marca:** Mastercard
    - **Posicionamento:** mais do que um meio de pagamento, uma facilitadora de momentos especiais.
    - **Essência emocional:** exclusividade e momentos inesquecíveis.

Cada slogan vai além de comunicar uma mensagem; ele encapsula a essência da marca e conecta o público ao seu propósito. Essa integração entre o racional e o emocional é o que transforma simples palavras em ícones culturais que perduram.

TRANSFORMANDO EMOÇÃO EM ESTRATÉGIA

A **BEE** é o ponto culminante de todos os esforços de branding. É ela que traduz os valores racionais em emoções profundas, transformando marcas em companheiras da jornada de seus consumidores.

Como David Ogilvy ensinou, publicidade é sobre criar significado. A BEE é a forma mais poderosa de gerar esse significado, criando um vínculo duradouro que transcende produtos e serviços e transforma marcas em memórias — memórias que os consumidores carregam com eles por toda a vida.

No próximo capítulo, exploraremos como traduzir essa essência emocional em ações práticas e integradas no restante da Mandala Lebbe, conectando emoção à estratégia de forma ainda mais robusta e eficaz.

CAPÍTULO 6

A MANDALA LEBBE

UM FRAMEWORK *FULL MARKETING* PARA CONSTRUÇÃO DE VALOR PARA AS MARCAS

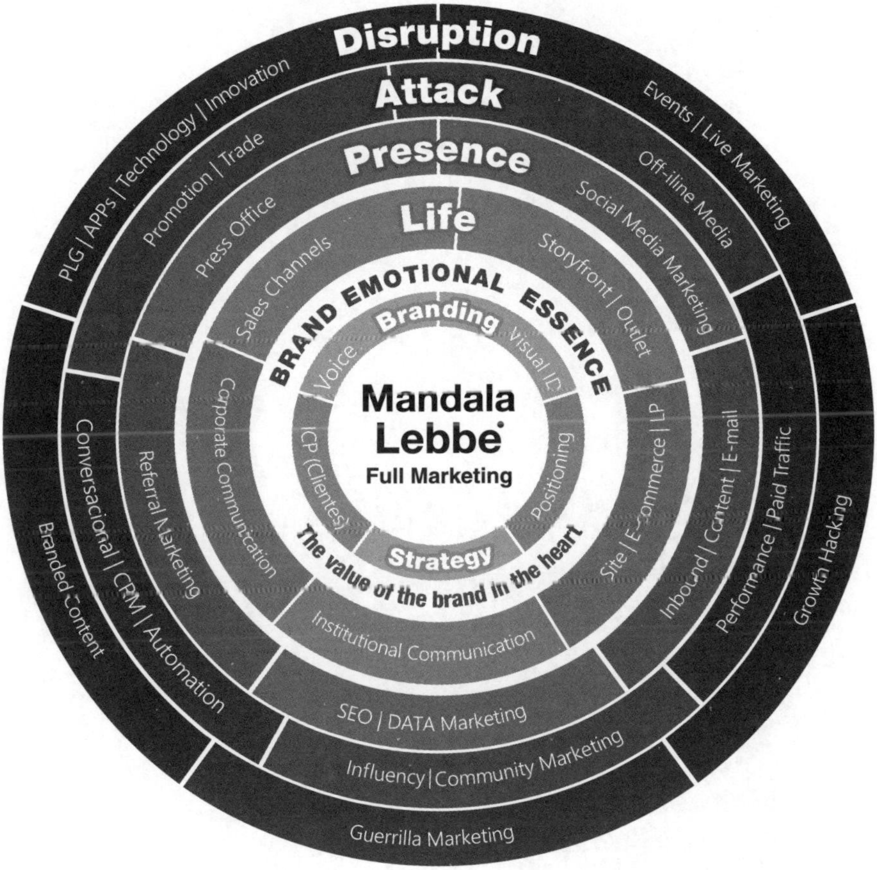

A MANDALA COMO ALICERCE DO BRANDING E DA ESSÊNCIA EMOCIONAL

No coração de qualquer estratégia de marketing bem-sucedida está um princípio inegável: consistência. É ela que transforma uma ideia brilhante em uma marca memorável e cria a base para construir relacionamentos significativos com o público. A **Mandala Lebbe** foi concebida exatamente para isso: organizar, simplificar e potencializar o impacto das ações de marketing e branding, garantindo que todos os esforços estejam alinhados com a **Brand Emotional Essence (BEE)** e com o núcleo estratégico da marca.

Enquanto o BEE, explorado no capítulo anterior, representa a alma emocional da marca — aquilo que ela faz seus consumidores sentirem — a **Mandala** é a estrutura que dá forma a essa essência. Ela funciona como uma bússola, orientando a empresa em quatro camadas que se interconectam e se complementam: **Life**, **Presence**, **Attack** e **Disruption**. Cada uma delas tem um papel único na construção de marcas que não apenas se destacam, mas que ressoam profundamente com seus públicos.

A conexão com o núcleo da Mandala

No centro da Mandala está o **Branding**, o núcleo estratégico e emocional que guia todas as camadas externas. Como afirma Kevin Lane Keller em *Gestão Estratégica de Marcas*, o branding é o principal vetor para criar associações positivas e duradouras na mente do consumidor. É ele que organiza os atributos funcionais e emocionais, garantindo que a promessa da marca seja traduzida de forma clara e impactante em cada interação com o público. Sem um núcleo sólido, as camadas externas perdem eficácia e coerência.

A Mandala Lebbe se constrói a partir dessa premissa, atuando como um mapa para traduzir o trabalho de branding em ações práticas, estratégicas e sustentáveis, sempre conectadas à essência emocional da marca.

O propósito da Mandala

Com a explosão de ferramentas digitais, canais de comunicação e pontos de contato, muitas empresas enfrentam dificuldades para organizar e priorizar suas ações de marketing. A Mandala Lebbe é uma resposta a esse desafio. Inspirada em frameworks consagrados e nas práticas mais eficazes de branding e comunicação, ela tem como objetivo:

1. **Organizar estratégias:** fornecer uma visão clara de como o branding se conecta a cada ação de marketing.
2. **Simplificar processos:** reduzir complexidades, garantindo que os esforços sejam direcionados para o que realmente importa.
3. **Potencializar resultados:** focar em consistência e conexão emocional para gerar impacto duradouro.

Philip Kotler, em *Marketing 4.0: Do Tradicional ao Digital*, enfatiza que a jornada do consumidor moderno é multifacetada e emocional. Ele destaca que o branding precisa estar presente em todas as etapas, desde a descoberta até a fidelização. Além disso, Keller defende que marcas fortes não são apenas consistentes, mas também capazes de se adaptar ao contexto e às necessidades de seus públicos. A Mandala Lebbe é uma aplicação prática dessas teorias, organizando o branding e o marketing em um framework claro e acessível.

Estrutura das camadas da Mandala Lebbe

A Mandala Lebbe é composta por seis camadas interdependentes, cada uma desempenhando um papel essencial na construção de marcas fortes e consistentes. As duas primeiras — **Branding** e **Brand Emotional Essence (BEE)** — são o núcleo estratégico e emocional. Elas já foram detalhadas nos capítulos anteriores, dada sua importância como fundamento para qualquer trabalho de marketing. Agora, exploraremos as outras quatro camadas, que traduzem essa base em ações práticas e conectam o planejamento à execução.

As camadas da Mandala

1. **Branding:** o núcleo estratégico da Mandala, onde a identidade, o propósito e os valores da marca são definidos.

   - Aqui se estabelece a base teórica e prática que guia todas as ações da empresa. É o ponto de partida para toda a construção estratégica.

   (Já explorado no capítulo anterior.)

2. **Brand Emotional Essence (BEE):** a tradução emocional do branding.

   - A BEE encapsula o que a marca faz seus consumidores sentirem, sendo o ponto central para gerar conexão emocional e memórias duradouras.

   (Já explorado no capítulo anterior.)

3. **Life:** construção das bases operacionais e práticas da marca.
    - Representa a materialização do branding e da essência emocional em elementos institucionais duradouros, como comunicação interna, site, pontos de venda e canais de atendimento.
4. **Presence:** a presença orgânica e constante da marca no dia a dia dos consumidores.
    - Focada em construir relevância e proximidade por meio de canais acessíveis, como redes sociais, SEO, PR, CRM e estratégias de relacionamento.
5. **Attack:** investimento estratégico para crescimento e resultados.
    - Envolve ações de alto impacto para atrair novos clientes, utilizando mídia paga, tráfego patrocinado, influenciadores e promoções.
6. **Disruption:** inovação e diferenciação no mercado.
    - Focada em surpreender e engajar por meio de iniciativas inovadoras e não convencionais, como marketing de guerrilha, branded content e growth hacking.

No centro da Mandala, com as camadas Branding e Bee, fizemos todo o trabalho de entendimento e embasamento para a construção das próximas camadas. Podemos dizer que as duas primeiras foram camadas estratégicas e as quatro a seguir são mais táticas, ajudando muito a estruturar a fase 1 de um planejamento de marketing completo.

Então, essas quatro camadas — **Life**, **Presence**, **Attack** e **Disruption** — formam a estrutura tática da Mandala Lebbe. Elas traduzem o trabalho estratégico e emocional em ações práticas, organizando e priorizando os esforços de marketing para garantir consistência, relevância e impacto.

Nos próximos tópicos, mergulharemos em cada camada, destrinchando seus subelementos e explicando como aplicá-los de forma eficiente.

CAPÍTULO 7

CAMADA LIFE

ESTRUTURANDO A CASA DA MARCA

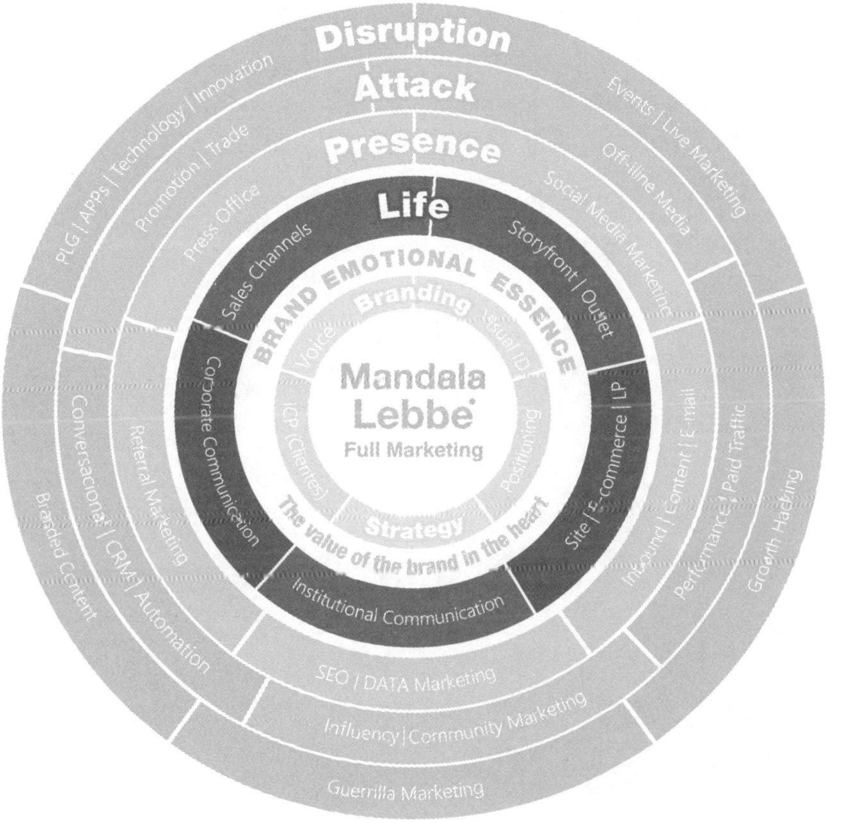

A camada **Life** da Mandala Lebbe é o alicerce prático do branding. Ela representa a organização e a estruturação da marca em todos os seus pontos de contato, criando uma base sólida para o sucesso de ações futuras. Sem uma "casa bem arrumada", mesmo as melhores estratégias de marketing podem desmoronar sob o peso da inconsistência, falta de clareza ou desalinhamento com a essência emocional e os valores da marca, definidos no núcleo da Mandala.

POR QUE ESTRUTURAR A CASA É ESSENCIAL?

Construir materiais institucionais robustos e bem planejados é fundamental para alinhar a comunicação da marca com sua essência e garantir que todos os públicos — internos e externos — tenham uma experiência coesa. Kevin Lane Keller enfatiza que a coesão da identidade de marca depende da consistência dos elementos da marca, sendo crucial para desenvolver equity (valor) (Keller, p. 213).

Além disso, estudos como o *Edelman Trust Barometer (2023)* mostram que consumidores esperam que as marcas sejam claras e consistentes em todas as interações. Essa confiança, construída a partir da coesão institucional, é um fator crítico para o sucesso no mercado contemporâneo.

1. Comunicação institucional

A comunicação institucional é o pilar que conecta a marca aos seus públicos externos e reforça sua presença no mercado.

- **Papelaria e identidade visual completa:** inclui cartões de visita, papel timbrado, pastas e outros materiais que refletem o branding da empresa.
- **Apresentação institucional geral e segmentada:** versões específicas para investidores, clientes e parceiros, garantindo clareza e relevância em cada interação.
- **Filme institucional**: uma ferramenta poderosa para transmitir a história, os valores e a essência emocional da marca de forma impactante.
- **Programa de integridade (manual de compliance):** essencial para setores regulamentados, demonstrando comprometimento com práticas éticas.
- **Código de conduta**: reforça os padrões éticos e as expectativas comportamentais da empresa.

- **Manual de comunicação anticrise:** ferramenta estratégica para preparar a marca para momentos de adversidade.
- **Folder institucional:** resumo visual e textual dos principais diferenciais da marca, ideal para eventos e apresentações.
- Aumentando o nível de maturidade da empresa, podem ser criados outros materiais.
- **Relatório anual de sustentabilidade:** comunica os impactos ambientais, sociais e econômicos, reforçando o compromisso da empresa com a responsabilidade corporativa.
- **Kit de imprensa:** reúne informações relevantes para jornalistas, como releases, dados corporativos e imagens de alta qualidade.
- **Memorial corporativo:** preservar e comunicar a história da empresa, fortalecendo a cultura interna e a identidade institucional.

2. Comunicação interna

A comunicação interna é a espinha dorsal do engajamento e da conexão com os colaboradores, garantindo alinhamento com os valores da marca.

- **Planejamento de comunicação interna:** estruturado para alcançar equipes em todos os níveis da organização.
- **Sinalização interna da empresa:** placas informativas, murais e decorações que reforçam os valores e a cultura da marca.
- **Programas de endomarketing:** ações para engajar colaboradores, como campanhas de integração e reconhecimento.
- **Treinamentos para equipes:** capacitações que alinham o discurso e a abordagem de todos os representantes da marca.
- **Memorial corporativo:** uma linha do tempo que celebra os marcos históricos e a evolução da empresa.

3. Site ou e-commerce

O site é o ponto de contato digital mais importante da marca, funcionando como uma vitrine de sua identidade e valores. Ele é o ponto central de toda a estratégia digital, pois é a partir dele que podemos estruturar uma comunicação completa de todos os *assets* da marca e transmitir ao público uma visão geral da empresa. Além disso, dentro dele, é possível criar frentes segmentadas ou mesmo focos diferentes de mensagem, de acordo com os objetivos traçados.

- **Site institucional:** precisa ser claro, visualmente atraente e otimizado para navegabilidade.
- **E-commerce:** além de funcionalidade, deve transmitir confiança e praticidade, refletindo os diferenciais da marca.
- **SEO e acessibilidade:** garantir que o site seja encontrado facilmente e acessível a todos os públicos.
- **Blog corporativo:** canal estratégico para reforçar o BEE e educar o público sobre temas relacionados à marca.
- **Página de vendas de produtos e serviços:** todas as informações dessas páginas devem estar conectadas com o BEE e com a estratégia geral da marca.

4. Canais (vendas e atendimento ao cliente)

Os canais de vendas e atendimento são a linha de frente da interação com os consumidores e stakeholders. É fundamental que todas as equipes que atuam nesses pontos estejam alinhadas com o branding da marca, transmitindo com consistência a essência emocional definida no BEE e os valores organizacionais.

Treinamento de equipes de vendas

As equipes de vendas desempenham um papel crítico na transmissão do valor da marca. Um treinamento bem estruturado deve:

- **Conectar os colaboradores ao branding:** apresentar história, missão, visão e propósito da empresa, garantindo que os vendedores compreendam e incorporem esses valores em sua abordagem.
- **Uniformizar o discurso:** criar roteiros e guias de vendas alinhados à Proposta Única de Valor (UVP) e à Essência Emocional da Marca (BEE), garantindo consistência em todos os pontos de contato.
- **Explorar técnicas de vendas emocionais:** incorporar a narrativa e o *storytelling* como ferramentas para envolver emocionalmente o cliente, destacando como a marca resolve problemas reais ou atende a desejos profundos.
- **Praticar a escuta ativa:** capacitar a equipe para ouvir o cliente e adaptar o discurso às suas necessidades, fortalecendo o vínculo emocional.

Treinamento de equipes de atendimento ao cliente

O atendimento ao cliente é um dos momentos mais sensíveis na construção da experiência com a marca. Uma equipe bem preparada é crucial para gerar confiança, empatia e fidelização.

- **Construir empatia no atendimento:** treinamentos devem reforçar a importância de compreender o cliente, suas dores e expectativas, utilizando a essência emocional como guia para criar interações memoráveis.
- **Orientar sobre o tom de voz da marca:** ensinar a equipe a comunicar-se com a linguagem definida pelo branding, garantindo proximidade e clareza.
- **Resolver com eficiência:** capacitar os colaboradores para responderem rapidamente às dúvidas, reclamações e solicitações, sempre reforçando os valores da marca.
- **Transformar problemas em oportunidades:** ensinar a equipe a usar situações desafiadoras como momentos para fortalecer a relação com o cliente, demonstrando compromisso e resolução.

Pontos de contato com o cliente

Cada interação nos canais de vendas ou atendimento deve ser pensada como uma oportunidade de reforçar o branding. Itens importantes para alinhar os pontos de contato:

- **Scripts de atendimento e vendas:** desenvolver roteiros claros e flexíveis que sigam os pilares do branding e contemplem a diversidade de públicos.
- **Materiais de apoio:** fornecer apresentações, folders, e-mails padronizados e até ferramentas digitais que reforcem a identidade visual e os valores da marca.
- **Treinamentos contínuos:** manter um calendário regular de reciclagem, com novos insights e adaptações às mudanças no mercado ou no público.

Uniformização da experiência

Seja no telefone, no e-mail, em visitas presenciais ou em eventos, todos os canais precisam oferecer uma experiência integrada e uniforme, onde a marca esteja claramente representada. A conexão entre branding, treinamento e consistência de discurso é o que transforma os canais de vendas em embaixadores da marca.

5. PDV (Ponto de Venda)

O PDV é onde a marca encontra o consumidor de forma direta. Cada elemento desse ambiente deve transmitir o branding e proporcionar uma experiência alinhada ao BEE.

- **Sinalização do PDV:** placas, displays e layouts que destacam a identidade visual da marca.
- **Material promocional:** folders, flyers e brindes que reforçam a mensagem institucional.
- **Treinamento da equipe do PDV:** garantir que os colaboradores no ponto de venda estejam preparados para oferecer uma experiência consistente e de alta qualidade.
- **Experiência sensorial:** trabalhar com música, iluminação, fragrâncias e outros elementos que conectem emocionalmente o consumidor ao espaço.

A camada *Life* da Mandala Lebbe é o alicerce indispensável para qualquer marca que deseja crescer de forma estruturada e duradoura. Esses materiais institucionais e pontos de contato são mais do que itens operacionais — são manifestações tangíveis do branding e da essência emocional que a marca deseja transmitir. Com uma base sólida, as próximas camadas da Mandala ganham força e impacto no mercado.

CAPÍTULO 8
PRESENCE
ESTAR PRESENTE, RELEVANTE E CONSTANTE

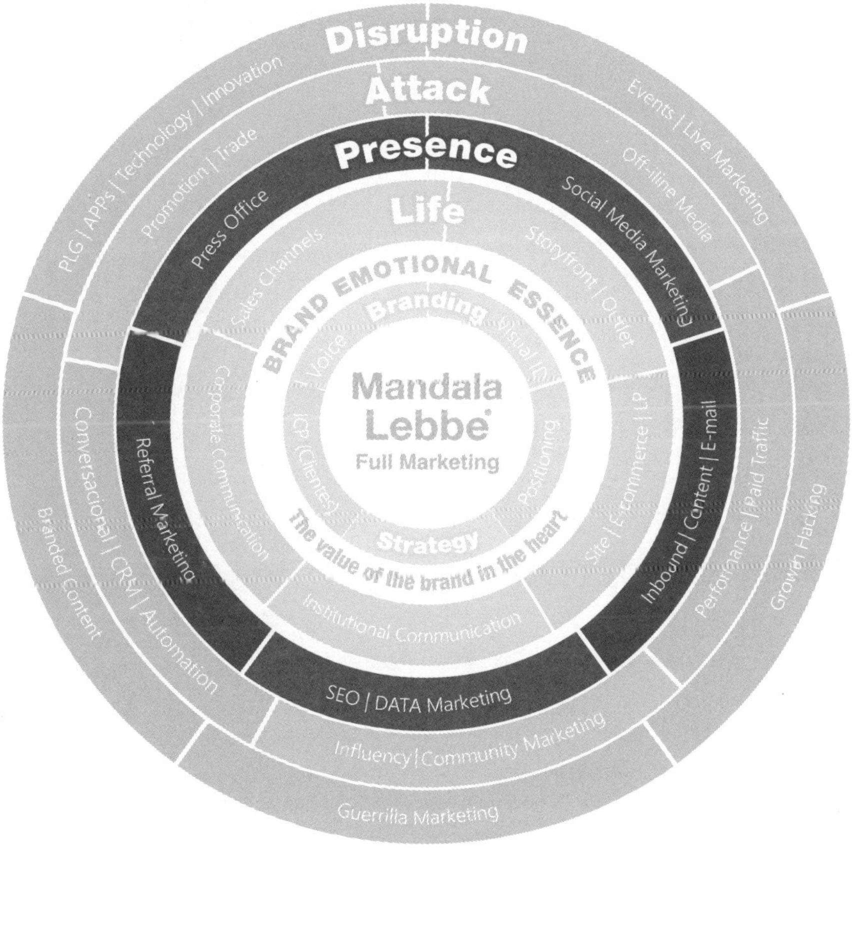

INTRODUÇÃO: A IMPORTÂNCIA ESTRATÉGICA DA PRESENÇA CONTÍNUA

Na camada Presença da Mandala Lebbe, reforçamos a máxima do mundo dos negócios: "quem não é visto, não é lembrado". Esse princípio, adaptado à era digital, vai além de simplesmente aparecer. Trata-se de estar verdadeiramente presente e relevante no dia a dia do público e de todos os stakeholders. Presença não é apenas um esforço de visibilidade, mas uma estratégia para construir relacionamentos sólidos e duradouros.

Estudos conduzidos por Frederick Reichheld, da Bain & Company, publicados na **Harvard Business Review1**, mostram que aumentar em apenas 5% a retenção de clientes pode elevar os lucros de uma empresa entre 25% e 95%. Esse estudo detalha como a lealdade do cliente impacta diretamente o desempenho financeiro das empresas, fornecendo uma base sólida para estratégias focadas nessa frente. Além disso, oferecem insights valiosos sobre como implementar práticas eficazes de fidelização para impulsionar o crescimento sustentável dos negócios.

Esses números revelam o impacto direto de cultivar a fidelidade e reforçam a ideia de que investir em clientes existentes não é apenas uma decisão estratégica, mas também um motor essencial de lucratividade sustentável.

Mais do que conquistar novos clientes, a camada Presença prioriza o cliente que já é seu, a construção de experiências significativas e a manutenção de um relacionamento próximo e constante. Não basta ser encontrado no Google ou nas redes sociais; é essencial estar na memória afetiva do consumidor, engajando de forma genuína e estratégica em todos os pontos de contato.

A revolução do marketing digital democratizou a presença, oferecendo ferramentas acessíveis para marcas se conectarem com seus públicos por meio de redes sociais, blogs e e-mails. Contudo, essa oportunidade vem com desafios: a necessidade de se destacar em meio ao excesso de informações e de criar uma experiência personalizada que vá além da interação transacional.

---

1 Para aprofundar essa análise, é recomendável consultar o artigo original de Reichheld, intitulado *"The Loyalty Effect — The Hidden Force Behind Growth, Profits, and Lasting Value"*, publicado na *Harvard Business Review.*

Para embasar essa abordagem, pense na importância de estratégias que priorizem o valor do relacionamento. Uma presença bem estruturada não apenas fortalece a reputação da marca, mas também contribui para a maximização do *Lifetime Value* (LTV), um dos principais indicadores de sucesso a longo prazo. Como destacou Reichheld, "clientes fiéis compram mais, indicam mais e custam menos para servir".

Dessa forma, o foco da camada Presença não é apenas atrair novos públicos, mas também nutrir os clientes existentes. A partir dessa perspectiva, trabalharemos em pilares essenciais como redes sociais, SEO, inbound marketing, assessoria de imprensa e, acima de tudo, estratégias robustas de relacionamento com o cliente.

A camada *"Presence"* foca na manutenção de uma presença contínua nos canais mais relevantes, sem depender de investimentos pesados. Aqui, o compromisso e a consistência são fundamentais.

8.1 REDES SOCIAIS: ESTAR ONDE SEU PÚBLICO ESTÁ

A importância estratégica das redes sociais no ecossistema de presença

As redes sociais são, hoje, o maior ponto de conexão entre marcas e consumidores. Elas transcendem o papel de simples plataformas para postagem de conteúdo e se tornam canais de interação, engajamento e relacionamento. Mais do que ferramentas de divulgação, são meios para amplificar a voz das marcas e se conectar emocionalmente com o público.

Contudo, a presença nas redes sociais não é medida apenas pela quantidade de seguidores, mas pela relevância das interações. O foco não deve ser "estar em todas as redes", mas, sim, estar onde seu público está e interagir de forma significativa. Rafael Kiso, CEO da MLabs, defende que redes sociais são um dos poucos canais em que as marcas conseguem, de fato, ouvir diretamente seus consumidores, oferecendo um espaço único para feedbacks instantâneos e criação de vínculos.

Quantas redes sociais uma empresa deve utilizar?

A resposta depende de dois fatores principais: o perfil do público-alvo e os recursos disponíveis para gerenciamento. Em geral, empresas médias e grandes podem gerenciar de forma eficiente entre duas e quatro redes sociais bem estruturadas. O importante não é a quantidade, mas a capacidade de entregar consistência, criatividade e atendimento em cada canal escolhido.

Escolha estratégica das plataformas e sugestões de uso

Cada rede social atende a objetivos diferentes e a públicos específicos. Abaixo, detalhamos como cada uma pode ser usada para fortalecer a presença:

- **LinkedIn:** ideal para marcas B2B, mas também relevante para o branding institucional. Estratégias incluem compartilhar cases de sucesso, estudos de mercado, artigos de liderança e depoimentos de clientes.

  Sugestão: publique insights e histórias que humanizem a empresa, como a rotina de seus líderes ou projetos sociais relevantes.

- **Instagram:** o canal mais visual, focado em estilo de vida, produtos e experiências. É a plataforma ideal para criar uma vitrine digital.

  Sugestão: trabalhe com carrosséis para educar, *stories* para engajamento instantâneo e *reels* para maior alcance. Mostre os bastidores da marca e reforce os *assets* do branding visual.

- **TikTok e Kwai:** redes voltadas para vídeos curtos e altamente engajantes, focadas em entretenimento e viralização. São ideais para marcas que querem conquistar públicos jovens. No caso do Kwai, tem uma presença muito relevante no público das classes C, D e E.

  Sugestão: crie desafios, use humor e aproveite *trends* para fazer parte da conversa cultural do momento.

- **Facebook:** ainda relevante para públicos mais maduros e para criação de comunidades. Sua força está em eventos e em grupos engajados.

  Sugestão: invista em grupos privados relacionados à sua marca, promovendo um senso de comunidade exclusivo.

- **Pinterest:** excelente para inspiração visual em nichos específicos, como moda, gastronomia e decoração.

  Sugestão: crie pastas com ideias visuais conectadas aos valores e produtos da marca, alinhadas ao BEE.

- **Twitter (ou X):** funciona bem para interações rápidas, campanhas virais e engajamento em tempo real.

  Sugestão: use-o para interagir com eventos ao vivo ou para campanhas de real-time marketing, como datas comemorativas e *trending topics*.

Conteúdo: educativo, inspirador e de entretenimento

Rafael Kiso enfatiza que o sucesso nas redes sociais está diretamente ligado à capacidade de criar conteúdo que eduque, inspire e entretenha. Essa estratégia tripla oferece diferentes formas de interação com o público e ajuda a posicionar a marca como útil e envolvente.

- **Educar:** compartilhe conteúdos ricos que ensinem algo ao público. Por exemplo, dicas práticas sobre como usar seus produtos ou insights de mercado.

  Exemplo: uma empresa de cosméticos pode publicar dicas sobre cuidados com a pele baseadas em tipos de pele.

- **Inspirar:** crie histórias que conectem os valores da marca ao público de forma aspiracional.

  Exemplo: um vídeo que mostre o impacto positivo de uma iniciativa sustentável da marca.

- **Entreter:** use formatos leves e descontraídos para engajar. Isso pode incluir *memes*, vídeos engraçados ou até desafios.

  Exemplo: participar de uma *trend* no TikTok ou criar um quiz divertido relacionado ao universo da marca.

Como garantir relevância e conexão nas redes sociais

Para se destacar, as marcas precisam ir além da produção de conteúdo e investir em interações reais e valiosas. Algumas práticas incluem:

- **Humanização:** use histórias reais de clientes ou colaboradores para criar uma conexão emocional.
- **Consistência visual:** mantenha uma identidade visual clara e consistente em todas as redes.
- **Monitoramento ativo:** responda rapidamente a comentários, mensagens e menções, mostrando que a marca está atenta às necessidades do público.
- **Análise de dados:** utilize métricas para entender o que funciona e ajuste sua estratégia regularmente.

Metodologia 3H (Hero, Hub e Help) – Uma base estratégica para planejamento de conteúdo

Criada pelo YouTube, a metodologia 3H (Hero, Hub e Help) propõe uma abordagem estratégica e cíclica para criação e distribuição de conteúdo. O modelo sugere que, para construir uma presença digital forte e relevante, é preciso equilibrar três tipos de conteúdo com objetivos e ritmos diferentes.

Essa estrutura é extremamente útil no planejamento de redes sociais, blogs, canais de vídeo e até campanhas maiores, pois ajuda a distribuir esforços de forma inteligente ao longo do tempo, mantendo consistência e impacto.

1. HERO – Para atrair atenção em grande escala

O conteúdo HERO é aquele criado para gerar grande impacto e alcance, geralmente vinculado a campanhas maiores, lançamentos, datas estratégicas ou ações promocionais de alto investimento. Ele tem o objetivo de apresentar a marca para um público mais amplo, criando *awareness* e despertando desejo.

Características:

- Alto investimento de mídia ou produção.
- Apelo emocional ou criativo mais forte.
- Utilizado em campanhas sazonais, institucionais ou grandes ativações.

Exemplos:

- Um filme publicitário para TV ou redes, como os da Natura no Dia das Mães.
- Uma grande campanha com influenciadores para o lançamento de um produto.
- Uma ação ousada de marketing de guerrilha.

2. HUB – Para nutrir o relacionamento com sua comunidade

O conteúdo HUB é pensado para o público que já conhece a marca. Ele tem como função manter o interesse constante, aprofundar a relação e reforçar o posicionamento da empresa ao longo do tempo.

Características:

- Conteúdos recorrentes e com identidade clara.
- Foco em conexão com a comunidade.
- Pode seguir quadros fixos, séries ou editorias temáticas.

Exemplos:

- Séries no Instagram ou YouTube, como "Dicas de Marketing com Fernando".
- Entrevistas com especialistas do setor.
- Conteúdos inspiracionais que reforcem o posicionamento da marca.

3. HELP – Para resolver problemas reais e ser útil

O conteúdo HELP é o que responde às dúvidas do seu público e gera valor direto através da utilidade. É muito importante para posicionar a marca como autoridade e ser encontrada por quem está pesquisando.

Características:

- Conteúdos de busca (SEO) e de resposta direta.
- Tutoriais, dicas, passo a passo.
- Costuma ser atemporal e com alto potencial de tráfego orgânico.

Exemplos:

- "Como montar um plano de marketing em 5 passos."
- "Como criar uma identidade visual impactante."
- "Checklist de campanha para o Dia do Consumidor."

Como aplicar o modelo 3H no planejamento de conteúdo

No contexto do Full Marketing e da Mandala Lebbe, o modelo 3H pode ser incorporado dentro das frentes de presença e relacionamento, com foco em manter consistência, relevância e crescimento sustentável das marcas no ambiente digital.

1. **Mapeie momentos cruciais** (Hero): eventos, lançamentos ou datas comemorativas ideais para vídeos de alto impacto ou campanhas virais.
2. **Estruture conteúdos recorrentes** (Hub): séries semanais ou quinzenais como bastidores, entrevistas, dicas de estilo de vida, *reels* de rotina, lives.

3. **Crie conteúdos úteis e atemporais** (Help): tutoriais, guias de "como fazer", perguntas e respostas que atendem a dúvidas reais do público.
4. **Equilibre no calendário editorial:** mantenha Hub e Help ativos constantemente, e reserve Hero para momentos pontuais com foco em alcance massivo.
5. **Mensure resultados por categoria:**
    - Hero → alcance, visualizações, compartilhamentos.
    - Hub → engajamento, comentários, retenção.
    - Help → tráfego orgânico, salvamentos, buscas.

A seguir, uma sugestão de distribuição de conteúdo ao longo do tempo:

TIPO DE CONTEÚDO	FREQUÊNCIA SUGERIDA	OBJETIVO PRINCIPAL
HERO	2 a 4 vezes ao ano	Impacto e alcance
HUB	1 a 3 vezes por semana	Engajamento e posicionamento
HELP	2 a 4 vezes por mês	Descoberta e utilidade

Por que o modelo 3H funciona?

- Ele organiza a produção de conteúdo com propósito claro.
- Equilibra investimento entre *awareness*, relacionamento e conversão.
- Gera consistência sem cair na monotonia.
- Alinha o conteúdo aos estágios do funil e da jornada do cliente.

O modelo 3H pode (e deve) ser usado junto de ferramentas como o BEE (*Brand Emotional Essence*) e da UVP (Proposta Única de Valor). Assim, você garante que todo conteúdo, mesmo os mais operacionais, esteja conectado com a alma da marca.

Estratégias específicas para YouTube: o canal da longevidade de conteúdo

O papel do YouTube no ecossistema digital

O YouTube é a segunda maior plataforma de busca do mundo, ficando atrás apenas do Google, o que a torna essencial para marcas que buscam presença consistente. Além disso, vídeos no YouTube têm um ciclo de vida mais longo do que posts em redes sociais como Instagram ou TikTok, permitindo que o conteúdo continue sendo descoberto meses — ou até anos — após sua publicação.

Segundo dados da Statista, mais de 2,7 bilhões de pessoas utilizam o YouTube mensalmente (dados de 2024), abrangendo todas as faixas etárias e interesses. Essa diversidade o torna ideal para atingir públicos variados com diferentes tipos de conteúdo, desde vídeos tutoriais até campanhas emocionais. Além da metodologia 3H, você pode explorar muitos tipos de conteúdo no YouTube:

1. **Conteúdo educativo e tutoriais**
    - Dicas práticas, como utilizar produtos ou serviços, tendências de mercado, ou conteúdos que posicionem a marca como autoridade no setor.
    - **Exemplo:** uma marca de cosméticos pode criar uma série de tutoriais de maquiagem para diferentes ocasiões.
2. **Histórias de bastidores**
    - Conecte-se emocionalmente ao público, mostrando como seus produtos ou serviços são feitos.
    - **Exemplo:** marcas sustentáveis podem mostrar o processo de produção e destacar parcerias com comunidades locais.
3. **Campanhas de marca**
    - Vídeos criativos que reforcem o posicionamento da marca e o BEE.
    - **Exemplo:** campanhas semelhantes à "Real Beauty", da Dove, que destacam valores emocionais como autoestima e autenticidade.
4. **Entrevistas e colaborações**
    - Traga especialistas ou influenciadores para enriquecer seu canal.

- **Exemplo:** um banco pode entrevistar economistas renomados sobre educação financeira.

5. **Séries temáticas**
   - Vídeos em sequência que abordem temas do interesse do público, criando fidelidade ao canal.
   - **Exemplo:** uma marca fitness pode lançar uma série de treinos semanais.

Boas práticas para o YouTube

- **SEO para YouTube:** use palavras-chave relevantes no título, descrição e tags do vídeo para melhorar sua descoberta na plataforma.
- **Thumbnails atrativos:** miniaturas bem desenhadas aumentam a taxa de cliques.
- **Chamadas para ação (CTAs):** incentive os espectadores a se inscreverem, curtirem e compartilharem o conteúdo.
- **Interatividade:** responda aos comentários e estimule a participação do público com perguntas no final dos vídeos.
- **Regularidade:** publique com consistência para construir uma audiência fiel.

O papel das redes sociais no branding e no BEE

Ao conectar cada conteúdo à essência emocional da marca (BEE), as redes sociais se tornam mais do que canais de divulgação. Elas passam a ser pontos de conexão emocional, em que o público não apenas consome informações, mas sente os valores da marca. Uma campanha que equilibra presença consistente e emoção cria um impacto duradouro, alinhado com os pilares do branding.

A presença ativa e estratégica nas redes sociais é, portanto, uma das ferramentas mais eficazes para garantir que a marca esteja viva no dia a dia do público, conquistando espaço tanto na tela quanto no coração dos consumidores.

8.2 SEO: CONSTRUINDO RELEVÂNCIA ORGÂNICA NO UNIVERSO DIGITAL

Introdução: por que SEO é essencial na camada Presença?

A otimização para mecanismos de busca (SEO) continua sendo a espinha dorsal de qualquer estratégia de marketing digital sustentável. Com o Google recebendo aproximadamente 8,5 bilhões de pesquisas por dia mundialmente — equivalente a cerca de 99 mil pesquisas por segundo (AIOSEO, 2025), estar bem posicionado nos resultados de busca determina se uma marca será encontrada ou permanecerá invisível no mundo digital.

Os três primeiros resultados orgânicos do Google recebem 68,7% de todos os cliques, enquanto apenas 0,78% dos usuários visitam a segunda página (AIOSEO, 2025). Esses números revelam uma realidade competitiva: não basta apenas aparecer nos resultados — é necessário estar entre os primeiros colocados.

SEO vai além de atrair tráfego. Ele gera autoridade, relevância e confiança, elementos cruciais para criar uma presença forte e consistente, como defendido no livro *Marketing de Conteúdo: A Moeda do Século XXI*, de Rafael Rez. Rez explica que o SEO é uma das táticas mais sustentáveis de marketing, já que os investimentos iniciais continuam gerando retorno no longo prazo, diferentemente de campanhas pagas, que cessam assim que o orçamento é encerrado.

O novo cenário: SEO e inteligência artificial em 2025

O ano de 2024 trouxe a maior disrupção no cenário de buscas da última década com o lançamento do Google AI Overviews (AIO). Contrariando previsões pessimistas sobre o fim do SEO tradicional, 63% dos profissionais relataram que o AIO impactou positivamente seu tráfego orgânico, visibilidade ou rankings desde sua implementação (AIOSEO, 2025).

Além disso, 91% dos profissionais confirmaram que o SEO continuou tendo impacto positivo no desempenho do site e nos objetivos de marketing em 2024 (Conductor). Isso reforça que, apesar das mudanças tecnológicas, os fundamentos do SEO permanecem relevantes quando adaptados às novas realidades.

Fundamentos do SEO: três pilares essenciais

SEO não é um conjunto de truques, mas uma abordagem estratégica para fazer com que o site da sua marca seja visto como uma autoridade por mecanismos de busca. Para isso, ele se divide em três pilares principais:

SEO On-Page

Envolve a otimização de elementos internos do site, com foco especial na experiência do usuário. Apenas 33% dos websites atendem aos padrões do Google Core Web Vitals (AIOSEO, 2025), indicando uma oportunidade significativa de diferenciação através da performance técnica.

Exemplo prático: uma empresa de cosméticos pode otimizar suas páginas com palavras-chave específicas, como "maquiagem para pele oleosa" ou "tutorial contorno facial", incluindo descrições detalhadas dos produtos e técnicas, além de garantir carregamento rápido das imagens.

SEO Off-Page

Refere-se à autoridade construída fora do site através de menções e links de fontes confiáveis. Links de domínios de alta qualidade valem mais que vários links de domínios de baixa qualidade (AIOSEO, 2025), enfatizando a importância da qualidade sobre a quantidade.

Exemplo prático: uma marca de tecnologia pode publicar artigos em blogs especializados e incluir links para suas páginas, aumentando sua relevância aos olhos do Google.

SEO Técnico

Garante que o site seja tecnicamente acessível aos mecanismos de busca. 40% dos usuários abandonam um site que demora mais de três segundos para carregar (AIOSEO, 2025), tornando a velocidade um fator crítico de ranqueamento e experiência do usuário.

Exemplo prático: otimizar o tempo de carregamento do site de um e-commerce para menos de três segundos pode aumentar significativamente a taxa de conversão e melhorar o posicionamento nos resultados de busca.

Featured Snippets: a nova posição zero

Featured snippets se tornaram ainda mais relevantes na era da busca por respostas diretas. O primeiro *featured snippet* obtém 42,9% da taxa de cliques, enquanto o resultado #1 orgânico (quando não há *snippet* presente) recebe 39,8% dos cliques (AIOSEO, 2025). Essa diferença significativa justifica investir na otimização para essa posição privilegiada.

Estratégias para conquistar featured snippets:

- Estruture conteúdo com perguntas claras seguidas de respostas diretas.
- Use listas numeradas e *bullets* para facilitar a extração de informações.
- Mantenha respostas concisas (40–60 palavras para perguntas diretas).
- Implemente dados estruturados (*schema markup*).

  Exemplo prático: um site de restaurantes pode estruturar informações como "Horário de funcionamento: segunda a domingo, das 11h às 23h" para aparecer diretamente nos resultados de busca.

Pesquisa por voz: o crescimento da busca conversacional

A pesquisa por voz representa uma mudança fundamental no comportamento de busca. Mais de um bilhão de pesquisas por voz ocorrem mensalmente, com 71% dos usuários preferindo pesquisas por voz em vez de digitação (AIOSEO, 2025). O resultado médio de pesquisa por voz tem 29 palavras de comprimento, exigindo adaptação na estratégia de conteúdo.

Além disso, 40,7% das respostas de pesquisa por voz são extraídas de *featured snippets* (AIOSEO, 2025), reforçando a importância de otimizar para ambas as funcionalidades simultaneamente.

Adaptações necessárias:

- Otimize para perguntas conversacionais longas.
- Use linguagem natural e coloquial.
- Foque em respostas diretas no início dos parágrafos.
- Considere intenções de busca local ("perto de mim").

SEO Mobile e Local: tendências dominantes

76% das pesquisas em dispositivos móveis estão relacionadas a algo próximo ao usuário, e 18% das pesquisas locais móveis resultam em compra no mesmo dia (AIOSEO, 2025). Essa estatística demonstra a importância crítica da otimização local e *mobile-first*.

Implementação prática:

- Configure Google Business Profile completo.
- Otimize para pesquisas "perto de mim".
- Garanta responsividade total em dispositivos móveis.
- Inclua informações locais relevantes (endereço, telefone, horários).

Estratégias avançadas de SEO

Neil Patel, um dos maiores especialistas globais em SEO, afirma que "SEO é sobre responder perguntas do público antes que ele saiba que tem essas perguntas". Isso significa que o conteúdo não apenas deve ser otimizado, mas também precisa ser relevante, útil e centrado no usuário.

Estratégia 1: pesquisa de palavras-chave com intenção clara

A pesquisa de palavras-chave deve ir além do volume de busca. Ferramentas como SEMrush e Google Keyword Planner ajudam a identificar palavras com alta intenção de compra.

Estratégia 2: conteúdo de qualidade em formato pilar

Crie conteúdos longos, detalhados e autoritativos sobre temas amplos (páginas pilares), complementados por conteúdos mais específicos que linkam de volta à página principal.

Estratégia 3: Link building de qualidade

Construa parcerias com sites relevantes e confiáveis para receber *backlinks*. A qualidade supera a quantidade nesta estratégia.

SEO para IA: adaptando-se às ferramentas de inteligência artificial

O SEO para IA não é uma ruptura total com as práticas tradicionais, mas, sim, uma evolução do marketing de busca. As principais mudanças incluem:

1. Linguagem natural e semântica

Mecanismos de IA analisam contexto e intenção, não apenas palavras-chave isoladas. O conteúdo deve ser escrito de forma natural e abrangente.

- **Adaptação prática:**
    - Escreva textos que respondam perguntas de forma objetiva e contextual.
    - Use sinônimos e variações semânticas.
    - Explore perguntas frequentes e estruturadas (FAQ).
- **Exemplo:** em vez de otimizar apenas para "tênis de corrida", crie conteúdos que respondam "Como escolher o tênis de corrida ideal para meu tipo de pisada em 2025?".

2. Conteúdo facilmente extraível

As ferramentas de IA buscam respostas estruturadas e diretas.

- **Formatação recomendada:**
    - Utilize listas numeradas e tópicos.
    - Estruture títulos hierarquicamente (H1, H2, H3).
    - Destaque informações importantes.
- **Exemplo:**

  "Os 5 principais benefícios da alimentação orgânica são:

  a. 1) Menor exposição a agrotóxicos;
  b. 2) Maior concentração de nutrientes;
  c. 3) Melhor sabor..."

3. Autoridade e credibilidade E-E-A-T

Experience, *Expertise*, *Authoritativeness* e *Trustworthiness* tornaram-se ainda mais decisivos.

- **Implementação:**
    - Cite estudos e fontes confiáveis.

- Publique artigos assinados por especialistas.
- Construa *backlinks* de sites autoritários.

4. Experiência do usuário otimizada

Retenção e interação do usuário impactam diretamente no ranqueamento por IA.

- **Melhorias necessárias:**
    - Parágrafos curtos e subtítulos bem definidos.
    - Imagens, infográficos e vídeos otimizados.
    - Tempos de carregamento rápidos (menos de três segundos).

86,07% dos profissionais de SEO já integraram IA em suas estratégias, com 75% usando IA para reduzir tempo em tarefas manuais como pesquisa de palavras-chave e otimização de meta tags (SeoClarity). A adoção de ferramentas de IA potencializa a eficiência sem substituir o conhecimento estratégico.

Principais aplicações:

- Pesquisa automatizada de palavras-chave.
- Geração de meta *descriptions* e títulos otimizados.
- Análise competitiva avançada.
- Identificação de oportunidades de melhoria técnica.

Conexão com inbound marketing

SEO e inbound marketing são partes de um mesmo sistema integrado. Como Rafael Rez destaca, "SEO é o motor que alimenta o inbound marketing". Um conteúdo bem posicionado no Google atrai visitantes qualificados que podem ser conduzidos através do funil de vendas, desde a descoberta até a conversão.

68% de todas as atividades on-line começam com um mecanismo de busca (AIOSEO, 2025), reforçando que uma estratégia de SEO bem executada é fundamental para qualquer presença digital efetiva.

Métricas essenciais para acompanhamento

Principais KPIs para monitorar:

- Posicionamento médio para palavras-chave estratégicas.
- Taxa de cliques orgânicos (CTR).
- Tráfego orgânico qualificado e sua conversão.
- Tempo de permanência e taxa de rejeição.
- Performance em *featured snippets* e pesquisa por voz.

Considerações futuras

SEO não é uma estratégia isolada, mas um componente essencial para construir uma presença digital robusta. Ele conecta as intenções do público às soluções da marca, gerando tráfego qualificado, aumentando a autoridade e criando oportunidades de conversão sustentáveis.

Um detalhe crucial é a possibilidade contínua de mudanças no modelo de busca, nas plataformas e nas formas de ranqueamento. O digital evolui constantemente, especialmente com o fortalecimento das IAs. Por isso, manter-se atualizado e adaptável às melhores práticas é essencial para o sucesso a longo prazo.

No próximo tópico, exploraremos como as Relações Públicas complementam essa base sólida de SEO, criando uma presença institucional que amplifica o impacto do branding e fortalece a autoridade da marca no mercado.

8.3 RELAÇÕES PÚBLICAS: A PRESENÇA INSTITUCIONAL

Relações Públicas (RP) constituem uma frente estratégica essencial para posicionar a marca diante de seus múltiplos públicos de interesse — tanto em momentos de estabilidade quanto de crise. Em um cenário cada vez mais interconectado, com consumidores mais conscientes e stakeholders mais exigentes, a atuação da área de RP deixou de ser apenas reativa ou operacional: tornou-se um dos pilares da reputação, da confiança institucional e da resiliência de marca.

O escopo de Relações Públicas é amplo e multifuncional. Envolve desde a construção e manutenção da reputação da empresa até a gestão ativa do relacionamento com públicos como:

- Imprensa e influenciadores.
- Consumidores e comunidades.
- Colaboradores internos.

- Investidores.
- Fornecedores e parceiros estratégicos.
- Órgãos reguladores e governo (através das RIG — Relações Institucionais e Governamentais).

A atuação de RP está diretamente conectada às frentes de branding, governança, sustentabilidade, comunicação corporativa e gestão de riscos. Como defende **James Grunig**, um dos teóricos mais influentes da área, a comunicação estratégica deve ser **bidirecional e simétrica**, ou seja, não apenas emitir mensagens, mas também ouvir, interagir, ajustar e dialogar com seus públicos, construindo pontes de confiança mútua.

A proposta do Full Marketing exige que as marcas se posicionem de forma consistente, ética e integrada diante da sociedade. E é justamente a área de Relações Públicas que possibilita **essa integração institucional da marca com o mundo externo**.

Um trabalho estruturado de RP:

- Constrói reputação de longo prazo.
- Garante legitimidade social e "licença para operar".
- Antecipação e mitigação de riscos (inclusive reputacionais e regulatórios).
- Facilita a aceitação social e comunitária de ações da marca.
- Fortalece alianças estratégicas com imprensa, governo e sociedade civil.

Em outras palavras: **é a arquitetura de confiança da marca**, especialmente em tempos de alta polarização, crise de confiança nas instituições e volatilidade regulatória.

De forma abrangente, as RP incluem diferentes frentes que se conectam entre si:

- **Comunicação institucional e corporativa:** garante consistência da narrativa corporativa, alinhando a identidade da empresa com sua imagem pública.
- **Relações institucionais e governamentais:** criam pontes com reguladores, associações e órgãos públicos, fortalecendo o posicionamento estratégico da marca.
- **Gestão de stakeholders:** envolve clientes, colaboradores, comunidades locais, formadores de opinião e investidores em um diálogo contínuo e transparente.

- **ESG e reputação corporativa:** traduzem compromissos ambientais, sociais e de governança em narrativas consistentes e reconhecidas pelo mercado.
- **Gestão de crise:** estabelece protocolos para proteger a confiança e a imagem da empresa em momentos de adversidade.
- **Media relations e assessoria de imprensa:** ampliam a voz da organização nos canais de mídia tradicionais e digitais, construindo visibilidade positiva.

Irei aprofundar em algumas frentes que acredito fazerem diferença enorme no resultado do trabalho de RP.

Relações institucionais e governamentais: fortalecendo a posição estratégica da marca

A construção de relações institucionais e governamentais sólidas é uma das dimensões mais estratégicas das relações públicas. Essa frente, muitas vezes negligenciada, é fundamental para garantir que a empresa esteja alinhada com regulamentações, seja bem posicionada em seu setor e tenha um canal de diálogo aberto com stakeholders relevantes, como entidades governamentais, reguladores, associações de classe e comunidades locais.

A importância das relações institucionais

Relações institucionais envolvem o diálogo contínuo e estratégico entre a empresa e organizações externas que influenciam ou são influenciadas por sua operação. Essas relações ajudam a criar um ambiente favorável para os negócios, fortalecer a reputação corporativa e mitigar riscos regulatórios e sociais.

Segundo o *World Economic Forum*, empresas que investem em relações institucionais eficazes têm maior resiliência em cenários de crise e são vistas como líderes em seus setores. Além disso, pesquisas da Edelman Trust Barometer mostram que 86% dos consumidores esperam que as empresas colaborem com governos e outras instituições para solucionar problemas sociais.

São muitos os benefícios de uma relação institucional bem estruturada:

- **Redução de riscos regulatórios:** acompanhar tendências regulatórias e participar de discussões setoriais ajuda a empresa a se antecipar a mudanças e evitar multas ou sanções.

    - Exemplo: a Petrobras mantém diálogo constante com o governo brasileiro para adequar suas operações às políticas energéticas e ambientais.
- **Construção de alianças estratégicas:** parcerias com associações de classe, ONGs e outras entidades ampliam a influência da empresa e reforçam seu impacto social.
    - Exemplo: o Banco do Brasil colabora com a Organização Internacional do Trabalho (OIT) em projetos para inclusão social.
- **Reforço da reputação corporativa:** empresas engajadas em questões relevantes para a sociedade, como sustentabilidade e diversidade, são vistas como agentes de transformação positiva.
    - Exemplo: a Ambev lidera iniciativas de responsabilidade hídrica em parceria com entidades governamentais e comunidades locais.

Uma estratégia de relações institucionais eficaz passa por:

1. **Mapear stakeholders institucionais**

   É essencial identificar as organizações, entidades e indivíduos que podem impactar os negócios direta ou indiretamente. Esse mapeamento deve considerar:

   - **Reguladores:** agências governamentais e reguladoras do setor.
   - **Associações de classe:** grupos setoriais que definem padrões de mercado.
   - **Influenciadores políticos e sociais:** líderes que moldam a opinião pública ou regulatória.
   - **Comunidades locais:** grupos diretamente impactados pelas operações da empresa.

2. **Participar de fóruns e associações setoriais**

   Empresas que se posicionam ativamente em discussões relevantes ganham visibilidade e credibilidade. Participar de fóruns de discussão, comitês técnicos e eventos setoriais é uma oportunidade para influenciar políticas e compartilhar boas práticas.

   - Exemplo: a Natura participa de grupos de trabalho da ONU sobre biodiversidade, reforçando sua liderança em práticas sustentáveis.

3. **Criar um comitê de relações institucionais**

   Estabelecer um comitê interno dedicado às relações institucionais e governamentais garante que a empresa tenha uma visão clara e integrada sobre:

   - Demandas regulatórias e legais.
   - Oportunidades de parcerias estratégicas.
   - Ações de mitigação de riscos.

4. **Estar engajado com políticas públicas**

   As empresas podem contribuir para a criação de políticas públicas que beneficiem seus setores e comunidades ao seu redor. Isso exige uma abordagem ética e transparente, mas pode gerar resultados impactantes para a sociedade e para os negócios.

   - Exemplo: a Siemens colabora com governos ao redor do mundo para desenvolver políticas de energia limpa e infraestrutura inteligente.

Enquanto relações institucionais têm um foco mais amplo, relações governamentais tratam especificamente da interação entre a empresa e o poder público. Essa área envolve:

- **Advocacy:** promoção de interesses legítimos da empresa por meio de diálogo construtivo com legisladores e reguladores.
- **Monitoramento legislativo:** acompanhamento de projetos de lei e mudanças regulatórias que impactam o setor.
- **Gestão de crises regulatórias:** resposta proativa a ações governamentais que podem afetar negativamente os negócios.

O papel das relações institucionais na governança corporativa

As relações institucionais também desempenham um papel crucial na governança corporativa, conectando a alta administração aos principais stakeholders externos. Isso inclui:

- **Comunicação com investidores:** garantir que informações financeiras e não financeiras (como práticas ESG) sejam transmitidas de forma transparente e acessível.
- **Gestão de expectativas:** alinhar as demandas de investidores e reguladores com as metas estratégicas da empresa.
- **Cultura de compliance:** incorporar padrões éticos em todos os níveis organizacionais.

ESG: a nova fronteira para Relações Públicas e Comunicação Corporativa

Nos últimos anos, as práticas de ESG (*Environmental, Social and Governance*) tornaram-se um diferencial competitivo e um critério essencial para o sucesso das empresas no mercado global. A combinação de sustentabilidade ambiental, responsabilidade social e governança corporativa reflete os valores que consumidores, investidores e reguladores esperam das marcas modernas. Segundo a BlackRock, maior gestora de ativos do mundo, o ESG é uma das principais prioridades para decisões de investimento, com 95% dos investidores institucionais considerando os fatores ESG ao escolher empresas para seus portfólios.

No Brasil, a relevância de ESG é igualmente notável. Uma pesquisa da PwC revelou que 79% das empresas acreditam que investir em ESG não é apenas necessário, mas essencial para se manterem competitivas. Em 2023, o mercado brasileiro de investimentos sustentáveis movimentou mais de R$ 2 trilhões, reforçando a importância estratégica desse tema.

A importância do ESG para Relações Públicas

As RP desempenham um papel central na comunicação das práticas de ESG, pois são responsáveis por conectar a visão corporativa às expectativas dos stakeholders. A abordagem de ESG dentro de RP não se limita a divulgar ações; ela cria uma narrativa consistente que transforma esforços em reputação e vantagem competitiva.

Benefícios do foco em ESG nas RP

- **Aumento da reputação corporativa:** empresas que comunicam claramente suas práticas ESG aumentam sua reputação, o que pode levar a melhores condições de financiamento, maior lealdade do consumidor e atratividade para talentos.
    - Exemplo: a Natura ganhou reconhecimento global ao enfatizar sua cadeia de produção sustentável e sua relação com as comunidades da Amazônia.
- **Atração de investidores conscientes:** fundos de investimento e grandes *players* do mercado estão priorizando empresas com critérios sólidos de ESG.
    - Exemplo: o Itaú Unibanco tem se destacado em relatórios de sustentabilidade que reforçam sua governança e práticas ambientais, atraindo investidores globais.

- **Mitigação de riscos:** a comunicação proativa em ESG reduz a probabilidade de crises ou danos à reputação, ao demonstrar que a empresa está à frente de questões regulatórias e éticas.

Algumas estratégias de comunicação para ESG nas RP podem funcionar muito bem e seguem abaixo alguns exemplos.

1. **Criação de relatórios de sustentabilidade**

   O relatório de sustentabilidade é a espinha dorsal da comunicação ESG, apresentando de forma clara e acessível os esforços e resultados da empresa.

   - **Estrutura recomendada:**
     - **Ambiental:** uso eficiente de recursos naturais, iniciativas de redução de emissões e gestão de resíduos.
     - **Social:** impacto nas comunidades, diversidade no local de trabalho e programas de capacitação.
     - **Governança:** transparência nos processos de tomada de decisão, compliance e ética.
   - **Exemplo prático:** a Braskem publica relatórios anuais que detalham suas metas de economia circular e práticas de inclusão social, alinhados aos Objetivos de Desenvolvimento Sustentável (ODS) da ONU.

2. **Campanhas educativas e informativas**

   As campanhas de ESG podem ampliar o impacto das ações da empresa ao educar o público sobre questões relevantes, como mudanças climáticas, desigualdade social e consumo responsável.

   - Exemplo: a Skol lançou uma campanha para conscientizar sobre o descarte correto de latas, mostrando seu compromisso com a reciclagem.

3. **Engajamento com a comunidade**

   Ações locais podem ser catalisadores de impacto positivo e reforçam o posicionamento da empresa como parceira das comunidades onde opera.

   - **Sugestões de ações**:
     - Programas de saúde e educação.
     - Infraestrutura para comunidades carentes.
     - Apoio a pequenos negócios locais.

- Exemplo: a Ambev, por meio do programa “Todos a Uma Só Voz”, fortaleceu seu vínculo com comunidades afetadas pela pandemia ao oferecer suporte logístico e financeiro.

4. **Parcerias estratégicas**

   Colaborar com ONGs, governos e instituições internacionais pode aumentar a legitimidade das iniciativas ESG.

   - Exemplo: o Banco do Brasil fez parcerias com cooperativas agrícolas para incentivar práticas agrícolas sustentáveis e incluir pequenos produtores na cadeia global de fornecimento.

5. **Foco em governança corporativa**

   A governança é a base de uma comunicação ESG bem-sucedida. Criar e divulgar políticas de compliance, canais de denúncia e práticas éticas robustas demonstra comprometimento e transparência.

   - **Ferramentas recomendadas:**
     - **Código de conduta:** um guia abrangente para funcionários e parceiros.
     - **Manual de ética:** uma extensão prática para cenários reais.
     - **Relatórios financeiros claros:** comunicação simplificada, destacando resultados alinhados aos objetivos ESG.

6. **Relacionamento com investidores focados em ESG**

   Manter investidores informados sobre o progresso nas iniciativas ESG é essencial para reforçar a confiança.

   - **Estratégias de RP:**
     - Organizar *roadshows* temáticos sobre ESG.
     - Produzir releases financeiros destacando impactos ambientais e sociais.
     - Promover eventos dedicados a investimentos sustentáveis.
   - Exemplo: o Santander promoveu um evento global focado em sua transição energética, atraindo novos investidores alinhados com o tema.

Exemplos de empresas que lideram em ESG

- **Unilever:** com sua estratégia *"Sustainable Living Plan"*, a empresa reduziu emissões de carbono e resíduos em toda a cadeia de produção, gerando crescimento sustentável.
- **Natura:** com destaque em biodiversidade, a empresa criou produtos que promovem conservação ambiental e inclusão social.
- **Ambev:** sua meta de tornar 100% de suas embalagens retornáveis ou recicláveis até 2025 reflete um compromisso claro com a sustentabilidade.

Dados relevantes sobre ESG

- **Global:** 70% dos consumidores preferem comprar de empresas que priorizam ESG (Nielsen, 2023).
- **Brasil:** 74% dos brasileiros consideram a sustentabilidade um critério importante para escolha de marcas (Ipsos, 2023).
- **Investimentos:** fundos ESG representam mais de US$ 40 trilhões em ativos globais (Morningstar, 2023).

Gestão de crise: prevenindo, respondendo e aprendendo com adversidades

A gestão de crise é um elemento indispensável nas relações públicas e institucionais, desempenhando um papel crucial na proteção da reputação, da confiança dos stakeholders e da sustentabilidade dos negócios. No atual ambiente de hiperconexão, no qual as redes sociais e a mídia digital amplificam rapidamente qualquer incidente, uma abordagem estruturada e proativa para gerenciar crises é essencial.

O que é gestão de crise?

Gestão de crise é o conjunto de estratégias e ações coordenadas que uma organização adota para responder a eventos adversos, tendo como objetivo não comprometer sua operação, reputação ou credibilidade. Esses eventos podem variar de incidentes internos — como escândalos corporativos ou falhas em produtos — a fatores externos, como desastres naturais, mudanças regulatórias ou campanhas de boicote.

Segundo Timothy Coombs, em seu livro *Ongoing Crisis Communication*, crises podem ser definidas como "ameaças significativas à reputação e ao desempenho de uma organização, que exigem respostas rápidas e bem planejadas para mitigar impactos negativos".

A importância da preparação na gestão de crise

Crises não são inevitáveis, mas muitas vezes são previsíveis. Um estudo da PwC revelou que 69% das empresas enfrentaram, ao menos, uma grande crise nos últimos cinco anos. No entanto, apenas 49% possuíam um plano de gestão de crise estruturado, evidenciando a lacuna entre a percepção do risco e a preparação efetiva.

Benefícios de uma preparação robusta:

1. **Mitigação de danos:** responder rapidamente reduz os impactos financeiros, operacionais e reputacionais.
2. **Preservação da confiança:** stakeholders percebem a organização como responsável e resiliente.
3. **Aprendizado organizacional:** cada crise é uma oportunidade para ajustar processos e melhorar práticas internas.

Estruturando um plano de gestão de crise

Um plano eficaz de gestão de crise deve incluir:

1. **Identificação de potenciais riscos**
   - Realizar análises de vulnerabilidade para identificar pontos fracos operacionais, reputacionais e regulatórios.
   - Categorizar os riscos em internos (problemas de compliance, questões trabalhistas) e externos (ataques cibernéticos, desastres naturais).
2. **Criação de um comitê de crise**
   - Formar um grupo multifuncional composto por líderes de áreas-chave, como comunicação, jurídico, RH, operações e TI.
   - Definir papéis e responsabilidades de cada membro do comitê para garantir agilidade na resposta.
3. **Desenvolvimento de protocolos de resposta**
   - Estabelecer fluxos claros de comunicação para notificações internas e externas.
   - Criar mensagens pré-aprovadas que podem ser adaptadas conforme o contexto da crise.

4. **Treinamento e simulação**
    - Realizar treinamentos regulares para a equipe e simulações de crise para testar o plano e ajustar falhas.
    - Exemplo: a Johnson & Johnson realiza exercícios anuais para simular cenários de recall, mantendo suas equipes preparadas para agir rapidamente.
5. **Criação de manuais de comunicação de crise**
    - Detalhar os procedimentos para engajamento com a imprensa, redes sociais, órgãos reguladores e stakeholders durante crises.
    - Exemplo: a Nestlé desenvolveu um manual específico para crises relacionadas a práticas ambientais, com mensagens preestabelecidas sobre sua política de sustentabilidade.

Comunicação em momentos de crise

Uma comunicação transparente e bem executada é o pilar central da gestão de crises. Estudos da Edelman Trust Barometer mostram que 81% dos consumidores consideram a honestidade como o atributo mais importante em momentos de adversidade corporativa.

Princípios-chave para uma comunicação eficaz:

1. **Rapidez:** o silêncio prolongado cria espaço para especulações e rumores. Responder rapidamente demonstra controle e responsabilidade.
2. **Transparência:** admitir erros e compartilhar as medidas corretivas tomadas inspira confiança.
3. **Consistência:** todas as mensagens — para a mídia, funcionários e stakeholders — devem ser alinhadas e coerentes.
4. **Empatia:** reconhecer os impactos humanos da crise é fundamental para preservar a confiança.
    - Exemplo: durante o caso do óleo contaminado nos Estados Unidos, a Tylenol focou em mensagens empáticas, enfatizando o compromisso com a saúde e segurança dos consumidores.

Monitoramento em tempo real

O uso de ferramentas digitais é essencial para monitorar a evolução de crises em tempo real. Plataformas como Brandwatch e Meltwater permitem acompanhar menções à marca em redes sociais, mídia e outros canais, ajudando a identificar tendências e ajustar a estratégia de resposta.

Relações institucionais e governamentais na gestão de crise

Um bom relacionamento com governos e entidades reguladoras pode ser a diferença entre mitigar ou agravar uma crise. Durante situações de adversidade, empresas que mantêm canais de diálogo abertos com o poder público têm maior facilidade para buscar apoio e validar suas ações.

Estratégias institucionais em crises:

1. **Engajamento com órgãos reguladores:** informar autoridades relevantes sobre a crise e as ações corretivas em andamento.
2. **Colaboração com associações setoriais:** parcerias podem reforçar a legitimidade das ações da empresa.
3. **Advocacy pós-crise:** trabalhar para influenciar políticas que reduzam a probabilidade de crises semelhantes no futuro.

ESG e gestão de crise

Empresas que priorizam o ESG estão mais bem posicionadas para lidar com crises, pois já têm um compromisso com transparência, ética e sustentabilidade.

ESG como fator de resiliência:

- **Governança sólida:** reduz o risco de escândalos relacionados a práticas internas.
- **Sustentabilidade ambiental:** minimiza crises ligadas a impactos ecológicos, como vazamentos ou poluição.
- **Responsabilidade social:** fortalece o vínculo com comunidades, gerando suporte durante momentos adversos.

Casos práticos de gestão de crise

1. **Johnson & Johnson e o caso Tylenol (1982)**
   - Cenário: envenenamento de cápsulas de Tylenol em farmácias.
   - Ação: recall imediato, retirada de 31 milhões de unidades do mercado e reformulação da embalagem.
   - Resultado: a marca recuperou a confiança e consolidou sua reputação como uma empresa responsável.
2. **Starbucks e a crise de discriminação racial (2018)**
   - Cenário: dois homens afro-americanos foram presos em uma loja da marca na Filadélfia.
   - Ação: Starbucks fechou oito mil lojas para realizar treinamentos sobre diversidade e inclusão.
   - Resultado: a ação foi amplamente elogiada como um exemplo de responsabilidade corporativa.

A gestão de crise não é apenas uma resposta reativa; é um exercício contínuo de preparação, transparência e aprendizado. Marcas que investem em planos robustos de gestão de crise, combinados com relações institucionais e estratégias ESG, não apenas mitigam impactos, mas frequentemente emergem mais fortes e resilientes após adversidades.

8.4 ASSESSORIA DE IMPRENSA: CONSOLIDANDO REPUTAÇÃO E AMPLIANDO RELEVÂNCIA

A assessoria de imprensa é uma das ferramentas mais eficazes no fortalecimento da presença e na consolidação da reputação de uma marca. Por meio dela, empresas constroem narrativas consistentes, conquistam visibilidade em canais de prestígio e geram valor intangível que reflete diretamente em sua imagem pública e, muitas vezes, no seu *valuation*.

O que é assessoria de imprensa?

A assessoria de imprensa é o trabalho de intermediação entre uma organização e a mídia. Seu objetivo é promover notícias, informações e histórias que reforcem a imagem da marca junto ao público. Para isso, utiliza estratégias como envio de releases, organização de coletivas, agendamento de entrevistas e desenvolvimento de conteúdos relevantes que despertem o interesse dos jornalistas.

Phillip Lesley, um dos pioneiros em relações públicas, define assessoria de imprensa como "a arte de criar e manter um diálogo positivo e construtivo entre a organização e seus públicos, utilizando a mídia como intermediária".

A importância da assessoria de imprensa

- **Fortalecimento da reputação**
    - Segundo a pesquisa da Mention, um trabalho consistente de relações públicas pode aumentar a reputação de uma empresa em até 30%, o que reflete diretamente em seu valor de mercado.
    - A exposição na mídia é percebida como mais confiável pelos consumidores do que anúncios pagos, uma vez que os veículos jornalísticos são vistos como fontes imparciais.
- **Ampliação da credibilidade**
    - Artigos, entrevistas e reportagens em veículos de renome conferem credibilidade à marca, posicionando-a como autoridade em seu segmento.
    - Exemplo: quando uma empresa é citada em veículos como Folha de S. Paulo, Valor Econômico ou CNN, sua mensagem alcança um público qualificado e influencia decisores importantes.
- **Gestão de percepção pública**
    - A imprensa molda a percepção que o público tem sobre marcas e temas. Uma narrativa bem posicionada pode influenciar o modo como stakeholders enxergam a empresa.
    - Exemplo: a Natura utiliza a imprensa para reforçar seus compromissos com sustentabilidade e impacto social, solidificando sua imagem como líder no mercado de cosméticos éticos.

Estratégias eficazes para assessoria de imprensa

1. **Criação de pautas relevantes**
    - Para atrair a atenção da mídia, é fundamental desenvolver conteúdos que interessem aos jornalistas e aos seus públicos.
    - Exemplos de pautas:
        - Lançamentos de produtos ou serviços inovadores.
        - Estudos ou pesquisas proprietárias.

- Iniciativas de impacto social, como programas de inclusão ou sustentabilidade.
- Histórias humanas que conectem a marca a valores emocionais.

2. **Relacionamento com jornalistas**

    - Construir um vínculo de confiança com jornalistas é essencial. Isso envolve entender suas necessidades, respeitar seus prazos e fornecer informações claras e relevantes.
    - Dica prática: mantenha uma lista atualizada de contatos de jornalistas, segmentada por áreas de interesse.

3. **Produção de materiais consistentes**

    - Releases bem escritos, kits de imprensa visualmente atrativos e *press kits* exclusivos podem fazer a diferença na abordagem inicial.
    - Exemplo: a Amazon cria *press kits* personalizados para jornalistas em seus eventos, reforçando sua proposta de valor enquanto oferece uma experiência memorável.

4. **Monitoramento e medição de resultados**

    - Utilize ferramentas como Meltwater, Brandwatch e Google Alerts para acompanhar a cobertura gerada e medir o impacto das ações de assessoria.
    - Métricas a monitorar: alcance, *sentiment analysis* (análise de sentimento) e *share of voice* (participação na mídia).

Frequência e planejamento de pautas

Para um trabalho de assessoria de imprensa consistente, é recomendável planejar ao menos:

- **Uma a duas pautas por mês:** notícias institucionais, lançamentos ou eventos.
- **Campanhas trimestrais:** grandes ações alinhadas a temas relevantes do mercado.
- **Ações oportunistas:** aproveitamento de tendências ou acontecimentos do momento para inserir a marca no diálogo público.
    - Exemplo: durante a COP26, marcas como Heineken e Unilever lançaram iniciativas ambientais que foram amplamente cobertas pela mídia.

Assessoria de imprensa e gestão de crises

A assessoria de imprensa é indispensável em momentos de crise. Um trabalho bem estruturado pode evitar que situações adversas se transformem em desastres reputacionais.

- **Preparação:** ter um porta-voz treinado e mensagens pré-aprovadas ajuda a responder rapidamente.
- **Atuação:** lidar com a imprensa de forma transparente e proativa minimiza danos e demonstra responsabilidade.
- **Exemplo prático:** a Johnson & Johnson recuperou a confiança do público ao adotar uma comunicação transparente e empática durante o caso Tylenol, na década de 1980.

Relação com ESG: um diferencial estratégico

Nos últimos anos, o trabalho de assessoria de imprensa tem se mostrado essencial para marcas que adotam princípios de ESG (ambiental, social e governança).

Por que ESG importa?

1. **Atração de investidores:** segundo a Morningstar, os fundos ESG cresceram 53% globalmente em 2022, mostrando o interesse crescente por empresas que seguem práticas sustentáveis
2. **Conexão com consumidores:** estudo da PwC revela que 76% dos brasileiros preferem comprar de empresas que demonstram responsabilidade social e ambiental.

Ações de ESG em assessoria de imprensa:

- **Divulgação de relatórios de sustentabilidade:** tornar públicos os compromissos e resultados da empresa.
- **Pautas sobre impacto social:** histórias de como a marca transforma comunidades ou reduz impactos ambientais.
    - Exemplo: o Magazine Luiza lançou campanhas sobre suas práticas de inclusão, reforçando sua reputação como uma empresa socialmente responsável.
- **Eventos temáticos:** organizar painéis ou debates sobre sustentabilidade, posicionando a marca como líder no tema.

Conexão com investidores e governança

Uma frente menos visível, mas igualmente crucial, é o trabalho de RP direcionado a investidores e à governança corporativa.

- **Ações recomendadas:**
    - Publicação de relatórios financeiros claros e acessíveis.
    - Comunicação constante sobre mudanças estratégicas, como aquisições ou novos projetos.
    - Realização de eventos como Investor Days, que demonstram transparência e compromisso com resultados.
    - Exemplo: a Vale promove encontros regulares com analistas de mercado para atualizar sobre seus compromissos ESG e resultados financeiros.

A assessoria de imprensa, quando integrada a uma estratégia robusta de relações públicas, é uma ferramenta indispensável para qualquer marca que busca relevância, reputação e crescimento sustentável. Seja através da criação de pautas relevantes, gestão de crises ou fortalecimento de laços com stakeholders, ela garante que a marca não apenas se destaque, mas também inspire confiança e conexão emocional em todos os seus públicos.

No próximo tópico, exploraremos a camada de CRM da Mandala Lebbe, conectando essas estratégias à construção de relacionamentos duradouros com os clientes.

8.5 CAMADA CRM: CONSTRUINDO RELACIONAMENTOS SUSTENTÁVEIS E GERANDO RESULTADOS CONSISTENTES

No coração de qualquer negócio de sucesso, está o cliente. No entanto, conquistar clientes não é suficiente; é o relacionamento duradouro com eles que transforma interações esporádicas em parcerias valiosas. Segundo o livro *Revenue Architecture*, a verdadeira força de um modelo de receita recorrente não está apenas na aquisição de clientes, mas em sua manutenção e expansão ao longo do tempo, utilizando estratégias fundamentadas em dados e focadas na experiência.

CRM, ou *Customer Relationship Management*, vai além de ferramentas tecnológicas. Ele encapsula uma filosofia orientada ao cliente que permeia toda a organização, desde o atendimento até a venda consultiva. Com essa abordagem, empresas podem não apenas fidelizar consumidores, mas transformá-los em brand lovers, ou seja, apaixonados pela marca.

Dados como o alicerce do relacionamento com o cliente

Uma boa estratégia de CRM começa com a coleta, organização e análise de dados relevantes sobre os clientes. Dados não são apenas números; eles são insights prontos para moldar estratégias e personalizar experiências. Ferramentas modernas de CRM, como Salesforce, HubSpot e RD Station CRM, permitem que empresas segmentem seus públicos com precisão, identifiquem padrões de comportamento e descubram oportunidades de vendas cruzadas (*cross-sell*) e vendas incrementais (*upsell*).

No livro *Revenue Architecture*, os autores destacam que os dados são o combustível que alimenta as "fábricas de receita" modernas. Não basta coletar informações; é crucial integrá-las em sistemas e processos que ajustem mensagens, personalizem ofertas e prevejam comportamentos. Os autores apontam que empresas que utilizam análises avançadas de dados podem aumentar suas receitas em até 25%, graças à precisão nas ações estratégicas e ao foco no cliente certo, no momento certo.

Rodrigo Nascimento, no livro *Marketing por Dados*, enfatiza que o grande diferencial competitivo está em transformar dados brutos em ações concretas. Ele argumenta que as empresas que dominam o marketing baseado em dados conseguem não apenas prever tendências, mas também criar experiências alinhadas com as expectativas individuais de seus clientes.

- **Exemplo prático: e-commerce**

  Imagine um e-commerce que percebe, por meio de dados, que clientes que compram laptops frequentemente adquirem mochilas e mouses até 30 dias após a compra inicial. Utilizando essa informação, a empresa pode criar campanhas de *upsell* automatizadas e personalizadas, oferecendo esses acessórios com descontos exclusivos, elevando o ticket médio e maximizando o valor do cliente.

- **Exemplo prático: varejo físico**

  Uma rede de supermercados utiliza dados de cartão de fidelidade para mapear o comportamento de compra dos clientes. Percebendo que consumidores que compram produtos orgânicos tendem a consumir itens de alto valor, como vinhos e queijos, a loja reorganiza suas prateleiras e cria promoções específicas, aumentando a probabilidade de compra cruzada.

- **Exemplo prático: indústria B2B**

  No setor industrial, uma empresa de maquinário pesado identifica que seus maiores clientes costumam adquirir peças de reposição a cada seis meses. Baseada nesses dados, ela implementa um sistema automatizado de lembretes e campanhas de e-mail, incentivando os clientes a anteciparem pedidos. Essa abordagem não apenas reduz o ciclo de vendas, mas também melhora o planejamento logístico e aumenta a fidelização.

- **Exemplo prático: serviços**

  Uma academia de ginástica utiliza dados de presença e adesão a aulas para segmentar sua base de clientes. Percebendo que alguns usuários frequentam mais as aulas de yoga, a academia oferece pacotes de personal trainers especializados em bem-estar e relaxamento. Essa segmentação cria um serviço mais relevante, aumentando a receita e a retenção.

No centro dessas estratégias está a integração dos dados em ferramentas de CRM avançadas, que conectam múltiplas fontes, desde compras no site até interações no atendimento. Rodrigo Nascimento destaca que "a verdadeira força dos dados não está em possuí-los, mas em ativá-los", transformando informações fragmentadas em ações personalizadas que encantam o cliente e otimizam resultados.

Ao organizar e ativar os dados, empresas de qualquer segmento podem criar estratégias direcionadas e construir relacionamentos sólidos com seus clientes. Essa base sólida é essencial para que o CRM cumpra seu papel como motor do crescimento sustentável.

Como implementar uma estratégia de dados eficiente no CRM

A implementação de uma estratégia baseada em dados exige planejamento, tecnologia, capacitação e monitoramento constante. Aqui está um guia mais detalhado:

1. Integração de fontes de dados

A primeira etapa é reunir todas as informações disponíveis em um único ambiente para garantir uma visão 360° do cliente. Isso inclui integrar:

- **Sistemas de CRM** (como Salesforce ou HubSpot) com plataformas de e-commerce, ERPs e ferramentas de atendimento ao cliente.

- **Redes sociais** e ferramentas de monitoramento de mídia, permitindo análise de comportamento e sentimento do consumidor.
- **Dados off-line**, como interações em pontos de venda físicos e eventos.

  Estratégia: use APIs e plataformas como Zapier ou Make para conectar sistemas diversos e garantir que as informações fluam automaticamente.

2. Modelagem preditiva

Com os dados centralizados, é possível aplicar algoritmos de aprendizado de máquina para prever comportamentos, como:

- Probabilidade de recompra.
- Produtos ou serviços que os clientes provavelmente comprarão a seguir.
- *Churn* (desistência ou cancelamento de clientes).

  Estratégia: utilize ferramentas como Tableau ou Power BI para criar dashboards que mostrem tendências em tempo real. Ferramentas de automação, como o Einstein Analytics, do Salesforce, podem automatizar insights preditivos.

3. Personalização de campanhas

Dados permitem a personalização em massa. Ofereça mensagens, produtos e experiências ajustadas ao perfil de cada cliente.

- **Exemplo prático:** em vez de enviar um e-mail genérico de "Promoções da Semana", envie um e-mail com ofertas baseadas nos produtos que o cliente visualizou, mas não comprou.

  Estratégia: configure segmentações automáticas com base em critérios como comportamento de compra, geolocalização e interações recentes.

4. Treinamento de equipes

Os dados são valiosos apenas quando interpretados corretamente. As equipes de marketing e vendas devem ser treinadas para:

- Ler relatórios e dashboards.
- Identificar oportunidades e problemas a partir de dados.
- Ajustar suas abordagens com base nos insights.

Estratégia: ofereça workshops mensais com especialistas em análise de dados e ferramentas de CRM. Gamifique o processo de aprendizado com competições internas baseadas em resultados.

5. Automação

Automatizar processos reduz erros e melhora a eficiência. Isso inclui:

- **Automação de marketing:** nutrição de leads com base em gatilhos comportamentais.
- **Fluxos de trabalho automatizados:** alocação de leads para representantes de vendas com base em critérios específicos.

Estratégia: implante ferramentas como ActiveCampaign ou RD Station Marketing para criar e monitorar fluxos automáticos de e-mails, mensagens e anúncios.

MÉTRICAS-CHAVE E COMO ANALISÁ-LAS

É fundamental para a estratégia de CRM entender e monitorar as principais métricas do negócio. Abaixo explicarei de forma mais rasa quais os KPIs (Indicadores-Chave de Desempenho) acredito serem relevantes para a maioria dos negócios.

6. Lifetime Value (LTV)

O **valor do tempo de vida do cliente (LTV)** representa o lucro total esperado que um cliente trará para a empresa durante todo o relacionamento com a marca.

Como usar:

- Segmentar clientes com maior LTV para campanhas exclusivas e personalizadas.
- Avaliar a sustentabilidade financeira das estratégias de aquisição, garantindo que o custo de aquisição de cliente (CAC) seja significativamente menor que o LTV.

Fórmula:

$$LTV = \text{Ticket médio} \times \text{Frequência de compra} \times \text{Duração do relacionamento}$$

📌 ***Exemplo prático:***

Se um cliente tem um ticket médio de R$ 500, faz duas compras por ano e mantém o relacionamento com a empresa por cinco anos, seu LTV será:

$$LTV = 500 \times 2 \times 5 = R\$5.000$$

Com base nesse valor, a empresa pode investir até R$ 1.000 para adquirir novos clientes semelhantes, mantendo um bom retorno sobre investimento.

7. Custo de Aquisição de Cliente (CAC)

O CAC mede o investimento necessário para conquistar um novo cliente. Quanto menor o CAC em relação ao LTV, mais saudável é financeiramente o negócio.

Como usar:

- Acompanhar a eficiência das campanhas de marketing e vendas.
- Identificar os canais que oferecem maior ROI (retorno sobre investimento) ou ROAS (Retorno sobre o Gasto com Publicidade) para alocar os recursos de forma mais eficaz.

Fórmula:

$$CAC = \frac{Total\ \ investido\ \ em\ \ marketing\ \ e\ \ vendas}{Número\ \ de\ \ clientes\ \ conquistados}$$

📌 ***Exemplo:***

Se uma empresa gastou R$ 50.000 em marketing e vendas e conquistou 100 clientes, o CAC será:

$$CAC = \frac{50.000}{100} = R\$500{,}00$$

Isso significa que, para cada novo cliente, a empresa investiu R$ 500 em aquisição.

8. Taxa de conversão de leads para clientes

Essa métrica mostra a eficiência do funil de vendas, revelando quantos leads gerados realmente se tornaram clientes.

Como usar:

- Identificar gargalos no processo de conversão (ex.: muitos leads no topo do funil, mas poucos fechamentos no fundo).
- Ajustar estratégias, como treinamento de equipes comerciais ou qualificação de leads.

📌 ***Fórmula:***

$$Taxa\ de\ conversão = \left(\frac{Número\ de\ clientes\ conquistados}{Número\ total\ de\ leads\ gerados}\right) \times 100$$

📌 ***Exemplo prático:***

Se uma empresa gerou 10.000 leads e, ao final da campanha, conquistou 500 clientes, sua taxa de conversão será:

$$Taxa\ de\ conversão = \left(\frac{500}{10.000}\right) \times 100 = 5\%$$

Caso essa taxa esteja baixa, a empresa pode investir em nutrição de leads para otimizar esse resultado.

9. Retenção de clientes

A taxa de retenção mede a capacidade da empresa de manter seus clientes ativos ao longo do tempo, reduzindo o *churn* (cancelamento).

Como usar:

- Avaliar a qualidade do atendimento e do pós-venda.
- Desenvolver programas de fidelidade ou campanhas de reativação para clientes em risco de abandono.

📌 ***Fórmula:***

$$Taxa\ de\ retenção = \left(\frac{Clientes\ no\ final\ do\ período - Novos\ clientes\ adquiridos}{Clientes\ no\ início\ do\ período}\right) \times 100$$

📌 ***Exemplo:***

Se uma empresa começou o trimestre com 1.200 clientes, adquiriu 300 novos clientes e terminou com 1.350 clientes, sua taxa de retenção será:

$$Taxa\ \ de\ \ retenção = \left(\frac{1.350\ -\ 300}{1.200}\right) \times 100 = 87{,}5\%$$

Uma taxa alta indica que a empresa está conseguindo manter seus clientes satisfeitos e engajados.

5. Net Promoter Score (NPS)

O NPS avalia a probabilidade de um cliente recomendar a marca para outras pessoas, sendo um dos principais indicadores de lealdade e satisfação.

Como usar:

- Identificar promotores e detratores para ações específicas (ex.: transformar clientes neutros em promotores).
- Avaliar o impacto de mudanças nos produtos ou serviços no relacionamento com o cliente.

📌 ***Fórmula:***

Os clientes respondem à pergunta "De 0 a 10, o quanto você recomendaria nossa empresa?" e são classificados da seguinte forma:

- **Promotores (nota 9–10):** clientes altamente satisfeitos, propensos a recomendar a marca.
- **Neutros (nota 7–8):** clientes satisfeitos, mas que não indicariam necessariamente a empresa.
- **Detratores (nota 0–6):** clientes insatisfeitos, com risco de *churn*.

$$NPS = \%Promotores - \%Detratores$$

📌 ***Exemplo prático:***

Se uma pesquisa com 1.000 clientes trouxe os seguintes resultados:

- 600 clientes deram notas 9 ou 10 (promotores).
- 300 clientes deram notas 7 ou 8 (neutros).
- 100 clientes deram notas de 0 a 6 (detratores).

📌 ***Fórmula:***

$$NPS = \left(\frac{600}{1000} \times 100\right) - \left(\frac{100}{1000} \times 100\right)$$
$$NPS = (60\%) - (10\%) = 50$$

Valores positivos indicam que há mais clientes satisfeitos do que insatisfeitos. NPS acima de 50 já é considerado um excelente indicador de lealdade.

Com dados bem estruturados, métricas relevantes e estratégias de personalização, as empresas podem transformar o CRM em uma alavanca poderosa de crescimento e fidelização.

A integração de insights detalhados, como os apresentados no *Revenue Architecture*, potencializa essa transformação, criando um ciclo virtuoso de geração de receita, retenção de clientes e otimização da experiência do consumidor.

Monitorar, testar e otimizar continuamente essas métricas é essencial para um marketing orientado a resultados e crescimento sustentável.

8.6 PÓS-VENDA: O PILAR DA LEALDADE

No marketing moderno, o pós-venda é mais do que um suporte; é uma estratégia central para fortalecer a relação entre a marca e o cliente. É nesse momento que a experiência do cliente atinge seu clímax e define se ele voltará ou recomendará a empresa. Jay Conrad Levinson, em *Marketing de Guerrilha*, enfatiza que a fidelidade é construída nos detalhes, é o pós-venda que transforma transações em relações e clientes em defensores da marca.

Estratégias de NPS: a métrica que orienta a experiência

Como visto nos principais KPIs citados anteriormente, o NPS é uma ferramenta indispensável para medir a satisfação e a lealdade dos clientes. Um estudo da Bain & Company revela que empresas com alto NPS crescem até duas vezes mais rápido do que seus concorrentes e, segundo Reichheld, o custo de retenção de clientes é até cinco vezes menor do que o custo de aquisição.

Como implementar o NPS:

1. **Planejamento:** defina os momentos certos para aplicar a pesquisa (após a compra, uso do produto ou resolução de um problema).

2. **Ferramentas:** use plataformas como INDEXC, Qualtrics, Google Forms ou Typeform para coletar dados.
3. **Ação:** analise os resultados e categorize os clientes. Por exemplo:
    - Promotores podem ser convidados para programas de indicação.
    - Detratores devem ser abordados para resolver problemas e evitar *churn*.
    - Neutros devem ser trabalhados para virarem promotores e depois entrarem em programas de indicação.
        - Importante dar foco nas ações prioritárias e agir de forma profunda e, se possível, com contato personalizado.
4. **Ciclo de melhoria contínua:** use o feedback para ajustar processos e melhorar a experiência.

Gestão da experiência do cliente (CX): criando um pós-venda encantador e estratégico

A experiência do cliente (CX – *Customer Experience*) vai muito além de uma simples interação agradável no pós-venda. Trata-se de projetar e otimizar cada contato da marca com o consumidor, garantindo que ele tenha um relacionamento contínuo, encantador e significativo. O diferencial não está apenas em atender bem, mas em antecipar necessidades, gerar valor e transformar clientes em defensores da marca.

Como resume Mayla Takahashi, líder de CX na BASF América Latina, no livro colaborativo **Experiência do Cliente – Na teoria e muita prática:** "CX é uma estratégia *human to human* (H2H). 100% dos clientes são pessoas. 100% dos funcionários são pessoas. Se você não entende de pessoas, você não entende de negócios".

Esse olhar humanizado explica por que, segundo um estudo da PwC, 73% dos consumidores afirmam que a experiência oferecida por uma empresa é um fator decisivo na escolha de compra. Já a Zendesk mostra que 67% dos clientes abandonam uma marca após uma experiência negativa no atendimento.

Se uma empresa quer se destacar e aumentar seu LTV, precisa enxergar o pós-venda como um ponto-chave na construção de fidelidade e diferenciação competitiva. Investir em CX vai muito além de criar uma experiência criativa no atendimento, pode ser a virada de chave de uma empresa para o lucro.

Por que investir em CX no pós-venda?

- **Aumento da retenção de clientes:** empresas que priorizam CX conseguem reter até cinco vezes mais clientes do que aquelas que focam apenas em aquisição.
- **Redução do churn:** experiências negativas no pós-venda são responsáveis por mais de 67% das perdas de clientes.
- **Transformação de clientes em promotores:** clientes encantados têm quatro vezes mais chances de recomendar a marca a amigos e familiares.
- **Fortalece a reputação:** clientes encantados compartilham experiências positivas, influenciando outros consumidores de forma orgânica e autêntica.

Pilares da experiência do cliente no pós-venda

1. Atendimento ágil e multicanal

O consumidor atual exige respostas rápidas e consistentes, independentemente do canal que utilize. A experiência precisa ser fluida e integrada para garantir satisfação.

- **Omnichannel:** ofereça suporte unificado via telefone, chat, e-mail, redes sociais e WhatsApp. O cliente deve poder iniciar uma conversa em um canal e continuar em outro sem perder o histórico.
- **Chatbots e IA:** para dúvidas simples, *bots* e assistentes virtuais reduzem o tempo de resposta e melhoram a eficiência. A Gartner estima que, até 2025, 85% das interações de clientes poderão ser gerenciadas sem intervenção humana.

📌 **Exemplo prático:** a Amazon utiliza inteligência artificial para prever perguntas frequentes e resolvê-las automaticamente. Para questões mais complexas, o cliente é rapidamente direcionado a um atendente humano.

2. Personalização no relacionamento

Clientes esperam um atendimento que **reconheça suas preferências e histórico de compras**. Empresas que utilizam personalização avançada aumentam a taxa de retenção e o engajamento.

- **Análise de comportamento:** utilize dados de compras anteriores para prever necessidades e sugerir produtos complementares.

- **Segmentação inteligente:** ajuste o tom e a abordagem conforme o perfil do cliente — um jovem consumidor de tecnologia pode ter expectativas diferentes de um executivo corporativo.

  📌 **Exemplo prático:** o Spotify envia notificações personalizadas de novas playlists e recomendações com base nos hábitos musicais dos usuários, criando um vínculo emocional forte com a marca.

3. Proatividade no suporte e no relacionamento

Não espere o cliente reclamar para agir. Um **atendimento proativo gera confiança e fidelização**.

- **Follow-up pós-venda:** entre em contato para verificar se o produto ou serviço atendeu às expectativas.
- **Manutenção programada:** para produtos duráveis, envie lembretes para revisões e suporte técnico antes que o cliente tenha um problema.

  📌 **Exemplo prático:** empresas como Brastemp e Electrolux enviam notificações sobre manutenção preventiva de eletrodomésticos, reduzindo reclamações e aumentando a satisfação.

4. Surpreenda e encante o cliente

Pequenos gestos fazem toda a diferença para transformar um cliente satisfeito em um verdadeiro fã da marca.

- **Mimos e surpresas:** mensagens personalizadas, cupons de desconto e brindes inesperados geram um impacto positivo.
- **Programas de fidelidade:** criação de benefícios exclusivos para clientes frequentes.

  📌 **Exemplo prático:** a Disney surpreende visitantes enviando presentes personalizados em seus parques, criando experiências emocionantes e inesquecíveis. A Gol com o programa de pontos Smiles gera benefícios únicos para os clientes Diamante como bagagens e antecipação de voos gratuitos e até passagem de cortesia para qualquer lugar do Brasil, América do Sul ou Costa Rica.

Elementos práticos para implementar CX no pós-venda

Mapeamento da jornada do cliente

Visualize cada etapa do relacionamento pós-compra para identificar gargalos e oportunidades de melhoria.

Treinamento contínuo das equipes

Os atendentes precisam ser preparados para oferecer um suporte humanizado e eficiente, através de *role plays* e simulações.

Feedback contínuo

Utilize pesquisas e NPS para avaliar a percepção do cliente e ajustar estratégias.

Uso de tecnologia

Ferramentas como Salesforce, Zendesk, RD Station e HubSpot ajudam a centralizar dados, facilitando o acompanhamento e personalização da experiência.

Métricas-chave para Customer Experience no pós-venda

1. **Tempo médio de resolução (TAT – Turnaround Time)**

   Mede o tempo necessário para resolver um problema do cliente. Quanto menor, melhor a experiência.

2. **Taxa de retenção de clientes**

   Avalia a porcentagem de clientes que continuam comprando da marca.

3. **Customer Effort Score (CES)**

   Mede o esforço necessário para que um cliente resolva seu problema. Menos esforço = maior fidelização.

4. **Net Promoter Score (NPS)**

   Indica a probabilidade de o cliente recomendar a empresa.

5. **Taxa de churn**

   Mede a quantidade de clientes que deixaram de consumir a marca.

A fidelidade como resultado do pós-venda

Um pós-venda bem estruturado é o alicerce da fidelidade do cliente, funcionando como um motor de retenção, encantamento e expansão. Ele não apenas aumenta o índice, mas também transforma clientes em advogados da marca, impulsionando o ciclo de valor de maneira exponencial.

Embora os promotores sejam a meta óbvia, há um enorme potencial nos clientes neutros. Estudos mostram que, com estratégias de encantamento e personalização, esses clientes podem ser transformados em promotores, ampliando significativamente os lucros.

Estratégias para converter neutros em promotores:

- **Aprimorar a experiência:** identifique gargalos na jornada do cliente e implemente melhorias específicas com base no feedback recebido.
- **Oferecer personalização:** campanhas personalizadas, ofertas exclusivas e benefícios direcionados ajudam a criar um vínculo mais forte.
- **Encantar em momentos-chave:** surpreenda o cliente com gestos inesperados, como brindes personalizados, descontos de fidelidade ou até mesmo um simples agradecimento por sua preferência.

Entenda a seguir como transformar neutros em promotores pode mudar substancialmente os negócios.

8.7 MARKETING DE INDICAÇÃO: O PODER DOS PROMOTORES

O marketing de indicação é uma das estratégias mais poderosas para alavancar a fidelidade. Clientes satisfeitos, quando incentivados, tornam-se promotores ativos, recomendando a marca a amigos, familiares e colegas. Segundo o livro de Rodrigo Noll, **Criando Clientes Vendedores**, clientes obtidos por indicação têm uma taxa de conversão até três vezes maior e gastam, em média, 16% mais do que os clientes adquiridos por outros meios.

Na minha opinião, empresas que não possuem um programa de indicação acabam deixando muito dinheiro na mesa, pois existem oportunidades de conversão com investimentos mínimos. Como reforça Jay Conrad Levinson no clássico **Marketing de Guerrilha**, muitas das ações mais eficazes de marketing não dependem de grandes orçamentos, mas, sim, de criatividade e proximidade com o público. O boca a boca estruturado, quando bem trabalhado, é uma verdadeira arma de guerrilha: utiliza a confiança já existente entre pessoas para gerar resultados exponenciais, com baixo custo e alto retorno.

Estratégias práticas de campanhas de indicação:

1. **Incentivos claros e atraentes:** crie campanhas que ofereçam benefícios tangíveis tanto para quem indica quanto para quem é indicado.
    - **Exemplo no varejo:** uma loja de roupas oferece um desconto de 15% para o cliente que indicar e para o amigo que fizer a primeira compra.
    - **Exemplo em serviços:** uma clínica odontológica dá uma limpeza dental gratuita para cada novo paciente indicado.
2. **Facilidade na indicação:** simplifique o processo de indicação com links personalizados, códigos promocionais ou aplicativos específicos.
    - **Exemplo no e-commerce:** um marketplace de eletrônicos permite que os clientes compartilhem um link exclusivo com amigos, garantindo crédito na loja para futuras compras.
3. **Gamificação:** adicione elementos de competição para tornar o programa mais envolvente.
    - **Exemplo em indústrias:** um fornecedor de materiais de construção cria uma campanha em que os cinco clientes que mais indicarem parceiros ganham brindes exclusivos, como kits de ferramentas.
4. **Acompanhamento e feedback:** mantenha os clientes informados sobre os resultados de suas indicações.
    - **Exemplo em serviços digitais:** uma plataforma de cursos on-line atualiza os clientes sobre quantas pessoas utilizaram seus links de indicação, oferecendo upgrades gratuitos em assinaturas.
5. **Ações de encantamento pós-indicação:** recompense também o ato de indicar, criando um ciclo positivo.
    - **Exemplo em SaaS:** um software de gestão envia uma mensagem personalizada de agradecimento e concede pontos para serem usados em futuras renovações.

Programas de indicação são ferramentas simples, mas pense em como o seu cliente pode ser beneficiado diretamente por uma indicação. Além disso, seja criativo, pense em gerar experiências que agreguem valor à sua marca, pois uma campanha bem pensada, personalizada e que chame atenção terá muito mais engajamento.

Criamos, em meados de 2012, para um cliente da agência que comercializava cursos de Mestrado e Doutorado na Argentina, um programa de indicação que durou mais de dez anos. Brincando com a língua espanhola, demos o nome da campanha de "MUI AMIGO IESLA – Indique um amigo e ganhe R$ 300". Essa campanha se tornou rapidamente o melhor canal de conversão da empresa, a um CAC previsível e razoavelmente baixo, visto que o cliente pagava normalmente por dois anos de curso.

Fidelizar clientes é mais do que uma estratégia de retenção; é uma forma de amplificar o impacto da marca por meio de conexões emocionais e recomendações genuínas. A combinação de estratégias como o NPS, o encantamento no pós-venda e o marketing de indicação transforma clientes satisfeitos em ativos estratégicos, criando um ciclo virtuoso de lealdade e crescimento sustentável.

CAPÍTULO 9
ATTACK
INVESTINDO PARA CRESCER

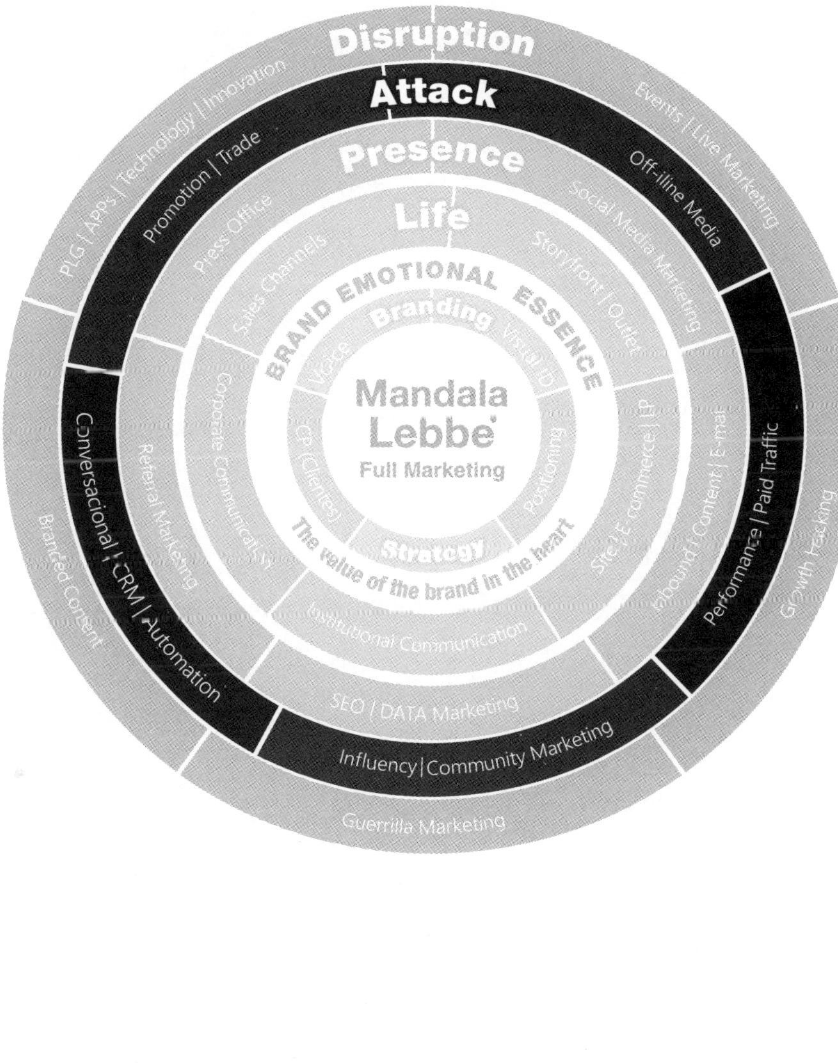

A IMPORTÂNCIA DO INVESTIMENTO ESTRATÉGICO

A camada **Attack** da Mandala Lebbe representa o momento em que a empresa expande sua presença e acelera seu crescimento por meio de investimentos estratégicos em mídia, performance e outros canais pagos. Se nas camadas anteriores construímos um alicerce sólido — com branding bem definido, presença orgânica e relacionamento forte com o cliente —, agora é o momento de amplificar o impacto da marca, atingir novos públicos e escalar os resultados.

Se **Presence** representa a construção da base e a manutenção da proximidade com o público, **Attack** é a virada de chave para o crescimento exponencial. Aqui, as empresas saem do campo das interações espontâneas e orgânicas e entram no jogo da expansão massiva e da aquisição escalável de clientes. Isso envolve uma abordagem planejada de mídia tradicional, digital, influenciadores, trade marketing e estratégias conversacionais — todas impulsionadas por investimento financeiro.

Empresas que investem corretamente em marketing crescem mais rápido. Segundo um estudo da Deloitte, empresas que aumentaram seus investimentos em marketing em pelo menos 10% registraram crescimento de receita 2,5 vezes maior do que aquelas que mantiveram seus investimentos estagnados.

Porém não basta apenas investir; é preciso escolher os canais certos e distribuir os recursos de forma inteligente. A escolha errada pode gerar desperdício e resultados aquém do esperado. É por isso que o *Attack* precisa estar profundamente conectado às camadas anteriores — principalmente ao **branding e ao Brand Emotional Essence (BEE)** —, garantindo que o investimento seja direcionado para públicos certos, com mensagens impactantes e no momento adequado.

Quanto investir e como alocar recursos

A grande questão para muitas empresas é: **quanto investir em marketing?** A resposta depende do modelo de negócio, do mercado e dos objetivos estratégicos. Contudo, algumas diretrizes ajudam a nortear esse planejamento:

- Empresas em fase de crescimento acelerado (startups e *scale-ups*) costumam investir entre 20% e 30% do faturamento em marketing, priorizando aquisição de clientes.
- Empresas consolidadas investem entre 7% e 15% do faturamento, equilibrando aquisição e retenção.

- Negócios B2B, geralmente, destinam menos orçamento ao marketing, pois dependem mais de relacionamento e vendas diretas, com investimentos médios entre 5% e 8% do faturamento.
- Negócios B2C, especialmente e-commerces e varejo, investem entre 10% e 20% do faturamento para manter alto volume de tráfego e conversão.

Mais do que apenas definir um percentual fixo, é fundamental monitorar indicadores. Empresas que equilibram esses três fatores conseguem crescer de forma sustentável, garantindo que o *Attack* gere retorno real para o negócio.

A importância da diversificação de canais

O erro mais comum ao investir em marketing é apostar todas as fichas em um único canal. A jornada do consumidor é complexa e envolve múltiplos pontos de contato antes da conversão. Um estudo do Google revela que, em média, um consumidor interage de sete a dez vezes com uma marca antes de realizar uma compra. Isso significa que um anúncio isolado dificilmente converterá de imediato; é preciso criar um ecossistema de impacto.

A diversificação de canais permite que a marca esteja presente ao longo dessa jornada, atingindo o público em diferentes momentos e contextos. Veja um exemplo prático da jornada conectada a canais:

1. **Awareness (descoberta da marca):** mídia tradicional (TV, rádio, OOH), anúncios de display e influenciadores.
2. **Consideração:** Google Ads (links patrocinados), vídeos explicativos no YouTube e redes sociais.
3. **Conversão:** remarketing, e-mail marketing, WhatsApp marketing e ofertas personalizadas.
4. **Retenção e fidelização:** CRM, pós-venda estruturado, marketing de indicação.

Estudos da McKinsey mostram que empresas investindo em estratégias multicanais têm um crescimento de 15% a 25% mais rápido do que aquelas que utilizam poucos canais.

O papel da criatividade na performance

Investir em canais pagos sem um diferencial criativo é um desperdício. Em um mundo saturado de informações, a atenção do consumidor é um dos ativos mais disputados. Segundo um estudo do Think with Google, anúncios criativos geram 47% mais conversões do que aqueles genéricos.

A criatividade é essencial para gerar **AIDA (Atenção, Interesse, Desejo e Ação)**, tornando campanhas mais memoráveis e impactantes. Todavia, a forma de aplicá-la varia conforme o canal:

- **TV e rádio:** criatividade no *storytelling* e construção de narrativas emocionais.
- **Mídia digital:** criatividade em *copywriting* persuasivo e formatos inovadores (vídeos curtos, interativos, personalização).
- **Trade marketing:** criatividade na ativação de produtos no ponto de venda e experiências imersivas.
- **Influenciadores:** criatividade na construção de roteiros que conectem a marca à vida real do público.

No fim, o *Attack* não é apenas sobre gastar mais dinheiro; é sobre investir de forma estratégica, diversificada e criativa, garantindo que cada real investido gere impacto máximo e resultados expressivos.

Os pilares do Attack

Agora que entendemos a importância do investimento inteligente, exploraremos em detalhes as principais frentes do *Attack* e como cada uma pode ser utilizada para amplificar os resultados da marca:

1. **Mídia tradicional**

   Os canais off-line continuam sendo relevantes para a construção de marca. TV, rádio, mídia *out-of-home* (OOH) e impressos são utilizados para gerar *awareness* e impacto de massa. Segundo a Kantar, 75% das campanhas mais eficazes combinam digital e mídia tradicional.

2. **Trade marketing e ações para o varejo**

   Marcas que atuam no varejo ou possuem distribuição física precisam garantir presença no ponto de venda. Trabalhamos desde materiais de PDV até ações de incentivo e promotores de venda.

3. **Tráfego pago (performance digital)**

   O digital permite precisão e segmentação avançada. Vamos detalhar Google Ads, Meta Ads, programática, Native Ads e outras plataformas que possibilitam anúncios altamente direcionados.

4. **Influenciadores digitais**

   Influenciadores são um dos maiores vetores de conversão digital. Vamos abordar os diferentes modelos de parceria e como medir o impacto real desse investimento.

5. **Estratégias conversacionais (E-mail, SMS e WhatsApp)**

   Campanhas personalizadas em canais diretos de comunicação geram conversões mais rápidas e diretas, impactando especialmente clientes que já interagiram com a marca.

   Cada uma dessas estratégias será explorada a fundo, com dados, referências e exemplos de marcas que aplicam o *Attack* com excelência.

A evolução do investimento em mídia no Brasil

A camada *Attack* da Mandala Lebbe marca o momento de amplificar a mensagem da marca, saindo do campo orgânico e avançando para investimentos robustos que garantam alcance, impacto e resultados. Aqui, falamos de recursos financeiros sendo alocados de forma estratégica em diversos canais de comunicação, cada um com sua função específica, mas todos alinhados à *Brand Emotional Essence* (BEE) e ao posicionamento da marca.

Antes de avançarmos sobre os meios, é essencial compreender como o mercado publicitário tem se comportado e como as empresas, de diferentes portes e setores, têm investido em comunicação.

Uma virada histórica aconteceu em 2024: pela primeira vez, a mídia digital superou a TV aberta como o canal que mais recebeu investimentos publicitários no Brasil. De acordo com dados do Cenp-Meios (2024), o digital representou 36,7% do bolo publicitário, enquanto a TV aberta ficou com 35,3%. Essa mudança reflete uma adaptação à transformação do consumo de mídia, mas não significa que os meios tradicionais tenham perdido relevância — eles seguem sendo fundamentais na construção de marcas.

Diversificação e integração de canais

Al Ries e Jack Trout, em *Posicionamento: A Batalha por sua Mente*, defendem que "a percepção do consumidor é formada por uma combinação de estímulos que ele recebe ao longo do tempo". Ou seja, dificilmente um único canal será capaz de consolidar uma marca. É por isso que a diversificação e a integração dos meios são fundamentais.

- TV gera *awareness* e memorização.
- OOH reforça presença constante e visual.
- Rádio atua na repetição e proximidade.
- Digital impulsiona a personalização e conversão.

9.1 MÍDIA TRADICIONAL: O PODER DO INVESTIMENTO EM ALCANCE E IMPACTO DE MASSA

A chamada mídia tradicional, também conhecida como mídia off-line, reúne os canais mais antigos e consolidados da comunicação de massa. Mesmo diante da ascensão do digital, ela segue desempenhando um papel central na construção de marcas — não apenas pelo alcance expressivo, mas também pelo impacto simbólico que transmite.

Canais como TV aberta e OOH (*out of home*) entregam visibilidade em escala nacional, reforçando a percepção de grandeza e solidez da marca. O rádio, por sua vez, permanece como um canal de proximidade e frequência, acompanhando a rotina das pessoas em deslocamento. Já os jornais e revistas impressas carregam consigo atributos de credibilidade e reputação, transmitindo autoridade ao discurso da marca.

Em outras palavras, investir em mídia tradicional é, ainda hoje, uma forma de gerar *awareness*, impacto e status, atributos que dificilmente são conquistados apenas pelo digital. Quando integrada de forma inteligente às estratégias on-line, essa camada amplia não apenas o alcance, mas também a força institucional da marca na mente do consumidor.

Agora, entraremos na análise de cada meio, destacando suas funções, possibilidades e como podem ser utilizados estrategicamente no contexto da camada *Attack*.

1. Televisão: o poder da imagem e do alcance massivo

A televisão é, historicamente, o veículo mais influente e poderoso da publicidade moderna. David Ogilvy, em *Confissões de um Publicitário*, já reforçava o impacto do audiovisual na construção de marcas ao afirmar: "Você não pode entediar as pessoas para que comprem seu produto; você deve encantá-las".

A TV construiu impérios e fez marcas se tornarem sinônimos de categorias. E continua sendo um dos meios mais estratégicos por oferecer:

- **Alcance rápido e massivo** → Nenhum outro meio consegue atingir milhões de pessoas em poucos dias como a televisão. No Brasil, 94% dos lares possuem TV (Kantar Ibope Media, 2023).
- **Memorização e emoção** → A combinação de som, imagem e movimento ativa áreas cerebrais ligadas à memória e à emoção. Kahneman, em *Rápido e Devagar*, explica como esses estímulos contribuem para fixar mensagens.
- **Credibilidade** → A TV ainda é percebida como fonte confiável: 63% dos brasileiros a consideram seu principal canal de informação (Reuters Institute, *Digital News Report*, 2023).

Tipos de inserção:

- **VTs tradicionais:** comerciais de 30", 15" e 5". Os mais curtos (*bumper ads*) funcionam bem para fixação rápida.
- **Testemunhais ao vivo:** apresentadores de telejornais populares, como Datena (Band) ou *Balanço Geral* (Record), ainda fazem testemunhais com alto poder de persuasão, pois transferem sua credibilidade para a marca anunciada.
- **Merchandising em novelas e realities:** as novelas da Globo sempre foram vitrines para marcas, desde inserções sutis até campanhas integradas (como a Fiat em *Avenida Brasil*). O mesmo vale para o *Big Brother Brasil* (BBB), hoje um dos maiores palcos de ativação de marcas no país, com cotas milionárias e experiências interativas.
- **Programas esportivos:** futebol é praticamente uma religião no Brasil, e transmissões na Globo, Band e Record atraem milhões de espectadores. Marcas aproveitam desde placas de campo digitais até chamadas de patrocinadores antes e depois dos jogos.

- **Infomerciais e televendas:** embora menos glamorosos, formatos como os da Polishop ou os espaços de televendas matinais ainda movimentam categorias específicas (fitness, utensílios domésticos, saúde).
- **Conteúdos patrocinados:** programas como *Domingão com Huck* ou *Hora do Faro* oferecem quadros especiais que misturam entretenimento com exposição de marca.

Quando e como usar:

- Construção de marca e *awareness*.
- Lançamentos de produtos que exigem alto impacto inicial.
- Promoções de varejo, desde que haja frequência e investimento consistentes.
- **Cuidado essencial:**
- **Frequência:** uma única aparição não gera efeito. Byron Sharp, em *How Brands Grow*, reforça que a repetição é vital. A recomendação mínima é de três a quatro inserções por semana, durante pelo menos quatro semanas, para consolidar a lembrança.

Tendências atuais:

- **TV conectada e streaming:** o consumo agora é híbrido. Plataformas como Globoplay, Netflix com anúncios e YouTube na TV ampliam a lógica da TV para novos formatos e públicos.
- **Sinergia com digital:** pesquisas mostram que picos de buscas no Google e interações sociais acontecem logo após a veiculação de anúncios na TV, provando seu efeito de amplificação.
- **Segmentação avançada:** além da TV aberta, o crescimento das TVs conectadas permite que as marcas combinem alcance de massa com direcionamento mais preciso, algo impensável há poucos anos.

2. Rádio: companheiro do cotidiano e gerador de frequência

Pouco se fala sobre rádio em tempos digitais, mas ele permanece como um gigante da frequência, da intimidade e da regionalidade. Segundo a Kantar Ibope Media (2023), 81% dos brasileiros ainda ouvem rádio diariamente, seja no carro, em casa ou pelo celular.

Características e forças:

- **Companhia diária:** o rádio acompanha a rotina — trânsito, trabalho, atividades domésticas. Ele cria vínculo pela constância e pela voz familiar dos apresentadores.
- **Frequência elevada:** a repetição constante gera lembrança. Um mesmo ouvinte pode escutar um spot diversas vezes em um único dia.
- **Credibilidade local:** locutores e comunicadores regionais têm grande influência. Um testemunhal feito por um apresentador de rádio local pode ter muito mais peso do que um anúncio impessoal.
- **Baixo custo e agilidade:** produzir e veicular spots é rápido, o que torna o rádio ideal para campanhas promocionais ou de resposta imediata.

Formatos mais utilizados:

- **Spots tradicionais:** comerciais de 15", 30" e 60".
- **Testemunhais:** o locutor fala da marca em tom pessoal, transferindo sua credibilidade.
- **Programetes:** boletins curtos patrocinados, com conteúdo útil (trânsito, clima, saúde).
- **Jingles:** canções curtas e memoráveis que fixam a marca na mente do ouvinte.

Quando e como usar:

- **Promoções de curto prazo:** lançamentos, descontos, liquidações.
- **Cobertura regional e interiorana:** alcança públicos que muitas vezes não são impactados por mídias digitais com a mesma força.
- **Apoio a campanhas de varejo e eventos locais:** reforça presença e frequência.
- **Cuidados essenciais:**
- **Criatividade sonora:** no rádio, não há imagem. Toda a mensagem depende do áudio. Jingles bem construídos, locuções carismáticas e mensagens claras são decisivos.
- **Clareza na chamada para ação (CTA):** o ouvinte está em movimento, portanto, é preciso usar frases curtas, simples e memoráveis.

O rádio hoje: muito além do dial

O rádio deixou de ser apenas o que ouvimos no carro ou no aparelho doméstico. Ele evoluiu para um ecossistema de áudio que amplia a força do meio tradicional em novas frentes digitais. Ainda que muitas dessas plataformas possam não ser percebidas como "rádio", na prática, são extensões do mesmo hábito: ouvir conteúdos em áudio que informam, entretêm e conectam.

- **Rádio release:** distribuição de conteúdo jornalístico ou informativo para emissoras de rádio, facilitando a divulgação de notícias, novidades de produtos, eventos e outras informações de interesse público.
- **Rádios on-line e streaming:** plataformas como Spotify e Deezer permitem publicidade segmentada por interesses, localização e perfis de consumo.
- **Podcasts:** tornaram-se a evolução natural do rádio falado, com formatos de patrocínio, inserções e branded content que aprofundam a narrativa da marca.
- **Second screen:** o consumo de rádio hoje é também social. Muitos ouvintes interagem via redes sociais, WhatsApp e aplicativos, integrando o áudio ao universo digital em tempo real.

Assim, o rádio em todas as suas formas permanece um meio de proximidade, frequência e credibilidade, agora potencializado pela personalização e pela conectividade digital.

3. OOH e DOOH: presença constante nas ruas

O *out-of-home* (OOH), ou mídia exterior, é um dos formatos mais tradicionais da publicidade e continua sendo uma das formas mais poderosas de garantir visibilidade em escala. Sua evolução para o *digital out-of-home* (DOOH) transformou o meio, incorporando **tecnologia, segmentação e integração com o digital**.

Segundo a Kantar Ibope (2023), 89% dos brasileiros são impactados por OOH semanalmente. Isso significa que quase nove em cada dez pessoas cruzam diariamente com uma peça de mídia exterior — seja em um outdoor, dentro de um ônibus ou em um aeroporto.

Características e forças:

- Repetição involuntária: o consumidor vê o mesmo outdoor todos os dias, reforçando a memorização.
- Presença constante: não pode ser ignorado ou "pulado", ao contrário dos anúncios digitais.
- Capilaridade: está presente tanto em grandes capitais quanto em cidades menores.
- Modernização tecnológica: o DOOH trouxe flexibilidade e personalização, permitindo segmentar campanhas por horário, localização, público e até por condições climáticas.

Formatos:

- Outdoor e *frontlight*: grande visibilidade em avenidas de alto tráfego.
- Painéis digitais (DOOH): flexíveis, com possibilidade de troca de conteúdo em tempo real em mobiliários urbanos como bancas de revistas, abrigo de ônibus, empenas.
- *Busdoor* e *backbus*: mídia em movimento que percorre diferentes bairros e conecta múltiplos públicos.
- Aeroportos, metrôs e shoppings: segmentação precisa por classe social, perfil de consumo e momento da jornada.
- Outdoor Social: mídia instalada dentro das comunidades (favelas) em todo o Brasil.

Quando e como usar:

- Fixação de marca e slogans, fortalecendo a lembrança.
- Reforço de campanhas integradas com TV, rádio e digital.
- Ações locais e regionais, garantindo presença de marca em áreas estratégicas.

Cuidado essencial:

- Localização estratégica: o ponto é determinante. Como lembra Byron Sharp, marcas precisam ser visíveis onde os consumidores decidem comprar.

OOH e DOOH na era digital

- **Geolocalização:** permite segmentar mensagens por região, conectando o outdoor a campanhas digitais na mesma área (ex.: banner no celular quando o consumidor passa pelo ponto).

- **Mídia programática:** DOOH já pode ser comprado em tempo real, da mesma forma que anúncios digitais, otimizando investimentos e ampliando a flexibilidade.
- **Interatividade:** QR codes, NFC e integração com redes sociais transformam o painel em um ponto de contato direto com o consumidor.
- **Sinergia com mobile:** pesquisas mostram que anúncios em OOH aumentam buscas imediatas no celular, potencializando a jornada de decisão.

Assim, o OOH deixa de ser apenas "o outdoor fixo" e passa a ser uma plataforma híbrida, multicanal e estratégica, perfeita para a camada *Attack* da Mandala Lebbe: garante impacto de massa, reforça presença constante e ainda conecta o físico ao digital.

4. Jornais e revistas: credibilidade e profundidade

Embora jornais e revistas impressos tenham perdido circulação nas últimas décadas, continuam preservando um diferencial que poucos canais oferecem: prestígio, autoridade e profundidade. O Digital News Report 2023 aponta que 54% dos brasileiros ainda confiam nas notícias impressas, um índice mais alto que o de mídias exclusivamente digitais.

Características e forças:

- **Autoridade e confiança:** um anúncio em jornais como *Valor Econômico*, *Diário do Comércio* ou *O Globo* transmite solidez.
- **Segmentação por nicho:** revistas como *Exame*, *Você S/A* e *Vogue* falam diretamente com públicos específicos.
- **Integração com digital:** QR Codes em anúncios impressos direcionam para conteúdo on-line.

Formatos:

- **Anúncios institucionais:** *full page*, meia-página, 1/4 de página, rodapés ou formatos especiais.
- **Publieditoriais:** reportagens patrocinadas que trazem credibilidade.
- **Encartes:** distribuição de folhetos e catálogos.

Quando e como usar:

- Reforçar imagem institucional e prestígio.
- Lançamentos em mercados *premium*.
- Campanhas voltadas ao público de alto poder aquisitivo.

Cuidado essencial:

- **Atenção à diagramação:** o excesso de informação prejudica a leitura. Menos é mais.

5. Cinema: imersão e atenção plena

O cinema é um dos poucos ambientes em que o espectador está 100% atento. A sala escura, a tela gigante e o som imersivo criam uma atmosfera de concentração e emoção difícil de replicar em outros meios. No Brasil, jovens de 18 a 24 anos representam cerca de 60% do público, com mulheres como maioria (54%) (dados da FilmeB, 2023).

Características e forças:

- **Impacto sensorial:** o tamanho da tela e a potência sonora ampliam o apelo emocional da mensagem.
- **Atenção plena:** é um dos raros momentos em que não há distrações com celulares ou múltiplas telas.
- **Público premium:** frequentadores de cinema tendem a ter maior poder aquisitivo e valorizam experiências culturais.

Formatos:

- **VTs de 30" e 60":** veiculados antes do início dos filmes, em sessões com alto engajamento.
- **Ações de ativação:** distribuição de brindes, experiências interativas ou ativações nas salas e saguões.

Quando e como usar:

- Lançamentos de produtos *premium* que exigem impacto emocional.
- Campanhas institucionais de branding e *brand experience*.
- Estratégias de segmentação por gênero de filme, escolhendo públicos mais alinhados à proposta da marca.

Cuidado essencial:

- **Adaptação criativa:** a linguagem do cinema é diferente da TV. Apostar em narrativas emocionais, *storytelling* e recursos audiovisuais imersivos potencializa o impacto.

6. Não mídia e ativações: o poder do contato direto

Além dos investimentos em mídia tradicional e digital, existe um campo muitas vezes subestimado e que, quando bem executado, gera resultados poderosos: o não mídia. São todas as ações que promovem contato direto da marca com seu público, seja por materiais físicos ou ativações presenciais, sem depender de canais de massa como intermediários.

Esse conceito se conecta diretamente com a visão clássica de Philip Kotler sobre o marketing como uma atividade que não se restringe à publicidade, mas envolve entregar valor em cada interação. Kotler reforça que cada ponto de contato é uma oportunidade de fortalecer ou enfraquecer a percepção da marca. Assim, os materiais e ações de não mídia, embora possam parecer simples, são justamente esses pontos de contato que, se bem trabalhados, ajudam a encantar e gerar recomendação espontânea (WOM – *Word of Mouth*).

Características e forças do não mídia:

- **Construção de experiência:** um folheto bem feito, um kit de encantamento ou uma carta manuscrita provocam sensações únicas que a mídia digital dificilmente proporciona.
- **Contato direto e personalizado:** transmite a mensagem da marca de forma física e, muitas vezes, emocional, criando vínculos mais próximos com o público.
- **Baixo custo por impacto:** muitas ações de não mídia demandam investimentos menores e podem ter efeitos duradouros.
- **Potencial de viralização:** brindes criativos ou ações personalizadas podem gerar compartilhamento espontâneo nas redes sociais.

Exemplos de ações de não mídia:

FERRAMENTA	OBJETIVO E APLICAÇÃO	BENEFÍCIOS
Folhetos e flyers	Divulgação rápida em eventos, pontos de venda ou locais de grande circulação.	Alcance local e reforço de campanhas sazonais.
Folder Institucional	Apresentação da empresa e produtos em reuniões e visitas comerciais.	Gera percepção de organização e profissionalismo.
Cartazes em parceiros	Divulgação em pontos estratégicos (academias, clínicas, mercados).	Presença em ambientes relevantes ao público.
Malas diretas	Envio físico de convites, ofertas ou lançamentos.	Personalização e impacto emocional.
Cartas e convites impressos	Abordagem diferenciada e exclusiva para clientes ou stakeholders.	Fortalece vínculos e gera percepção de cuidado.
Kits encantamento	Envio de brindes criativos ou produtos personalizados após a compra, ou em datas especiais.	Surpreende o cliente e fortalece a lealdade.
Panfletagem estratégica	Distribuição em áreas específicas ou com alta concentração do público-alvo.	Geração rápida de *awareness* e experimentação local.

Quando e como usar:

- **Fortalecer relacionamento com clientes:** kits de boas-vindas, cartas de agradecimento e brindes personalizados criam vínculos afetivos e estimulam a recompra.
- **Apoiar vendas consultivas:** material impresso em reuniões comerciais tangibiliza a proposta e gera credibilidade.

- **Complementar campanhas de mídia:** materiais físicos distribuídos junto a campanhas digitais ou televisivas ampliam o reforço da mensagem.
- **Ativações de rua:** distribuição de amostras, panfletagem em eventos ou pontos de grande fluxo.
- **Resgatar a tangibilidade:** em um mundo digitalizado, receber algo físico, como uma carta escrita à mão ou um presente-surpresa, pode gerar uma experiência memorável.

📌 **Exemplo prático:**

Imagine uma empresa de cosméticos lançando uma nova linha de produtos. Além de veicular vídeos nas redes sociais, ela envia kits de experimentação para influenciadoras e clientes VIPs, acompanhados de uma carta manuscrita. Esse gesto transforma um simples lançamento em uma experiência sensorial e emocional, que rapidamente se espalha pelo boca a boca e pelas redes sociais.

A força do boca a boca (WOM) potencializada pelo não mídia

Embora não seja uma mídia paga, o boca a boca (WOM) é uma das formas mais poderosas de marketing — e o grande diferencial do não mídia é justamente estimulá-lo. Segundo a Nielsen (2023), 92% dos consumidores confiam mais em recomendações de amigos e familiares do que em qualquer outra forma de publicidade.

Características e forças:

- Autenticidade: a recomendação vem de quem já viveu a experiência.
- Alcance orgânico: viraliza no dia a dia e nas redes sociais.
- Confiança máxima: é percebida como mais verdadeira do que qualquer anúncio.

Estratégias para estimular WOM:

- Criar experiências memoráveis no atendimento e na entrega.
- Estruturar programas de indicação e parcerias.
- Produzir conteúdo e ações que gerem compartilhamento espontâneo.

Cuidado essencial:

- Experiência impecável: uma crítica negativa pode anular dez elogios.
- Relevância: materiais de baixa qualidade podem frustrar e ter efeito oposto.
- Segmentação correta: evite ações genéricas ou mal direcionadas, que podem ser vistas como invasivas.

A magia do não mídia

O não mídia é proximidade, personalização e encantamento. Ele não deve ser visto como recurso isolado, mas como complemento essencial às estratégias de *attack*, principalmente quando o foco é relacionamento. Quando aliado ao branding e à *Brand Emotional Essence* (BEE), ele se torna um instrumento poderoso para tocar o coração do cliente e transformar interações em vínculos duradouros.

Como lembra Seth Godin em *This is Marketing*: "As pessoas não compram bens e serviços. Elas compram relações, histórias e magia".

O não mídia é, muitas vezes, a materialização dessa magia.

9.2 TRÁFEGO PAGO E MÍDIA DE PERFORMANCE

O tráfego pago é uma estratégia essencial no marketing digital, permitindo que marcas atraiam audiência qualificada de forma escalável e previsível. Ele é conhecido também como mídia de performance, pois o investimento é feito com base em resultados mensuráveis, como cliques, leads, vendas ou qualquer outra ação desejada.

Se na camada *presence* da Mandala Lebbe trabalhamos o tráfego orgânico (SEO, redes sociais, RP e inbound marketing), na camada *attack* entramos com a estratégia de investimento ativo para ampliar alcance e conversão.

O investimento em publicidade digital cresce exponencialmente e, como já citado anteriormente, superou outras mídias. Empresas que dominam a **mídia de performance** conseguem:

- **Otimizar campanhas constantemente** com base em dados.
- **Segmentar públicos com precisão**, atingindo as pessoas certas.
- **Escalar investimentos** conforme os resultados aparecem.
- **Criar previsibilidade** de retorno, tornando o marketing mais eficiente.

Agora, vamos detalhar as principais estratégias de tráfego pago, explorando como cada canal pode ser utilizado para potencializar os resultados da marca.

PRINCIPAIS ESTRATÉGIAS DE TRÁFEGO PAGO

9.2.1 Google Ads: presença em todas as etapas da jornada

O Google Ads é hoje um dos canais mais poderosos do marketing digital, pois conecta marcas a consumidores no exato momento em que estão pesquisando por um produto ou serviço. Globalmente, o Google deteve 39,4% de todo o mercado de anúncios digitais em 2023, o que representou uma receita de US$ 237,9 bilhões, com previsão de superar US$ 260 bilhões em 2024. Dentro desse ecossistema, o YouTube sozinho movimentou mais de US$ 31,5 bilhões em publicidade, consolidando-se como uma das maiores plataformas de vídeo do planeta.

No Brasil, o cenário não é diferente. Cerca de 50% a 55% das verbas destinadas ao digital foram direcionadas às soluções do Google.

Principais formatos de anúncio:

- **Google Search Ads:** aparecem no topo da busca do Google, impactando usuários com intenção ativa de compra.
- **Google Display Ads:** são banners exibidos em sites parceiros do Google, excelentes para branding e remarketing.
- **Google Shopping Ads:** mostram produtos diretamente nos resultados de busca, ideal para e-commerces.
- **YouTube Ads:** permitem impactar usuários com vídeos estratégicos antes ou durante o conteúdo assistido.
- **Performance Max (PMAX):** campanha automatizada que usa *machine learning* para distribuir anúncios em todos os canais do Google (Search, Display, YouTube, Shopping, Gmail e Discover), otimizando a conversão.

📌 **Exemplo prático:**

Uma marca de eletrônicos pode rodar Google Shopping Ads para exibir seus produtos diretamente nos resultados de pesquisa e complementar a estratégia com PMAX, deixando a inteligência do Google otimizar os investimentos automaticamente.

Investir em Google Ads significa estar presente nos momentos de maior intenção de compra, com mensuração precisa de resultados e flexibilidade para trabalhar tanto a conversão imediata quanto o fortalecimento da marca no longo prazo.

9.2.2 YouTube Ads: impacto com vídeo e influência

O Brasil é um dos mercados mais relevantes: 98% dos internautas brasileiros acessam o YouTube regularmente (Kantar Ibope, 2023), o que o coloca como a rede social mais utilizada no país, à frente até mesmo do Instagram e do WhatsApp em termos de alcance de vídeo. Essa penetração massiva garante ao YouTube um papel estratégico tanto na construção de marca quanto na conversão de vendas.

Segundo a pesquisa da Global Media Insights (2025), o YouTube conta atualmente com mais de 2,5 bilhões de usuários ativos mensais no mundo, sendo diariamente acessado por cerca de 122 milhões de pessoas. O tempo médio de permanência é de aproximadamente 19 minutos por dia, confirmando o poder da plataforma como destino de consumo audiovisual. No Brasil, o YouTube alcança cerca de 144 milhões de usuários, o que representa quase 67% da população, consolidando-se como um dos canais digitais mais relevantes tanto para entretenimento quanto para estratégias de marketing.

Principais formatos:

- **TrueView (anúncios puláveis):** o anunciante só paga quando o usuário assiste 30 s ou mais.
- **Bumper Ads:** vídeos curtos de 6 s que não podem ser pulados, ideais para reforçar mensagens.
- **Masthead:** anúncio fixo no topo da home do YouTube, garantindo milhões de impressões em um único dia.

📌 **Exemplo prático:**

Uma montadora de carros pode lançar um novo modelo usando *Bumper Ads* (vídeos não puláveis) para reforçar o conceito do veículo em mensagens curtas e memoráveis.

Por que investir?

O vídeo gera mais engajamento e memorização, além de atingir usuários de diferentes momentos da jornada.

9.2.3 Social Ads: presença onde o público interage

As redes sociais deixaram de ser apenas espaços de relacionamento para se tornarem grandes ecossistemas de negócios. Globalmente, o investimento em social ads alcançou US$ 136 bilhões em 2024 (≈ R$ 680 bilhões) e deve chegar a quase R$ 1,2 trilhão até 2030. No Brasil, a relevância é ainda mais evidente: o digital já representa 37,9 bilhões de reais do bolo publicitário (Cenp-Meios, 2024), sendo que a maior fatia desse valor é destinada à publicidade em redes sociais. Esse movimento se explica pela combinação de alcance massivo, segmentação avançada e mensuração precisa, fatores que tornam os social ads indispensáveis em qualquer estratégia de comunicação.

Abaixo, um panorama comparativo das principais plataformas de social ads no Brasil, com dados consolidados do **DataReportal – Digital 2024: Brazil**, **Warc Global Advertising Trends (2024)** e ferramentas oficiais de publicidade das plataformas.

Meta Ads (Facebook & Instagram)

O ecossistema Meta continua sendo o carro-chefe da publicidade digital no Brasil, combinando alcance massivo com capacidades avançadas de segmentação.

Alcance:

- **Facebook:** 112 milhões de usuários ativos, representando aproximadamente 60% dos internautas brasileiros
- **Instagram:** 134,6 milhões de usuários ativos, equivalente a 62% da população brasileira

Investimento global 2024: US$ 155,6 bilhões (≈ R$ 778 bilhões), segundo a Warc

Custos médios no Brasil:

- **CPC:** R$ 1,30 a R$ 2,50
- **CPM:** R$ 5 a R$ 15
- **CTR médio:** 1,3% a 1,5%

Público-alvo predominante: Muito abrangente, com penetração em todas as classes sociais e faixas etárias.

Força estratégica: Ideal para campanhas de branding massivo, geração de tráfego qualificado e conversão no varejo e e-commerce.

TikTok Ads

O TikTok representa o grande fenômeno da publicidade digital atual, com crescimento explosivo e público jovem altamente engajado.

Alcance: 105,3 milhões de usuários adultos no Brasil, cerca de 48,5% da população total

Investimento global 2024: US$ 23,3 bilhões (≈ R$ 116,5 bilhões), com projeção de crescimento para 2026

Custos médios no Brasil:

- **CPC:** R$ 0,90 a R$ 5,00
- **CPM:** R$ 20 a R$ 45

Público-alvo predominante: Jovens de 13 a 34 anos, altamente ativos em cultura pop, música, moda, beleza e alimentação.

Força estratégica: Recomendado para campanhas virais, lançamentos de produtos e *storytelling* emocional com forte apelo visual.

LinkedIn Ads

É a principal plataforma para o mercado **B2B**, networking profissional e posicionamento corporativo no ambiente digital.

Alcance: 81 milhões de membros no Brasil, representando 38% da população total e 44% dos internautas

Investimento global 2024: US$ 7,6 bilhões (≈ R$ 38 bilhões)

Custos médios no Brasil:

- **CPC:** R$ 10 a R$ 15
- **CPM:** R$ 25 a R$ 40

Público-alvo predominante: Executivos, diretores, gestores e profissionais qualificados em busca de desenvolvimento e networking.

Força estratégica: Indicado para geração de leads qualificados, educação executiva, soluções corporativas e produtos de alto ticket.

Pinterest Ads

Uma rede visual voltada para inspiração, planejamento de vida e consumo aspiracional.

Alcance: Aproximadamente 40 milhões de usuários no Brasil, sendo 67% mulheres, com crescimento de 32% entre 2023 e 2024

Investimento global 2024: US$ 3,5 bilhões (≈ R$ 17,5 bilhões)

Custos médios no Brasil:

- **CPC:** R$ 2 a R$ 4
- **CPM:** R$ 10 a R$ 20

Público-alvo predominante: Mulheres de 25 a 44 anos, interessadas em moda, decoração, casamento, culinária e lifestyle.

Força estratégica: Recomendado para marcas que atuam com inspiração e desejo, com forte capacidade de influenciar decisões de compra por impulso e planejamento.

Comparativo estratégico

PLATAFORMA	ALCANCE BRASIL (2024)	CPC MÉDIO (R$)	CPM MÉDIO (R$)	PÚBLICO PREDOMINANTE	MELHOR USO ESTRATÉGICO
Meta (FB+IG)	FB: 112M / IG: 134,6M	1,30–2,50	5–15	Todas as classes e idades	Branding massivo, varejo, e-commerce
TikTok	105,3M adultos	0,90–5,00	20–45	Jovens 13–34 anos	Engajamento, viralização, lançamentos
LinkedIn	81M membros	10–15	25–40	Executivos e B2B	Leads qualificados, alto ticket
Pinterest	40M usuários	2–4	10–20	Mulheres 25–44, lifestyle	Moda, decoração, inspiração

A escolha da rede certa deve considerar quem é o público, qual é o objetivo e em que estágio da jornada a marca deseja atuar. Enquanto a Meta oferece escala e ROI acessível, o TikTok é imbatível em engajamento jovem, o LinkedIn lidera no universo corporativo e o Pinterest inspira consumo aspiracional. Uma estratégia inteligente de Social Ads no Brasil deve integrar duas ou mais plataformas, respeitando seus papéis complementares dentro da camada Attack da Mandala Lebbe.

> **Fontes:** *DataReportal (Digital 2024: Brazil), Warc (Global Advertising Trends, 2024), Meta Business Tools, Shopify Brasil (2024), Bydas (2024).*

A escolha da rede certa deve considerar quem é o público, qual é o objetivo e em que estágio da jornada a marca deseja atuar. Enquanto a Meta oferece escala e ROI acessível, o TikTok é imbatível em engajamento jovem, o LinkedIn lidera no universo corporativo e o Pinterest inspira consumo aspiracional. Uma estratégia inteligente de social ads no Brasil deve integrar duas ou mais plataformas, respeitando seus papéis complementares dentro da camada *Attack*, da Mandala Lebbe.

Abaixo um guia sugestivo de como usar social ads por segmentos:

Educação (universidades, cursos livres, escolas de negócios)

- **Plataformas mais indicadas:**
  - **LinkedIn Ads:** para atrair executivos e profissionais interessados em educação executiva.
  - **Meta Ads (Instagram & Facebook):** para jovens e adultos buscando cursos técnicos, graduações e pós.
- **Objetivo:** geração de leads qualificados e construção de autoridade.
- **Dica:** usar depoimentos em vídeo e campanhas de remarketing para nutrir a jornada.

Moda & Beleza

- **Plataformas mais indicadas:**
  - **Instagram & TikTok:** inspiração, lifestyle e viralização de tendências.
  - **Pinterest:** consumo aspiracional e planejamento de estilo.
- **Objetivo:** *awareness* + conversão em e-commerce.
- **Dica:** investir em *creators* locais e estratégias de live shopping.

Varejo e E-commerce

- **Plataformas mais indicadas:**
  - **Meta Ads:** melhor ROI em campanhas de performance.

    - **Google Shopping + integração social:** acelera a conversão.
    - **TikTok:** campanhas de alto impacto e viralização de ofertas + TikTok Shop.
- **Objetivo:** vendas diretas e campanhas promocionais.
- **Dica:** usar Performance Max + Social Ads integrados para maximizar alcance e performance.

Saúde e Bem-estar (clínicas, academias, cosméticos naturais)

- **Plataformas mais indicadas:**
    - **Instagram:** branding, humanização e relacionamento.
    - **Pinterest:** inspiração em *wellness*, nutrição e estética.
- **Objetivo:** credibilidade e construção de reputação.
- **Dica:** apostar em conteúdo educativo + campanhas de prova social.

Tecnologia e Startups

- **Plataformas mais indicadas:**
    - **LinkedIn:** geração de leads corporativos e recrutamento.
    - **YouTube:** explicação de produtos complexos.
    - **Meta Ads:** aquisição de clientes em massa.
- **Objetivo:** geração de leads e construção de autoridade.
- **Dica:** integrar webinars patrocinados com remarketing.

Mercado Imobiliário

- **Plataformas mais indicadas:**
    - **Meta Ads:** anúncios de imóveis segmentados por localização.
    - **Google Search + YouTube:** busca ativa e tours virtuais.
    - **LinkedIn:** parcerias com investidores e B2B.
- **Objetivo:** geração de leads qualificados e relacionamento de longo prazo.
- **Dica:** usar remarketing com vídeos 360° de empreendimentos.

9.2.4 Mídia programática: segmentação e automação avançadas

A compra programática é hoje o padrão do display no mundo: em 2025, quase 9 em cada 10 dólares de display serão transacionados via programática, que responderá por ~97% do crescimento do display global, segundo a eMarketer. No Brasil, dados do Digital AdSpend 2025, o digital movimentou R$ 37,9 bi em 2024 (IAB Brasil + Kantar IBOPE Media), com avanço contínuo do modelo programático, inclusive em DOOH via estruturas programáticas e deals privados.

O que é (sem jargão)

Compra automatizada de impressões em tempo real (*real-time bidding*) por meio de plataformas (DSP/SSP), usando dados e algoritmos para exibir anúncios à pessoa certa, no contexto certo, no preço certo.

Onde roda

- **Display e vídeo** (portais, publishers *premium*, *open web*).
- **Áudio digital** (streaming e podcasts, quando disponível via DSP).
- **DOOH** (inventário digital de rua comprado de forma programática).

Modelos de compra

- **Open Auction** (escala e alcance).
- **Private Marketplace / Preferred Deals** (*brand safety* e qualidade).
- **Programmatic Guaranteed** (inventário reservado com automação).

Segmentações que funcionam

- **1st-party data + lookalike** (base da marca como motor).
- **Contextual/Sem cookies** (temas, palavras-chave, sem dependência de *3rd party*).
- **Geo/Tempo/Clima** (impulsiona DOOH/*Retail media* local).
- **Recorrência e jornada** (sequenciamento criativo e DCO).

KPIs e métricas

- **CPM, vCPM e Viewability** (*baseline* de qualidade).
- **CTR e VTR** (vídeo).
- **Frequência e alcance incremental** (saturação eficiente).
- **CPA/ROAS** (performance) e **Brand Lift** (branding).

Boas práticas

- **Criativos dinâmicos (DCO)** e testes A/B contínuos.
- **Brand safety + suitability** (listas, categorias sensíveis, GARM).
- **Capping de frequência** por pessoa e por canal.
- **Dados próprios + clean rooms** para privacidade e mensuração.

Cuidados

- Fraude e inventário de baixa qualidade (opte por PMP/PG quando for marca).
- Dependência de cookies (prepare estratégias *cookieless* e contextual).
- *Overserving* (frequência excessiva erode ROI)

📌 Exemplo prático

Um banco roda PMP de vídeo para alta renda (*brand safety* + *premium*) e, em paralelo, *open auction* com DCO para ofertas por segmento (PF, PJ, alta renda). Em DOOH programático, ativa criativos por clima ("sem fila, abra sua conta pelo app hoje").

Por que investir

Reduz desperdício, dá escala com controle e melhora ROI pela entrega para pessoas e contextos com maior probabilidade de impacto e conversão.

9.2.5 Native advertising: publicidade que não parece publicidade

Globalmente, o nativo segue crescendo como formato de atenção qualificada: em 2024, a eMarketer estimou US$ 80,4 bi em *native* nas redes sociais e < US$ 30 bi em *native* fora das redes — sinal de que o "formato-conteúdo" já é dominante nos *feeds* e avança no *open web*. No Brasil, dentro dos R$ 37,9 bi do digital (2024), publishers e redes de recomendação (Taboola/Outbrain/Teads) ampliaram o mix de publieditoriais, recomendação de matérias e vídeo *in-feed* para combinar alcance com leitura engajada.

O que é (sem jargão)

Anúncio que imita o formato e o tom do conteúdo editorial do ambiente onde aparece, com sinalização clara de patrocínio.

Principais formatos

- **Artigo patrocinado** (publisher *premium*).
- **Recomendação de conteúdo** (*widgets* em fim/entre matérias).
- **In-feed/in-article** (portais e apps).
- **Vídeo nativo** e **podcast read** (integração narrativa).

Quando usar

- Educação de mercado, consideração e captura de demanda qualificada.
- Verticais complexas (finanças, saúde, B2B) que pedem profundidade.

KPIs e métricas

- **CTR de conteúdo**, **tempo de permanência**, **scroll depth.**
- **Leads qualificados** e **Brand Lift** (*recall*/compreensão).
- **Engagement rate** em redes sociais (quando o nativo roda *in-feed*).

Boas práticas

- **Tese editorial clara** (guia útil > autopromoção).
- **E-E-A-T** (expertise, experiência, autoridade, confiança).
- **Disclosure** transparente (credibilidade > *clickbait*).
- **UTM/Modelagem** para atrelar leitura à conversão.

Cuidados

- Conteúdos genéricos (baixa leitura/alto *bounce*).
- Títulos caça-clique (pouca qualidade de tráfego).
- Falta de coerência com o veículo (quebra de confiança).

📌 **Exemplos de uso**

- **Artigo patrocinado no UOL/Valor** com dados e calculadoras simples para guiar decisão ("Como escolher o melhor seguro de vida").
- **Rede de recomendação** para amplificar conteúdos top/*mid-funnel* e nutrir pixel/CRM para remarketing.

Por que investir

O nativo entra sem atrito na experiência do usuário, tende a gerar mais atenção e intenção que display tradicional e melhora a qualidade do tráfego e da lead.

9.2.6 Áudio Ads: explorando a força do som

O áudio vive uma assimetria oportunidade-investimento: consome 20% do tempo digital adulto nos EUA, mas recebe ~3,1% da receita de ads digitais, segundo o IAB (2024) — um sinal claro de sublocação e margem para ganho de *share* (IAB – Getting Audio & Podcasting on the Media Plan).

No Brasil, o ecossistema é massivo: além da penetração de streaming, o Spotify reportou R$ 1,2 bi pagos a artistas brasileiros em 2023 e R$ 1,6 bi em 2024, indicador indireto do tamanho e da intensidade de consumo local (Fonte: routenote.com/blog).

Onde investir

- **Spotify/Deezer/SoundCloud Ads:** áudio spot + *companion* banner; segmentação por gênero, humor, *playlists*, contexto, *device*.
- **Podcasts (host-read e produced spots):** mensagens lidas pelo apresentador (alta confiança) ou inserções dinâmicas (escala e frequência).
- **Programático de áudio:** compra via DSP, frequência unificada e sequenciamento com outros canais.

Quando usar

- Construção de marca sonora e lembrança (jingles, SFX).
- Momentos de rotina sem tela: trânsito, treino, tarefas domésticas.
- Conteúdos de nicho (finanças, tech, saúde) com *host-read* de autoridade.

Criativos e formatos

- **15 s/30 s** para streaming; *host-read* de 45 s–60 s em podcast.
- **Sequência de áudio** (teaser → benefício → oferta).
- **Sonic branding** consistente (assinatura sonora, voz, trilha).

KPIs e mensuração

- **Completion rate** (CR), **alcance e frequência** por pessoa.
- **Lift de lembrança/consideração** (*brand studies*).
- **Attribution** com **URLs/UTM, códigos de oferta e incrementality.**
- **MMM** e testes geo para isolar efeito cross-mídia.

Boas práticas

- **Contexto é rei:** alinhe mensagem ao momento (*playlist* de treino ≠ foco/estudo).
- **Voz autêntica:** *host-read* com liberdade + briefing claro.
- **Integração cross-canal:** áudio + social vídeo/DOOH para reforço mental.
- **Capping de frequência** para evitar desgaste.

Cuidados

- *Spots* longos sem ritmo ou *call-to-action*.
- Criativo único para todos os contextos (perde relevância).
- Ausência de *landing/vanity* para medir resposta.

📌 Exemplo prático

Uma fintech ativa Spotify Ads segmentando ouvintes de *playlists* de finanças e negócios com spot de 30 s e *companion banner*, e fecha com *host-reads* em três podcasts de economia. A mensuração combina códigos de oferta por podcast + *lift study* e teste de incrementalidade por praça.

Por que investir

O áudio é **imersivo, íntimo e memorável** — atinge o público em situações de atenção não visual, com baixo CPM efetivo e excelente complementaridade a vídeo, social e *search*.

9.2.7 Retail media: a nova revolução na publicidade digital

O conceito de *retail media* não é novo, mas sua adoção em larga escala vem transformando o cenário da publicidade digital nos últimos anos. Com a ascensão dos *marketplaces* e o crescimento exponencial das compras on-line, grandes varejistas passaram a monetizar seus espaços digitais, criando uma nova e poderosa categoria de mídia paga.

Segundo um estudo da GroupM, a *retail media* movimentou US$ 101 bilhões globalmente em 2023 e pode ultrapassar US$ 160 bilhões até 2027. No Brasil, Magalu Ads, Mercado Ads e Carrefour Links já dominam esse setor, oferecendo formatos publicitários dentro de seus próprios ecossistemas.

Mas o que torna a *retail media* tão relevante para o mix de mídia de grandes marcas?

O diferencial da retail media em relação à publicidade tradicional

Diferente dos canais convencionais de publicidade digital (como redes sociais e Google Ads), a *retail media* oferece anúncios diretamente no ponto de decisão de compra, influenciando o consumidor no momento mais crítico da jornada.

Os varejistas possuem um volume imenso de *first-party* data — informações dos próprios consumidores, como compras anteriores, produtos pesquisados e comportamentos de navegação. Isso possibilita um nível de segmentação muito mais refinado do que as mídias tradicionais, permitindo impactar o consumidor certo, no momento exato.

Como funciona a retail media?

Os principais formatos de anúncios incluem:

- **Sponsored Products:** produtos patrocinados aparecem no topo dos resultados de busca dentro do e-commerce, influenciando diretamente a escolha do consumidor.
- **Display Ads:** banners e vitrines digitais promovem produtos dentro das páginas de categorias ou no check-out.
- **Video Ads:** vídeos curtos dentro de aplicativos de varejo aumentam a taxa de conversão, especialmente para lançamentos de produtos.
- **Retail media off-line:** anúncios em telas digitais e painéis interativos dentro de lojas físicas, conectando os mundos on-line e off-line.

Exemplos de varejistas e marcas que dominam a retail media

- **Amazon Ads:** líder global, fatura US$ 38 bilhões por ano apenas com anúncios dentro de sua plataforma.
- **Mercado Livre Ads:** no Brasil, o MeliAds domina o segmento, oferecendo anúncios de busca patrocinada, display e remarketing para marcas.

- **Carrefour Links e Magalu Ads:** transformaram seus sites e apps em verdadeiros veículos de mídia, vendendo espaços publicitários para marcas que desejam impulsionar suas vendas diretamente dentro do varejo digital.

Por que investir em retail media?

- **Conversão mais alta:** os anúncios aparecem no momento de intenção de compra.
- **Menos dependência de terceiros:** com o fim dos *cookies* de terceiros, a *retail media* se torna ainda mais relevante, pois usa dados próprios dos varejistas.
- **ROI elevado:** segundo a IAB Europe, campanhas de *retail media* podem ter ROIs até três vezes maiores que anúncios tradicionais no Google ou nas redes sociais.

Desafios da retail media

Apesar de suas vantagens, algumas questões ainda são desafios para as marcas:

- **Custos elevados:** como o varejo controla o inventário de mídia, os custos por clique podem ser altos, exigindo uma boa estratégia de rentabilidade.
- **Falta de padronização:** cada varejista tem sua própria plataforma e regras, tornando a gestão mais complexa.
- **Dificuldade de atribuição:** a mensuração do impacto da *retail media* ainda é um desafio para muitas empresas.

O fato é que a *retail media* já se consolidou como um canal essencial no mix de mídia digital, especialmente para marcas que atuam no varejo. Sua combinação de dados proprietários, segmentação avançada e conversão direta faz dela uma alternativa imbatível para impulsionar vendas e fortalecer o *brand equity* das empresas.

Ao longo deste capítulo, exploramos como o tráfego pago e a mídia de performance desempenham um papel estratégico na ampliação da presença e no crescimento das marcas. Mas é fundamental compreender que o sucesso dessas campanhas não acontece isoladamente; ele depende diretamente do que foi construído nas camadas anteriores da Mandala Lebbe.

Se voltarmos à base do nosso framework, veremos que:

A camada *Life* garantiu que a marca tivesse uma identidade forte e bem estruturada, com mensagens claras, alinhadas ao propósito e valores estabelecidos no *Brand Emotional Essence* (BEE). Sem esse alicerce, os esforços de tráfego pago se tornam genéricos, pouco eficazes e incapazes de criar uma conexão real com o público.

A camada *Presence* possibilitou que a marca ocupasse espaço na mente e no coração do consumidor de forma orgânica. Trabalhamos redes sociais, SEO, RP, assessoria de imprensa e CRM para fortalecer relacionamentos, gerar autoridade e construir um público que reconhece e confia na marca. Essa familiaridade gera taxas de conversão mais altas quando os anúncios pagos entram em ação, pois a marca já está presente na jornada do cliente.

Agora, na camada *Attack*, o tráfego pago potencializa tudo o que foi construído até aqui. Não basta simplesmente rodar anúncios aleatórios, é preciso utilizar dados, segmentação inteligente e criatividade para impactar os públicos certos, no momento certo.

Isso significa que:

- **Uma marca sem um posicionamento forte e um branding bem estruturado** terá um custo de aquisição de clientes (CAC) mais alto, pois precisará competir com base apenas em preço e oferta.
- **Marcas que investiram na presença orgânica antes do ataque obtêm melhores resultados** na mídia paga, pois seu público já tem um nível de envolvimento e confiança maior.
- **O Attack bem executado** não é apenas sobre gerar cliques e vendas imediatas, mas, sim, sobre acelerar o crescimento e consolidar a marca no mercado.

A IMPORTÂNCIA DO MONITORAMENTO E OTIMIZAÇÃO CONSTANTE

Para que o investimento em tráfego pago gere os melhores resultados, o acompanhamento rigoroso de dados e KPIs é indispensável. A performance de cada campanha deve ser medida e analisada continuamente para ajustes estratégicos.

Apesar de já ter explicado as métricas nos capítulos anteriores, é relevante reforçar aqui:

- **CPC** – Define quanto a marca paga por cada clique no anúncio. Quanto menor, mais eficiente está a campanha.
- **CTR** – Mede a relevância do anúncio: se os usuários estão clicando, significa que a mensagem está atraindo interesse.
- **CPA** – Mostra quanto custa converter um usuário em cliente. O objetivo é sempre reduzir esse custo ao longo do tempo.
- **ROAS** – Avalia o retorno financeiro sobre cada real investido na campanha.
- **LTV** – Mede o valor total que um cliente gera para a empresa ao longo do tempo. Campanhas bem estruturadas visam não apenas a conversão inicial, mas também a retenção e fidelização.
- **Frequência de Impacto** – Mostra quantas vezes um usuário viu o anúncio. Impactos muito baixos podem não gerar lembrança de marca, enquanto impactos excessivos podem saturar a audiência.

O acompanhamento desses indicadores possibilita:

- Identificar rapidamente quais campanhas estão performando bem e quais precisam de ajustes.
- Ajustar segmentações e criativos para otimizar o impacto.
- Redirecionar orçamento para os canais e formatos com melhor performance.
- Testar diferentes abordagens (A/B *testing*) para entender o que funciona melhor para cada público.
- Evitar desperdício de investimento em anúncios ineficazes.

O tráfego pago é o motor de aceleração, mas a direção precisa estar bem definida pelo branding. Afinal, de nada adianta ter o melhor motor se não soubermos para onde estamos indo.

Agora, avançamos para o próximo capítulo, onde daremos um passo além: como investir em estratégias disruptivas para gerar diferenciação e inovação no mercado? Se o *Attack* nos trouxe a força do investimento, no próximo nível da Mandala exploraremos como a criatividade e a inovação podem romper padrões e criar impactos ainda mais profundos.

9.3 INFLUENCIADORES: A MÍDIA HUMANA DO MARKETING MODERNO

O marketing de influência se tornou um dos pilares das estratégias de *Attack* porque alia credibilidade, engajamento e segmentação. Em um cenário de sobrecarga publicitária, no qual os consumidores ignoram banners e pulam anúncios sempre que possível, os influenciadores têm o poder de furar essa bolha e estabelecer uma conexão real com o público.

Se antes a comunicação era centrada na mídia de massa, hoje ela é construída por pessoas para pessoas. Os influenciadores desempenham esse papel ao criarem conteúdos autênticos e conversarem diretamente com suas audiências, estabelecendo uma relação de confiança difícil de ser alcançada por marcas sozinhas.

A força dos influenciadores no marketing digital

A ascensão dos influenciadores não é apenas uma tendência passageira, mas uma mudança estrutural no comportamento de consumo. Podemos considerar o mesmo dado citado no WOM, 92% dos consumidores confiam mais nas recomendações de pessoas do que em qualquer outro tipo de publicidade. Além disso, dados da HubSpot revelam que 49% dos consumidores dependem de indicações de influenciadores para tomar decisões de compra.

Outro levantamento da Edelman Trust Barometer mostra que a confiança nos influenciadores supera até a confiança em CEOs e líderes institucionais, evidenciando o poder que essas personalidades exercem na construção de narrativas e percepção de marca.

A evolução do marketing de influência: de celebridades a microinfluenciadores

No passado, o marketing de influência era dominado por **celebridades**, que emprestavam sua imagem para campanhas publicitárias de grandes marcas. No entanto, o comportamento do consumidor mudou e, com ele, o marketing de influência evoluiu para um formato mais segmentado e autêntico. Hoje, os influenciadores são divididos em categorias, e a escolha do perfil certo depende dos objetivos da marca:

Megainfluenciadores (1 M + seguidores)

- Alcance massivo, ideal para campanhas de *awareness*.
- Exemplo: artistas, atletas e personalidades da mídia.
- Custo elevado e menor engajamento em comparação a perfis menores.

Macroinfluenciadores (100 K–1 M seguidores)

- Grande alcance e autoridade em nichos específicos.
- Indicado para campanhas que precisam equilibrar visibilidade e conversão.

Microinfluenciadores (10 K–100 K seguidores)

- Alto nível de engajamento e conexão com a audiência.
- Mais acessíveis e recomendados para campanhas nichadas.
- Pesquisa da HypeAuditor mostra que influenciadores menores têm engajamento 60% maior que os macro.

Nanoinfluenciadores (1 K–10 K seguidores)

- Pequeno alcance, mas extrema proximidade e credibilidade com seu público.
- Ideal para estratégias de marketing hipersegmentadas e focadas em conversão.

Essa mudança no comportamento fez com que empresas passassem a priorizar parcerias menores, mas mais eficientes. Em vez de buscar apenas alcance, as marcas hoje valorizam influência real e autenticidade, garantindo que o investimento gere retorno tangível.

Formatos e estratégias de campanhas com influenciadores

Além de escolher o influenciador certo e definir objetivos claros, é essencial entender os formatos mais eficazes para campanhas de marketing de influência. Cada formato atende a um propósito diferente e deve ser escolhido com base na estratégia da marca e no comportamento da audiência.

1. **Publicações patrocinadas**

   Postagens no *feed*, *stories* ou *reels* pagos pela marca, em que o influenciador apresenta um produto ou serviço. Indicado para *awareness* e consideração, pois apresenta a marca para novos públicos de forma autêntica. Importante garantir que a postagem tenha linguagem natural e não pareça um anúncio forçado.

   📌 **Exemplo:** uma marca de cosméticos pode contratar influenciadores de beleza para mostrar o uso do produto na rotina de *skincare*, destacando benefícios e diferenciais.

2. **Unboxings e resenhas**

   O influenciador recebe o produto e compartilha sua experiência de uso.

   Funciona como um **boca a boca digital**, aumentando credibilidade e gerando prova social.

   Ideal para produtos físicos que precisam demonstrar qualidade e benefícios.

   📌 **Exemplo:** uma empresa de tecnologia envia um novo fone de ouvido para influenciadores testarem, incentivando que eles compartilhem sua opinião sincera em vídeos.

3. **Desafios e trends virais**

   Criar desafios ou *trends* para aumentar a participação do público.

   Potencializa o alcance orgânico, pois incentiva seguidores a replicarem o conteúdo.

   Estratégia muito usada no TikTok e no Instagram Reels.

   📌 **Exemplo:** uma marca de roupas esportivas desafia influenciadores a postarem vídeos de treinos, usando suas peças e incentivando seguidores a fazerem o mesmo com uma *hashtag*.

4. **Lives e collabs**

   Transmissões ao vivo para interagir diretamente com a audiência.

   Permite responder a dúvidas, apresentar produtos e gerar engajamento em tempo real.

   Muitas marcas combinam descontos exclusivos durante as *lives* para incentivar compras imediatas.

📌 **Exemplo:** uma marca de vinhos faz uma *collab* com um sommelier influente para uma *live* de degustação ao vivo, ensinando o público a harmonizar diferentes rótulos.

5. **Influenciadores como embaixadores de marca**

   Relação de longo prazo com o influenciador, garantindo continuidade e coerência na comunicação. Aumenta a credibilidade, pois o influenciador se torna um defensor fiel da marca. Geralmente, envolve contratos de exclusividade em determinados segmentos.

   📌 **Exemplo:** uma empresa de tecnologia faz um contrato anual com um influenciador gamer, garantindo que ele utilize e recomende seus equipamentos em todas as transmissões.

6. **Estratégia UGC (User Generated Content)**

   UGC (*User Generated Content*) significa incentivar a criação de conteúdo espontâneo por consumidores e influenciadores menores. Quando o público vê alguém consumindo o produto, a chance de venda aumenta muito. Marcas podem curar e republicar esses conteúdos, ampliando o alcance sem precisar criar tudo do zero.

   📌 **Exemplo:** uma marca de roupas incentiva consumidores a postarem fotos usando suas peças com uma *hashtag* específica. Os melhores conteúdos são republicados no perfil oficial da marca.

7. **Conteúdo exclusivo para redes sociais da marca**

   A marca contrata influenciadores para criarem conteúdos que não serão postados nos perfis deles, mas, sim, nas páginas oficiais da empresa. Garante um toque mais autêntico ao perfil da marca, trazendo o carisma e a linguagem dos influenciadores. Ideal para estratégias de branding e engajamento nas redes sociais da empresa.

   📌 **Exemplo:** uma rede de supermercados convida influenciadores de culinária para criarem receitas exclusivas usando seus produtos, publicando esses vídeos apenas no perfil oficial da marca.

O poder da estratégia UGC no marketing de influência

A abordagem de *User Generated Content* (UGC) vem crescendo como uma das formas mais eficazes de marketing de influência. Diferente das campanhas tradicionais com grandes influenciadores, o UGC aproveita a autenticidade do próprio consumidor, tornando-se uma recomendação mais genuína.

Por que o UGC é tão poderoso?

- **Autenticidade:** o conteúdo criado por consumidores reais é percebido como mais confiável.
- **Baixo custo:** em vez de contratar influenciadores caros, a marca incentiva seu próprio público a criar conteúdo espontâneo.
- **Engajamento orgânico:** as pessoas se sentem valorizadas ao terem seu conteúdo compartilhado pela marca, aumentando a interação.

Como incentivar UGC na estratégia de marketing?

- **Hashtags de marca:** criar campanhas que incentivem os consumidores a postarem usando uma *hashtag* específica.
- **Desafios e trends:** lançar desafios que estimulem o público a criar conteúdo.
- **Recompensas e incentivos:** criar sorteios, descontos ou brindes para quem participar.
- **Republicação estratégica:** compartilhar os melhores conteúdos no perfil oficial da marca.

📌 **Exemplo prático:** a Apple lançou a campanha #ShotOniPhone, incentivando usuários a postarem fotos tiradas com seus iPhones. A marca republica as melhores imagens em outdoors e redes sociais, transformando seus clientes em verdadeiros embaixadores.

Como estruturar uma campanha de marketing de influência

Para obter os melhores resultados com influenciadores, é essencial seguir uma metodologia estratégica:

1. **Definição de objetivos**

   Antes de escolher um influenciador, a empresa precisa definir o que espera da campanha. Alguns objetivos comuns incluem:

   - **Awareness:** aumentar a visibilidade da marca.
   - **Engajamento:** incentivar interações e compartilhamentos.
   - **Conversão:** gerar vendas ou leads diretos.
   - **Reputação:** fortalecer a credibilidade da marca.

2. **Escolha do influenciador certo**

   Mais do que olhar para o número de seguidores, é essencial analisar:

   - **Engajamento:** curtidas, comentários e compartilhamentos.
   - **Afinidade com a marca:** alinhamento de valores e tom de voz.
   - **Público-alvo:** se a audiência do influenciador corresponde ao perfil desejado.
   - **Histórico de campanhas:** verificar se já trabalhou com marcas semelhantes e qual foi o impacto.

3. **Formatos de campanha**

   O marketing de influência pode ser executado de diversas formas:

   - **Publicações patrocinadas:** postagens no *feed* ou *stories* pagos pela marca.
   - **Unboxings e resenhas:** testes de produtos com opiniões autênticas.
   - **Desafios e trends:** criação de *trends* virais que estimulam o público a participar.
   - **Lives e collabs:** transmissões ao vivo para interagir com a audiência em tempo real.
   - **Embaixadores de marca:** parcerias de longo prazo para aumentar a credibilidade.

4. **Monitoramento e otimização**

   Não basta apenas lançar a campanha. Medição de resultados é essencial para avaliar o impacto da parceria. Algumas métricas importantes incluem:

   - **Engajamento** (curtidas, comentários, compartilhamentos).
   - **Alcance e impressões** (quantidade de pessoas impactadas).
   - **Conversões e tráfego** (número de acessos ou compras geradas).
   - **CPC e ROI** (custo por clique e retorno sobre investimento).

   Plataformas como HypeAuditor, Influency.me e Socialbakers ajudam a monitorar esses resultados e ajustar estratégias para campanhas futuras.

O futuro do marketing de influência

O mercado de influenciadores continua crescendo e se diversificando. Algumas tendências para os próximos anos incluem:

- **Influenciadores virtuais:** personagens digitais criados por inteligência artificial para promover marcas. Exemplo: Lu do Magalu.
- **Social commerce:** influenciadores impulsionando vendas diretamente em plataformas como Instagram Shopping e TikTok Shop.
- **Conteúdo de longa duração:** formatos como *podcasts* e vídeos mais aprofundados ganhando relevância.
- **Influência descentralizada:** marcas investindo em comunidades em vez de um único rosto famoso.

Influenciadores como motor de conversão

O marketing de influência evoluiu muito e vai além de simples postagens patrocinadas. Ele se tornou um canal essencial para marcas que querem criar conexões autênticas e converter consumidores de forma estratégica.

O sucesso de uma campanha com influenciadores não depende apenas da escolha do criador de conteúdo, mas de uma abordagem bem planejada e da integração com outras frentes do *Attack* da Mandala Lebbe.

- **Diversificação de formatos** – Combinar UGC, resenhas, *trends* e *collabs* potencializa os resultados.
- **Métricas e acompanhamento** – Monitorar engajamento, conversões e ROI para otimizar campanhas.
- **Integração com outros canais** – Unir marketing de influência com tráfego pago, SEO e CRM amplia o impacto da estratégia.

Influenciadores não são apenas uma tendência passageira, mas um pilar consolidado da comunicação moderna. Quando bem utilizados, podem transformar percepção, gerar autoridade e impulsionar vendas de maneira consistente.

No próximo capítulo, exploraremos mídia conversacional, abordando como e-mails, WhatsApp e SMS podem ser utilizados para comunicação direta e personalizada com clientes, aumentando conversões e fidelização.

9.4 MÍDIA CONVERSACIONAL: O PODER DO MARKETING DIRETO E PERSONALIZADO

Introdução: a ascensão da comunicação direta

O marketing moderno é movido pela personalização e pela agilidade. Se antes a comunicação de massa era o único caminho para impactar consumidores, hoje a mídia conversacional permite que marcas construam diálogos diretos, relevantes e altamente segmentados com seus clientes. Ferramentas como e-mail marketing, SMS, WhatsApp e Telegram tornaram-se pilares essenciais para impulsionar vendas, aumentar a retenção e fortalecer o relacionamento entre marca e consumidor.

A pesquisa *State of Email Engagement (2023)*, da Litmus, revela que 91% dos consumidores verificam seus e-mails diariamente e que o e-mail ainda oferece um ROI médio de 42:1, ou seja, cada dólar investido pode gerar até 42 dólares em retorno. Já um relatório da Mobile Marketing Association indica que as taxas de abertura de SMS chegam a 98%, com a maioria das mensagens sendo lida nos primeiros três minutos após o recebimento. Pode ser que você não acredite nesses dados, principalmente se aplicados no Brasil da atualidade, mas não podemos deixar essas ferramentas, com custo tão baixo, de lado.

No WhatsApp, o engajamento supera os 80%, com taxas de resposta até dez vezes maiores que outros canais de mídia digital. Isso reforça o potencial do marketing conversacional para acelerar processos de venda e fidelização.

Agora, vamos aprofundar cada um dos principais canais e explorar suas estratégias, métricas e aplicações.

9.4.1 E-mail marketing: a evolução e consolidação do canal

O e-mail marketing é um dos canais mais antigos do marketing digital, mas sua relevância continua inquestionável. Ele se reinventou ao longo dos anos, adaptando-se às mudanças nos hábitos de consumo e nas tecnologias disponíveis. O que antes era visto apenas como um canal para envios massivos e pouco segmentados, hoje se tornou um meio altamente estratégico, capaz de gerar engajamento, fortalecer relacionamentos e impulsionar conversões.

Desde que Gary Thuerk, funcionário da Digital Equipment Corporation, disparou em 1978 o que é considerado o primeiro e-mail promocional da história, gerando impressionantes US$ 13 milhões em vendas, o canal passou por transformações profundas. Nos anos 2000, ele sofreu com a banalização dos disparos massivos e a fama de "spam", o que levou a regulações importantes como a **CAN-SPAM Act**, nos Estados Unidos (2003), e, mais recentemente, a **LGPD**, no Brasil (2020). Essas mudanças ajudaram a tornar o canal mais ético, confiável e voltado para relevância.

Hoje, em 2025, o e-mail marketing se mantém como um dos canais com **maior retorno sobre investimento** (ROI) no ambiente digital. Globalmente, a taxa média de abertura gira entre **21% e 25%**, e o clique médio (CTR) fica em torno de **2,4%**. Na América Latina, o desempenho é ainda melhor: as campanhas alcançam **23,6% de abertura e 3,3% de CTR**, segundo dados da Selzy (2024). Isso mostra que, mesmo com a ascensão de redes sociais e aplicativos de mensagens, o e-mail preserva um espaço privilegiado no relacionamento entre marcas e consumidores.

No Brasil, aproximadamente **60% dos usuários de internet utilizam o e-mail regularmente** e cerca de **46% das empresas já o utilizam em suas estratégias de marketing digital**. Apesar disso, muitas ainda exploram o canal de forma superficial, deixando espaço para marcas que investem em automação e personalização ganharem vantagem competitiva. Aliás, e-mails segmentados e personalizados podem alcançar taxas de abertura até **82% maiores** do que disparos genéricos.

Um ponto importante é que o contexto técnico mudou. Com atualizações como a **Mail Privacy Protection (MPP)** da Apple, a métrica de "abertura" perdeu parte da confiabilidade, já que pode ser artificialmente inflada. Isso reforça a necessidade de olhar para indicadores mais estratégicos, como **CTR, conversões e receita gerada**. Outro desafio foi a introdução das abas "Promoções" e "Sociais" no Gmail: embora inicialmente vistas como um problema, estudos mostram que muitos usuários checam essas abas com frequência, o que pode até favorecer campanhas bem segmentadas.

O que torna o e-mail marketing tão poderoso é sua **capacidade de personalização em escala**. Com ferramentas de automação, é possível acompanhar o comportamento de cada usuário, entender seu histórico de compras e enviar mensagens sob medida, no momento certo. Um bom exemplo está nas campanhas de **boas-vindas**: globalmente, esse tipo de e-mail tem taxas de abertura acima de **90%**, muito superiores à média, e gera até quatro vezes mais cliques que outros envios. Já fluxos de **carrinho abandonado** chegam a recuperar até **10% das vendas perdidas** no e-commerce.

No fim, mais do que um canal de disparos, o e-mail se consolidou como um **instrumento de relacionamento estratégico**, capaz de nutrir leads, fortalecer a fidelidade e potencializar o *lifetime value* dos clientes. Sua força não está em quantidade, mas em relevância: entregar a mensagem certa, para a pessoa certa, no momento certo.

Panorama global e dados atualizados

- A média global de taxa de abertura (*open rate*) está atualmente entre 21% e 25%. Uma referência amplamente citada, MailerLite indica 21,33%, e benchmarks como *Omnisend* situam a faixa ideal entre 15% e 25% — acima disso é considerado excelente (Fonte: omnisend.com/blog/email-open-rate).
- O índice médio de cliques (CTR) gira em torno de 2,4% globalmente, conforme dados da WebFX.
- Nos segmentos ou mensagens mais dedicados, observa-se que o governo atinge 30%–40% de abertura, enquanto setores como varejo e e-commerce ficam em torno de 15%–20% (Fonte: Email-open-rate-statistics).

Brasil e América Latina

- Na América Latina, a taxa média de abertura chega a 23,61%, com CTR de 3,29% e taxa de descadastro (*unsubscribe*) de apenas 0,06% — um indicador de potencial elevado nesse mercado (Fonte: selzy.com/en/blog/latam-email-marketing).
- Cerca de 60% dos usuários de internet no Brasil utilizam e-mail regularmente, evidenciando um público relevante para qualquer estratégia digital.

Segmento B2B vs. B2C (dados atuais)

- Em média, B2B tem abertura de 15,1% e CTR de 3,18%, com uma ótima taxa de clique por abertura (CTOR) de 21% (Fonte: demandsage.com/email-marketing-statistics).
- No universo B2C, 87% dos profissionais usam automação e 72% afirmam que o e-mail é um canal de promoção preferido, com potencial de ROI de até 36x.

Entrega e visibilidade

- A entrega no Brasil está boa: 86,9% dos e-mails chegam à caixa de entrada (não spam), segundo benchmarks recentes (Fonte: convertcart.com/blog/ecommerce-email-marketing-statistics).

- As abas do Gmail ("Promoções", "Social") reduziram a visibilidade dos envios, mas não representam caixas de spam — muitos usuários acessam com frequência e campanhas bem segmentadas podem até ter taxas de abertura melhore**s** nesse ambiente.

Benchmarks consolidados

MÉTRICA	GLOBAL APROXIMADO	BRASIL & LATAM
Taxa de Abertura (Open)	21%–25%	~23,6% LATAM
Taxa de Clique (CTR)	~2,4%	~3,3% LATAM
B2B (Open / CTR / CTOR)	15.1%/3.18%/21%	—
E-commerce Varejo	~15% abertura	—
Entrega *Inbox* (Brasil)	—	86,9% *inbox*

Recomendações práticas

1. **Avalie métricas de forma integrada:** abertura é importante, mas o foco real deve estar em cliques, conversão e ROI.
2. **Use automação e personalização:** e-mails com disparos segmentados aumentam a **abertura em até 82%** (Fonte: dragapp.com/blog/email-statistics)
3. **Segmentação por tipo de e-mail:**
   - **Welcome:** taxas arriba de 90% de abertura e quatro vezes mais cliques. (Fonte: demandsage.com/email-marketing-statistics).
4. **Monitore entregabilidade**, não apenas abertura: use autenticação (SPF, DKIM, DMARC) e limpe a base regularmente.
5. **A/B teste linhas de assunto, horários, formatos e segmentações** para melhorar continuamente resultados.
6. **Considere o estágio da jornada:** campanhas de nurture ou reativação tendem a performar melhor com conteúdos relevantes.

O poder do e-mail marketing: quem usa e quem tem melhores resultados?

Os números falam por si: segundo a pesquisa *State of Email Engagement (2023)*, da Litmus, 91% dos consumidores verificam seus e-mails diariamente e esse canal continua oferecendo um ROI médio de 42:1. Ou seja, cada dólar investido pode gerar até 42 dólares em retorno.

Empresas que têm maior sucesso com e-mail marketing são aquelas que adotam uma abordagem estratégica, segmentando bem suas listas e personalizando suas mensagens. Algumas indústrias se destacam:

- **E-commerces:** utilizam e-mail para recuperação de carrinho abandonado, promoções exclusivas e lançamentos de produtos. Marcas como **Amazon** e **Magalu** são referências nesse modelo, combinando e-mails com IA para recomendações personalizadas.
- **Indústrias e B2B:** empresas desse setor usam e-mail marketing para **nutrição de leads**, oferecendo conteúdos técnicos, estudos de caso e convites para eventos do setor.
- **Serviços e SaaS:** empresas como HubSpot e RD Station fazem um excelente trabalho de relacionamento via e-mail, utilizando newsletters e conteúdos educativos para gerar valor contínuo.
- **Lançamentos digitais:** infoprodutores e criadores de conteúdo utilizam sequências automatizadas para pré-lançamentos e campanhas de conversão, um modelo popularizado por Jeff Walker com a técnica do *Product Launch Formula* (PLF).

Cada setor pode aproveitar o e-mail de maneira diferente, otimizando a abordagem para aumentar a conversão e a manutenção da base de clientes.

1. E-commerces

O e-commerce depende fortemente do e-mail para reativação de clientes e crescimento do ticket médio. Principais estratégias:

- **Recuperação de carrinho abandonado:** até 70% dos consumidores abandonam o carrinho antes de finalizar a compra. E-mails automatizados podem recuperar uma parte significativa dessas vendas.
- **Programas de fidelidade:** campanhas com descontos progressivos para clientes recorrentes.
- **Reativação de clientes inativos:** cupons exclusivos para consumidores que não compram há um determinado tempo.

2. Indústrias e empresas B2B

- **Newsletter técnica:** envio de artigos e *whitepapers* para educar o mercado.
- **E-mails de convite para eventos e webinars**.
- **Geração de leads:** distribuição de e-books e conteúdos ricos em troca de dados do lead.

3. Serviços e SaaS

- **Nutrição de leads com automação:** sequências de e-mails para educar clientes sobre as funcionalidades do produto.
- **E-mails transacionais bem elaborados:** comunicação clara sobre pagamentos, renovações e suporte.

4. Lançamentos digitais

- **Estratégia de pré-lançamento:** construção de uma narrativa ao longo de semanas antes do carrinho abrir.
- **Depoimentos e cases:** uso de provas sociais para aumentar a taxa de conversão.

Segmentação e personalização: como criar listas inteligentes

A segmentação de listas de e-mails é um dos fatores que mais influenciam a taxa de conversão. Empresas que personalizam seus e-mails observam um aumento médio de 26% na taxa de abertura, segundo a Campaign Monitor.

Critérios de segmentação:

1. **Segmentação por comportamento:** critério baseado nas interações do usuário (abertura de e-mails, cliques, tempo de inatividade etc.).
2. **Segmentação por estágio do funil:** leads frios recebem conteúdos educativos, enquanto leads quentes recebem ofertas diretas.
3. **Segmentação por valor do cliente:** clientes VIP podem receber campanhas exclusivas e antecipadas.

Sugestões de campanhas segmentadas:

- **E-mails baseados em geolocalização:** promoções específicas para determinadas regiões.
- **Sequências de onboarding para novos clientes**.
- **E-mails comemorativos:** ofertas especiais no aniversário do cliente.

Ferramentas para disparo de e-mails

A escolha da plataforma de envio é essencial para garantir entregabilidade e otimização das campanhas.

- **Mailchimp:** ideal para pequenas e médias empresas.
- **ActiveCampaign:** referência em automação e CRM.
- **RD Station:** solução brasileira com foco em inbound marketing.
- **HubSpot:** integração completa com CRM e automação de marketing.
- **Sendinblue:** ótima alternativa para campanhas transacionais e promocionais.
- **Klaviyo:** voltado para e-commerces e integrações avançadas com plataformas como Shopify.

Essas ferramentas possibilitam a automação de campanhas, segmentação avançada e relatórios detalhados.

O crescimento das newsletters e o impacto na comunicação

Nos últimos anos, a newsletter se tornou uma das principais formas de comunicação entre marcas e consumidores. Diferente dos e-mails promocionais, as newsletters focam em entregar valor antes de vender, criando um vínculo mais forte com a audiência.

Exemplo de sucesso: **The News.**

O *The News* se tornou uma das maiores newsletters do Brasil, com mais de 1 milhão de assinantes. Seu modelo é baseado em entregar conteúdo informativo e relevante, garantindo alta taxa de abertura e engajamento.

Empresas podem se beneficiar ao criar newsletters segmentadas por interesses:

- **Jornais e portais:** resumo das notícias do dia.
- **E-commerces:** dicas de uso dos produtos e tendências de mercado.
- **Startups e SaaS:** insights sobre tecnologia e inovação.

O e-mail marketing não é apenas um canal de relacionamento, mas também um dos meios mais baratos e eficazes de **atacar novas audiências e converter leads**.

Seja para vender, engajar ou educar, ele permite que as marcas alcancem diretamente seus clientes, sem depender de algoritmos de redes sociais. Além disso, seu custo reduzido o torna uma excelente opção para **aquisição e retenção** de clientes.

No próximo capítulo, falaremos sobre **estratégias conversacionais**, explorando como WhatsApp, SMS e chatbots podem complementar o e-mail marketing para criar uma experiência integrada de comunicação e conversão.

9.4.2 SMS marketing: a evolução e a consolidação como canal direto de conversão

O SMS marketing é um dos canais mais diretos e eficazes para comunicação com clientes. Desde sua criação, em 1992, quando a primeira mensagem de texto foi enviada, ele passou por uma grande evolução, adaptando-se às necessidades das empresas e consumidores.

Hoje, mesmo com o avanço de canais como e-mail e aplicativos de mensagens instantâneas, o SMS continua sendo uma ferramenta poderosa. Seu principal diferencial está na taxa de abertura impressionante de 98%, segundo um estudo da Mobile Marketing Association, superando qualquer outro canal de comunicação digital.

A evolução do SMS marketing

O SMS marketing teve sua ascensão nos anos 2000, quando passou a ser utilizado massivamente por empresas para promoções, lembretes e alertas. No entanto, a ausência de segmentação e o excesso de disparos geraram fadiga nos consumidores, que passaram a ignorar ou até mesmo a se descadastrar. Esse cenário mudou com o avanço da tecnologia e a entrada em vigor de regulamentações como a Lei Geral de Proteção de Dados (LGPD, 2020) no Brasil, que trouxeram disciplina ao uso desse canal e exigiram maior personalização.

Hoje, o SMS ocupa um papel estratégico dentro do marketing digital, sendo amplamente usado em comunicações transacionais (confirmações de agendamento, lembretes de pagamento, autenticações de dois fatores) e também em campanhas promocionais segmentadas. Sua relevância permanece mesmo em um cenário dominado por aplicativos de mensagens como WhatsApp e Telegram, por três motivos centrais:

1. **Alcance universal:** o SMS funciona em qualquer telefone celular, independentemente de conexão com a internet ou aplicativos instalados.

2. **Entrega rápida e garantida:** diferentemente do e-mail, que pode cair em spam ou ficar preso em abas secundárias, a entrega do SMS é quase instantânea, e a leitura ocorre em até três minutos após o recebimento (Gartner, 2023).
3. **Taxas de engajamento e conversão elevadas:** estudos apontam que o SMS mantém taxa de abertura de até 98% e taxa de resposta de até 45% (Gartner, 2023; Bloomreach, 2024). Além disso, benchmarks mais recentes mostram que as campanhas alcançam taxas médias de conversão entre 21% e 32%, chegando a 39% em casos de carrinho abandonado, com CTR médio de 19% (TxtCart, 2025).

Esses números revelam que, apesar de parecer um canal "antigo", o SMS continua extremamente eficaz, especialmente para ações rápidas e diretas. Enquanto o e-mail oferece profundidade e *storytelling*, o SMS se destaca pela **urgência e impacto imediato**, funcionando como um complemento valioso dentro de estratégias *omnichannel*.

O SMS está passando por transformações com o avanço da tecnologia. Algumas tendências incluem:

- **Integração com inteligência artificial:** empresas estão utilizando chatbots baseados em IA para interações mais personalizadas via SMS.
- **SMS interativo:** links clicáveis, respostas automáticas e integração com formulários estão tornando as mensagens mais dinâmicas.
- **Combinação com WhatsApp e e-mail:** estratégias *omnichannel* utilizam SMS para reforçar mensagens enviadas por outros canais, garantindo que o usuário receba a comunicação independentemente da plataforma.

Tipos de utilização do SMS

O SMS pode ser utilizado de diversas formas no marketing e na comunicação empresarial. Algumas das aplicações mais comuns incluem:

1. **SMS transacional (avisos e notificações)**
    - Confirmação de agendamentos (consultas médicas, reservas, entregas).
    - Alertas de pagamento e vencimento de faturas.
    - Atualizações de status de pedidos e rastreamento de entregas.
    - Autenticação de dois fatores (2FA) e segurança de contas.

📌 **Exemplo prático:** um banco envia um SMS para confirmar uma transação suspeita e evitar fraudes.

2. **SMS promocional**
    - Envio de cupons de desconto e promoções relâmpago.
    - Anúncio de novos produtos e serviços.
    - Lançamento de campanhas sazonais (Black Friday, Natal).

    📌 **Exemplo prático:** um e-commerce envia um cupom de 10% de desconto para clientes inativos nos últimos 60 dias.

3. **SMS para reativação de clientes**
    - Envio de mensagens personalizadas para clientes inativos.
    - Convite para refazer compras ou renovar assinaturas.

    📌 **Exemplo prático:** um aplicativo de delivery envia um SMS:

    "Faz tempo que não vemos você! Peça hoje com frete grátis. Código: VOLTE10."

4. **SMS para relacionamento e fidelização**
    - Mensagens de aniversário e datas comemorativas.
    - Agradecimento após uma compra ou interação com a marca.
    - Atualizações sobre programas de fidelidade.

    📌 **Exemplo prático:** um salão de beleza envia um SMS:

    "Parabéns pelo seu aniversário! Presenteamos você com uma hidratação gratuita. Agende seu horário."

5. **SMS para pesquisas e feedback**
    - Envio de pesquisas de satisfação após interações com a marca.
    - Coleta de NPS (*Net Promoter Score*) para medir a experiência do cliente.

    📌 **Exemplo prático:** uma operadora de telefonia envia um SMS pós-atendimento:

    "Como você avalia o suporte recebido? Responda com uma nota de 1 a 5."

Quando NÃO usar SMS

Embora o SMS seja uma ferramenta poderosa, existem momentos em que ele não deve ser utilizado, para evitar desgaste com o consumidor:

- **Mensagens excessivas:** disparos frequentes podem gerar irritação e pedidos de descadastro.
- **Textos muito longos:** o SMS tem um limite de 160 caracteres. Se precisar de mais espaço, opte por e-mail ou WhatsApp.
- **Informações sensíveis:** evite compartilhar dados bancários, senhas ou documentos sigilosos por SMS.
- **Ofertas sem relevância:** mensagens genéricas sem personalização tendem a ser ignoradas.

Melhores estratégias para campanhas de SMS

Para maximizar os resultados do SMS marketing, algumas boas práticas devem ser seguidas:

- **Personalização:** utilize o nome do cliente e dados específicos para tornar a mensagem mais relevante.
- **Timing correto:** envie mensagens em horários estratégicos, evitando madrugadas e horários comerciais muito cedo ou tarde.
- **Call to action claro:** inclua instruções objetivas, como "Clique no link", "Responda com SIM" ou "Use o cupom".
- **A/B testing:** teste diferentes textos, horários e chamadas para ação para otimizar os resultados.
- **Integração com outros canais:** combine SMS com WhatsApp, e-mail e anúncios pagos para uma experiência *omnichannel*.

Ferramentas para envio de SMS em massa

Para garantir que as campanhas sejam entregues com qualidade e eficiência, o uso de plataformas especializadas é essencial. Algumas das ferramentas mais utilizadas incluem:

- **Twilio** – Uma das plataformas globais mais populares, permite integrações com CRMs e automação avançada.
- **Zenvia** – Solução brasileira especializada em SMS, WhatsApp e chatbots.
- **TWW** – Plataforma nacional com foco em mensagens empresariais.
- **RD Station** – Integra campanhas de SMS dentro do ecossistema de automação de marketing.

- **Infobip** – Ferramenta internacional com suporte para múltiplos canais de comunicação.

Essas ferramentas possibilitam a segmentação do público, automação de envios e análise de métricas para otimização contínua.

O SMS marketing, quando bem utilizado, pode ser uma arma poderosa no *Attack*, atingindo diretamente o consumidor com mensagens de alta taxa de abertura e resposta.

Ele é ideal para urgências, promoções rápidas e interações personalizadas, mas deve ser usado com cautela, garantindo que cada mensagem agregue valor ao cliente.

Com a evolução da tecnologia e a integração com outros canais, o SMS segue firme como uma peça fundamental no ecossistema de marketing, ajudando empresas a se relacionar, engajar e vender de forma eficiente.

No próximo capítulo, abordaremos o WhatsApp Marketing, um dos canais mais promissores para engajamento e conversão.

9.4.3 WhatsApp Marketing: o canal de conversão direta mais poderoso

Nos últimos anos, o WhatsApp se consolidou como um dos principais canais de comunicação entre marcas e consumidores. No Brasil, sua penetração é avassaladora: 93,4% da população utiliza o app, segundo a *Pesquisa Brasileira de Mídia da Kantar Ibope*.

Com sua capacidade de oferecer comunicação instantânea, interativa e personalizada, o WhatsApp se tornou uma das ferramentas mais eficientes para relacionamento, atendimento e vendas.

Segundo um estudo da Meta, 80% dos consumidores brasileiros utilizam o WhatsApp para se comunicar com marcas e 60% já fizeram compras pelo aplicativo. Esses números reforçam a necessidade de as empresas estruturarem estratégias bem definidas para esse canal.

Quando o WhatsApp foi criado, em 2009, seu objetivo era ser um mensageiro simples para substituir os SMS tradicionais. No entanto, à medida que o aplicativo crescia, empresas começaram a utilizá-lo como canal de atendimento ao cliente.

Em 2018, o WhatsApp Business foi lançado oficialmente, oferecendo ferramentas como respostas automáticas, etiquetas para organização de contatos e catálogos de produtos.

Hoje, o WhatsApp é um pilar essencial no marketing conversacional e evoluiu para um canal estratégico, possibilitando automação, segmentação e até pagamentos dentro do próprio app.

Por que o WhatsApp se tornou indispensável no marketing digital?

- **Alcance massivo** – Está presente na maioria dos smartphones do país.
- **Interação em tempo real** – Respostas rápidas e personalizadas aumentam o engajamento.
- **Canal bidirecional** – Diferente do e-mail ou SMS, permite uma conversa direta com o consumidor.
- **Conversão alta** – Tem taxas de resposta e conversão muito superiores a outros canais.
- **Integração com outros canais** – Pode ser usado junto de mídia paga, e-mail e CRM para potencializar resultados.

Como utilizar o WhatsApp para marketing e vendas?

O WhatsApp pode ser usado de diversas formas no marketing. Abaixo, detalhamos as principais estratégias.

1. **Atendimento ao cliente e suporte via WhatsApp**

   O WhatsApp Business permite que as marcas ofereçam suporte instantâneo, resolvendo dúvidas e problemas rapidamente.

   - **Chatbots e automação:** ajudam a responder perguntas frequentes e agilizar atendimentos.
   - **WhatsApp API:** possibilita integração com CRMs e automação avançada.
   - **Atendimento humano:** essencial para questões mais complexas e suporte *premium*.

   📌 **Exemplo prático:**

   Uma fintech usa o WhatsApp para suporte de clientes 24/7, integrando um chatbot para resolver dúvidas comuns e direcionando atendimentos mais complexos para um atendente humano.

2. **Vendas diretas e geração de leads**

   O WhatsApp se tornou um canal poderoso de vendas consultivas e geração de leads, permitindo personalização e negociação em tempo real.

- **Catálogo de produtos:** empresas podem exibir itens dentro do próprio WhatsApp.
- **Mensagens personalizadas:** segmentação de clientes para promoções e recomendações.
- **Carrinho de compras:** algumas empresas já permitem compras diretas pelo app.

📌 **Exemplo prático:**

Uma loja de roupas envia mensagens personalizadas para clientes que já compraram antes, oferecendo um cupom exclusivo para uma nova coleção.

3. **WhatsApp para campanhas promocionais**

As campanhas promocionais no WhatsApp são altamente eficazes, desde que sejam bem segmentadas e não invasivas.

- **Mensagens de ofertas personalizadas** com base no histórico do cliente.
- **Campanhas de tempo limitado** para criar urgência.
- **Listas de transmissão segmentadas** para evitar spam e aumentar engajamento.

📌 **Exemplo prático:**

Um restaurante envia um cupom de frete grátis para clientes que fizeram pedidos nos últimos 30 dias, incentivando uma nova compra.

4. **WhatsApp para remarketing**

O WhatsApp também pode ser utilizado para recuperação de carrinho abandonado, um dos maiores desafios do e-commerce.

- **Lembretes personalizados** para clientes que deixaram itens no carrinho.
- **Ofertas exclusivas** para incentivar a finalização da compra.
- **Automação com IA** para mensagens baseadas no comportamento do usuário.

📌 **Exemplo prático:**

Uma marca de cosméticos envia um lembrete com um **desconto de 10%** para clientes que adicionaram produtos ao carrinho, mas não finalizaram a compra.

5. **Segmentação e personalização no WhatsApp**

A segmentação é um fator crucial para o sucesso das campanhas no WhatsApp. Algumas estratégias incluem:

- **Segmentação por comportamento** – Baseado em compras anteriores e interações.
- **Segmentação por localização** – Mensagens direcionadas a clientes de determinadas regiões.
- **Segmentação por estágio do funil** – Leads frios, quentes ou clientes já fidelizados.

Ferramentas que ajudam na segmentação:

- **RD Station** (para automação de mensagens e CRM).
- **Zenvia** (para campanhas massivas e bots).
- **Take Blip** (integrações com inteligência artificial).
- **Infobip** (uso avançado do WhatsApp API).

6. **Como estruturar uma campanha eficaz no WhatsApp?**

Passo 1: definir o objetivo da campanha

- Geração de leads?
- Promoção de produtos?
- Suporte ao cliente?
- Recuperação de vendas?

Passo 2: criar uma base segmentada de contatos

- Utilize captura de leads via site e redes sociais.
- Nunca compre listas de números (violação da LGPD).
- Utilize estratégias *opt-in* para garantir permissão dos contatos.

Passo 3: criar mensagens personalizadas e estratégicas

- Mensagens curtas e diretas.
- Uso de emojis para humanizar a comunicação.
- Links curtos para facilitar cliques.
- Testes A/B para otimizar mensagens.

📌 **Exemplo prático:**

Um pet shop envia uma mensagem segmentada para donos de cães:

"Seu pet merece um mimo! 🐶 Aproveite 20% OFF em rações premium. Compre agora: [link]."

Erros comuns no WhatsApp marketing

- **Mensagens em excesso** – O WhatsApp é um canal pessoal, e o excesso de mensagens pode gerar descadastramento.
- **Falta de personalização** – Mensagens genéricas não geram engajamento.
- **Não responder rapidamente** – O WhatsApp exige agilidade; se a marca demora a responder, pode perder o cliente.
- **Enviar mensagens fora do horário comercial** – Pode ser intrusivo e irritante para o consumidor.

Tendências do WhatsApp marketing para os próximos anos

- **WhatsApp como plataforma de e-commerce** – Mais marcas devem adotar vendas diretas dentro do app.
- **Inteligência artificial e chatbots** – O atendimento automatizado será cada vez mais sofisticado.
- **Pagamentos via WhatsApp** – O crescimento do WhatsApp Pay tornará o app um hub completo de negócios.

O WhatsApp se tornou indispensável no marketing digital, permitindo conversões rápidas, personalização extrema e interação em tempo real. Quando utilizado estrategicamente, ele pode gerar vendas recorrentes, fortalecer o relacionamento com clientes e otimizar campanhas de remarketing.

No próximo capítulo, exploraremos outras formas de marketing conversacional, como o Telegram e o uso de SMS + WhatsApp integrados para potencializar as estratégias de comunicação.

9.4.4 Telegram e outras ferramentas de comunicação direta

Assim como o WhatsApp, outras plataformas de comunicação direta vêm ganhando relevância no marketing digital, permitindo que as marcas construam relacionamentos mais próximos, automatizem interações e otimizem a comunicação com seus clientes. Entre essas ferramentas, o Telegram se destaca como um dos aplicativos mais promissores para o marketing, junto de soluções complementares como Facebook Messenger e chatbots personalizados.

Embora o WhatsApp seja a ferramenta mais popular no Brasil, o Telegram tem conquistado uma base fiel de usuários, crescendo 55% ao ano e atingindo 76 milhões de usuários ativos mensais no Brasil, em 2023. Sua proposta de oferecer mais privacidade, personalização e automação avançada tem atraído empresas e criadores de conteúdo.

Comparação entre WhatsApp e Telegram para marketing

CARACTERÍSTICA	WHATSAPP	TELEGRAM
Alcance no Brasil	165 milhões de usuários (mais de 93% dos internautas)	76 milhões de usuários ativos mensais
Automação	Limitada ao WhatsApp Business API	Chatbots altamente customizáveis
Capacidade de grupos	Até 1.024 membros	Até 200.000 membros
Canais de transmissão	Limitado a 256 contatos por lista de transmissão	Ilimitado (usuários podem seguir canais)
Privacidade	Exige número de telefone para contato	Contato por nome de usuário, sem expor telefone
Ferramentas de engajamento	Catálogo de produtos e pagamentos	Enquetes, quizzes e bots interativos
API para integrações	Somente via WhatsApp Business API	API aberta e altamente personalizável

Essa tabela mostra como o Telegram pode ser uma alternativa mais robusta para determinados usos, especialmente quando se trata de grandes comunidades, automação e privacidade.

Principais estratégias de marketing no Telegram

1. **Criar e gerenciar canais no Telegram**

   Os canais do Telegram permitem que empresas e criadores de conteúdo enviem mensagens para um grande número de seguidores sem a necessidade de interação direta. Isso os torna ideais para divulgação de notícias, conteúdos exclusivos, lançamentos de produtos e promoções.

Vantagens:

- Não há limite de inscritos (diferente do WhatsApp).
- Mensagens fixadas para destacar conteúdos importantes.
- Estatísticas avançadas sobre o engajamento do público.

📌 **Exemplo prático:**

Um e-commerce de tecnologia cria um canal para enviar alertas de promoções e conteúdos exclusivos sobre novos gadgets, aumentando a fidelidade e as taxas de conversão.

2. **Automação com chatbots no Telegram**

Uma das grandes vantagens do Telegram é a possibilidade de criar chatbots altamente personalizados sem precisar de APIs pagas, como no WhatsApp.

📌 **Exemplo prático:**

Uma empresa de cursos on-line pode criar um chatbot que responde automaticamente às dúvidas dos alunos, envia materiais complementares e até libera cupons de desconto com base no comportamento do usuário.

Ferramentas úteis para criar chatbots no Telegram:

- ManyChat
- Chatfuel
- Botsify
- Flow XO

3. **Estratégia de gamificação e interatividade**

O Telegram permite a criação de enquetes, quizzes e desafios, tornando-se um canal poderoso para engajamento e fidelização de clientes.

📌 **Exemplo prático:**

Uma startup de bem-estar cria um desafio de 30 dias de alimentação saudável, em que os inscritos no canal recebem dicas diárias e desafios interativos, formando uma comunidade ativa e engajada.

4. **Uso do Telegram para tráfego pago e remarketing**

   Muitas empresas utilizam o Telegram para conduzir usuários capturados por tráfego pago (Facebook Ads, Google Ads etc.) para grupos e canais exclusivos.

   📌 **Exemplo prático:**

   Uma marca de cosméticos lança uma campanha no Instagram Ads, convidando os usuários a entrarem em um canal VIP no Telegram, no qual recebem cupons de desconto e conteúdos exclusivos sobre *skincare*.

Outras ferramentas complementares ao marketing conversacional

Embora o **WhatsApp e o Telegram** sejam os mais populares, outras plataformas vêm ganhando relevância e podem ser integradas a uma estratégia completa de marketing conversacional.

1. **Facebook Messenger**

   O Messenger ainda tem uma base de usuários relevante e pode ser utilizado para atendimento ao cliente e campanhas de remarketing via anúncios.

   Principais usos:

   - Atendimento automatizado via chatbots.
   - Campanhas patrocinadas de Messenger Ads.
   - Conversões diretas via Facebook Shops.

   📌 **Exemplo prático:**

   Uma clínica de estética usa o Facebook Messenger para responder dúvidas sobre tratamentos e enviar lembretes automáticos de agendamentos.

2. **Apple Business Chat**

   O Apple Business Chat permite que empresas interajam diretamente com usuários de iPhone, iPad e Mac.

   Vantagens:

   - Integração direta com o Apple Pay.
   - Alta taxa de abertura entre usuários da Apple.
   - Funciona diretamente nos aplicativos do iOS.

📌 **Exemplo prático:**

Uma marca de luxo utiliza o Apple Business Chat para oferecer um atendimento *premium*, permitindo que os clientes comprem diretamente pelo Apple Pay.

3. **RCS Messaging (Rich Communication Services)**

   O RCS é uma evolução do SMS tradicional, permitindo mensagens mais interativas e visuais, com botões de resposta rápida e carrosséis de produtos.

   Vantagens:

   - Funciona nativamente no Android.
   - Maior segurança e autenticidade.
   - Permite campanhas ricas sem precisar de um app próprio.

   📌 **Exemplo prático:**

   Uma companhia aérea envia mensagens RCS para clientes, permitindo check-in pelo próprio SMS, escolha de assentos e informações do voo.

A integração de múltiplos canais no marketing conversacional

O Telegram, o WhatsApp e outras plataformas conversacionais são peças-chave no marketing moderno, pois oferecem interatividade, personalização e alta conversão.

Para escolher a melhor ferramenta, as empresas devem considerar:

- Onde seu público está mais presente (WhatsApp, Telegram, Messenger etc.).
- Qual o nível de automação necessário (chatbots simples ou avançados).
- A integração com outras estratégias de marketing (tráfego pago, inbound, CRM).
- O tipo de jornada do cliente (vendas diretas, suporte, engajamento, fidelização etc.).

A combinação desses canais pode potencializar as estratégias de ataque da marca, gerando mais vendas e fidelização.

9.4.5 Automação e inteligência artificial na mídia conversacional

Com o avanço da tecnologia, a comunicação entre marcas e consumidores passou a ser mais personalizada e eficiente por meio da automação e da inteligência artificial (IA). Chatbots, assistentes virtuais e fluxos automatizados vêm revolucionando o atendimento ao cliente, otimizando tempo e recursos enquanto proporcionam uma experiência fluida e interativa.

A automação dentro da mídia conversacional não apenas reduz custos operacionais, mas também aumenta a escalabilidade do atendimento, permitindo que as empresas interajam com milhares de clientes simultaneamente sem comprometer a qualidade do serviço.

Como chatbots e IA potencializam a comunicação personalizada

Os chatbots baseados em IA utilizam processamento de linguagem natural (NLP) para interpretar as mensagens e fornecer respostas contextuais. Essa tecnologia permite que as interações sejam mais humanizadas, indo além de respostas programadas e oferecendo soluções mais complexas.

Entre os benefícios da automação conversacional, podemos destacar:

- **Disponibilidade 24/7:** atendimento sem restrições de horário.
- **Respostas instantâneas:** redução do tempo de espera dos clientes.
- **Personalização baseada em comportamento:** chatbots podem recomendar produtos e serviços conforme o histórico do usuário.
- **Redução de custos operacionais:** diminui a necessidade de grandes equipes de atendimento.
- **Escalabilidade:** atendimento simultâneo para milhares de usuários sem queda de qualidade.

Exemplos de fluxos automatizados para diferentes setores

A automação pode ser aplicada de diversas formas, dependendo do setor e do objetivo da empresa. Abaixo, alguns exemplos:

- **E-commerce:**
  - Recomendações personalizadas de produtos com base no histórico de compras.
  - Recuperação de carrinho abandonado via chatbot.
  - Suporte automático para rastreamento de pedidos.

- **Serviços financeiros:**
    - Atendimento automatizado para solicitação de saldo e faturas.
    - Simulação de empréstimos e financiamentos via chatbot.
    - Notificações de vencimento de boletos e lembretes de pagamento.
- **Educação e cursos on-line:**
    - Respostas automáticas sobre matrículas, calendário e valores.
    - Envio de lembretes de aulas e provas via WhatsApp e Telegram.
    - Gamificação com quizzes interativos dentro do chatbot.
- **Saúde e clínicas:**
    - Agendamento automatizado de consultas e exames.
    - Envio de lembretes de consultas e retorno médico.
    - FAQ inteligente para tirar dúvidas comuns sobre procedimentos.

Empresas que implementam fluxos bem estruturados de automação aumentam o engajamento, reduzem custos operacionais e melhoram a experiência do consumidor.

Hiperpersonalização e Hipersegmentação: as novas fronteiras da mídia conversacional

Enquanto a personalização já é considerada um pilar do marketing digital, o avanço da inteligência artificial e do *big data* abriu espaço para algo ainda mais sofisticado: a **hyperpersonalização**. Essa tendência consiste em usar dados comportamentais em tempo real — como geolocalização, histórico de compras, interações recentes em canais digitais e até mesmo variáveis contextuais (clima, horário, eventos locais) — para criar mensagens totalmente adaptadas ao momento do consumidor.

Segundo a Deloitte (2023), empresas que aplicam hyperpersonalização conseguem aumentar em até **40% a taxa de conversão** e em **36% o ticket médio**. Isso acontece porque a comunicação deixa de ser apenas segmentada por perfis amplos e passa a ser ajustada às necessidades imediatas de cada cliente.

Em paralelo, cresce também a **hypersegmentação**, que vai além da divisão clássica por demografia ou interesse. Com a evolução da mídia conversacional, é possível criar *clusters* extremamente específicos, baseados em padrões de microcomportamentos. Exemplo: em vez de impactar apenas "mulheres de 25 a 34 anos interessadas em moda", a marca pode falar com "mulheres que compraram sapatos nos últimos 15 dias, interagiram com *stories* sobre acessórios e abriram a última newsletter, mas não concluíram nenhuma compra". Esse nível de precisão é praticamente impossível nos canais de massa, mas se torna viável em plataformas como WhatsApp, SMS, e-mail e chatbots com IA.

Essas tendências globais já aparecem com força nos EUA e na Europa, mas vêm ganhando espaço também no Brasil. Relatórios da McKinsey (2024) mostram que **71% dos consumidores esperam experiências personalizadas** e **76% ficam frustrados quando isso não acontece**. No mercado nacional, vemos exemplos no varejo, como a Magalu e a Arezzo&Co, que usam automação conversacional para recomendar produtos em tempo real, de acordo com o comportamento do cliente no app.

Para a mídia conversacional, a implicação é clara: quanto mais avançada a personalização e a segmentação, maior será o engajamento e a percepção de valor. Em vez de mensagens genéricas, os consumidores passam a receber interações quase "sob medida", que soam menos como publicidade e mais como uma conversa útil e contextual.

O impacto da automação na experiência do cliente

A automação não substitui a interação humana, mas complementa o atendimento, tornando-o mais ágil e eficiente. Segundo um estudo da Salesforce, 69% dos consumidores preferem interações automatizadas rápidas a esperar um atendente humano para resolver questões simples.

Entretanto, é essencial que as empresas encontrem o equilíbrio entre automatização e atendimento humanizado. Algumas boas práticas incluem:

- Roteiros bem desenhados: evitar que o chatbot pareça robótico e engessado.
- Opção de falar com um humano: permitir que o cliente transfira a conversa para um atendente, quando necessário.
- Monitoramento contínuo: analisar onde a automação está falhando para ajustes estratégicos.

A automação bem executada pode reduzir *churn*, pois a experiência ágil e eficiente se torna um diferencial competitivo.

Métricas essenciais e otimização de campanhas

Para avaliar a eficácia das estratégias de mídia conversacional, é fundamental acompanhar KPIs específicos para cada canal. Monitorar esses indicadores permite ajustar abordagens, otimizar conversões e melhorar o engajamento.

Principais KPIs para cada canal

Abaixo, as métricas essenciais para **WhatsApp, Telegram, SMS e e-mail**:

- **Taxa de abertura (Open Rate – OR):** percentual de mensagens abertas em relação ao total enviado.
- **Taxa de cliques (Click Through Rate – CTR):** número de cliques em links dentro da mensagem.
- **Tempo de resposta:** tempo médio que os usuários levam para interagir após o recebimento.
- **Taxa de conversão:** quantidade de usuários que realizou a ação desejada (comprar, preencher formulário, baixar material etc.).
- **Taxa de resposta:** porcentagem de mensagens respondidas pelo usuário.
- **Taxa de rejeição:** percentual de mensagens não entregues ou bloqueadas pelo destinatário.

Cada canal possui métricas distintas e precisa ser analisado de acordo com o objetivo da campanha.

📌 ***Exemplo:***

- Se o foco for WhatsApp, a taxa de resposta e o tempo médio de resposta são métricas prioritárias.
- Para e-mail marketing, a taxa de abertura e a taxa de cliques são os indicadores mais relevantes.
- No SMS, a taxa de leitura e a taxa de conversão são essenciais.

Estratégias para melhorar o engajamento e evitar que mensagens sejam ignoradas

Com o grande volume de mensagens que os consumidores recebem diariamente, é essencial criar estratégias que aumentem a taxa de abertura e de resposta. Algumas abordagens eficazes incluem:

- **Personalização das mensagens:** usar o nome do cliente e enviar conteúdos relevantes ao seu perfil.
- **Uso de mensagens interativas:** chatbots, enquetes e botões de ação aumentam o engajamento.
- **Timing correto de envio:** disparar mensagens nos horários em que o público está mais ativo.
- **Segmentação de base:** evitar envios massivos e direcionar mensagens personalizadas para grupos específicos.
- **Gatilhos de urgência:** criar senso de escassez e urgência para estimular a ação imediata.

📌 ***Exemplo prático:***

Uma rede de academias pode enviar mensagens personalizadas para clientes que não frequentam o local há mais de 15 dias, oferecendo um desconto para retorno imediato.

TESTES A/B E OTIMIZAÇÃO CONTÍNUA

Os testes A/B são fundamentais para validar hipóteses e encontrar o melhor formato de comunicação. No tráfego pago, esse processo já é amplamente utilizado, e no marketing conversacional, ele também deve ser aplicado.

- **Testar diferentes abordagens de mensagem:**
- Exemplo: "Desconto exclusivo para você!" vs. "Oferta especial válida até amanhã!".
- **Variar o tom de voz e formatos:** mensagens curtas vs. mensagens mais detalhadas.
- **Experimentar diferentes horários de envio:** avaliar qual período do dia gera maior taxa de resposta.
- **Testar diferentes chamadas para ação (CTAs):** "Fale com um consultor agora" vs. "Clique para saber mais".

📌 ***Exemplo prático:***

Um e-commerce de moda pode testar dois formatos de mensagem no WhatsApp:

> *"Seu cupom de 10% de desconto expira em 24h! Aproveite agora."*

> *"Seu carrinho ainda está esperando por você! Finalize sua compra e ganhe um brinde exclusivo."*

Ao analisar as taxas de conversão, a marca pode descobrir qual mensagem teve melhor desempenho e usá-la como referência para futuras campanhas.

A automação e a inteligência artificial vêm transformando a maneira como as marcas se comunicam com seus clientes, tornando o processo mais eficiente, escalável e personalizado.

- Chatbots e fluxos automatizados otimizam a jornada do cliente.
- KPIs bem definidos garantem a melhoria contínua das campanhas.
- Testes e otimização são fundamentais para refinar abordagens e elevar resultados.

Ao integrar essas estratégias com tráfego pago, influenciadores e outras ações de ataque, as marcas criam um ecossistema digital robusto para aquisição e retenção de clientes.

No próximo capítulo, vamos aprofundar o impacto do tráfego pago e a conversão via remarketing e funis inteligentes.

9.4.6 Fechamento: a mídia conversacional como estratégia de ataque e crescimento

Ao longo deste capítulo, exploramos como o marketing conversacional pode ser um poderoso vetor de impacto dentro da camada *Attack*, da Mandala Lebbe. No entanto, seu potencial vai muito além de ser apenas um canal de comunicação — ele é um ponto estratégico para conexão, fidelização e crescimento de receita das empresas.

Se olharmos para a essência emocional da marca (BEE), percebemos que toda comunicação eficiente começa com conexão. E poucas estratégias criam tanta proximidade quanto o marketing conversacional, pois ele coloca a marca dentro do espaço pessoal do cliente, seja via WhatsApp, e-mail, Telegram ou SMS. Aqui, não falamos com uma massa de pessoas, mas com indivíduos, criando interações que são diretas, personalizadas e contextuais.

A grande vantagem desse canal está na possibilidade de estratégias segmentadas e altamente direcionadas. Dentro de um planejamento bem estruturado, o marketing conversacional pode ser um dos mais poderosos mecanismos de ataque, gerando conversões rápidas e construindo um relacionamento de longo prazo.

Entre as principais estratégias que podem ser exploradas, destacamos:

- ✔ Aquisição de leads qualificados: capturar novos contatos por meio de campanhas de tráfego pago e iniciar conversas automatizadas para conversão.
- ✔ Remarketing conversacional: retomar contato com leads que interagiram, mas não concluíram a ação desejada.
- ✔ Nutrição via mensagens personalizadas: criar sequências de mensagens para educar e engajar clientes ao longo do tempo.
- ✔ *Upselling* e *cross-selling* inteligentes: analisar o comportamento do usuário para sugerir produtos e serviços complementares.
- ✔ Recuperação de clientes inativos: utilizar segmentação e IA para resgatar clientes que não compram há certo período.

A mídia conversacional não pode ser vista isoladamente — ela precisa estar profundamente integrada ao CRM da empresa. Afinal, quanto mais dados sobre o cliente tivermos, mais precisas serão as interações e melhores serão os resultados.

A conexão entre mídia conversacional e CRM possibilita a criação de um ecossistema de crescimento contínuo, no qual cada interação gera novos insights para aprimorar a estratégia da marca.

O marketing conversacional não é apenas um meio de comunicação — é um pilar estratégico para marcas que querem crescer de forma inteligente. Ele permite atacar com precisão, impactando o público certo, no momento certo e com a abordagem correta.

Ao integrar conversas, dados e automação, as empresas criam um ciclo virtuoso de engajamento, retenção e fidelização, tornando cada contato uma oportunidade de fortalecer o relacionamento e impulsionar os resultados.

No próximo capítulo, exploraremos outra poderosa ferramenta dentro do *Attack*: o trade marketing e suas ações para o varejo.

9.5 TRADE MARKETING E VAREJO: AMPLIFICANDO O IMPACTO NO PONTO DE VENDA

O trade marketing é uma peça fundamental dentro da camada *Attack* da Mandala Lebbe, pois ele atua diretamente no ponto de decisão de compra do consumidor. Ao contrário das estratégias digitais ou de branding, que criam percepção e desejo, o trade marketing trabalha para converter esse desejo em ação, garantindo que a marca esteja bem posicionada, visível e persuasiva dentro dos canais de venda.

No varejo, ser visto e lembrado no momento certo é crucial. Segundo um estudo da Nielsen, 70% das decisões de compra acontecem no ponto de venda. Isso significa que, mesmo com um grande esforço de marketing em outras frentes, se a marca não estiver bem posicionada na gôndola, no e-commerce ou no autosserviço, o consumidor pode optar por um concorrente.

No Brasil, o trade marketing ganhou relevância especialmente após a estabilização econômica proporcionada pelo Plano Real, em 1994. Com a inflação controlada, o poder de compra dos consumidores aumentou, levando a uma diversificação de produtos e marcas no mercado. Essa abundância criou desafios para as empresas, que precisavam se destacar nas prateleiras e conquistar a preferência dos consumidores. Foi nesse contexto que o trade marketing emergiu como uma solução para aprimorar a gestão de marcas e produtos nos PDVs, buscando estratégias de merchandising inovadoras e parcerias mais estreitas entre fabricantes e varejistas.

O que é trade marketing e por que ele é essencial para o Attack?

Trade marketing é o conjunto de estratégias que envolve indústria, distribuidores e varejistas para potencializar as vendas no ponto de venda (PDV). Ele garante que os produtos tenham visibilidade, atratividade e disponibilidade, influenciando a escolha do consumidor na hora da compra.

Principais objetivos do trade marketing:

- **Aumentar a demanda no ponto de venda:** criar campanhas e promoções que impulsionem as compras.
- **Garantir visibilidade e destaque na gôndola:** trabalhar o layout e o posicionamento dos produtos.
- **Fortalecer o relacionamento com distribuidores e varejistas:** criar estratégias de incentivo e suporte para os parceiros comerciais.
- **Melhorar a experiência do consumidor no PDV:** criar ativações, ações promocionais e experiências imersivas.

Agora, vamos explorar **as principais estratégias** de trade marketing que compõem essa abordagem de *Attack* no varejo.

Principais estratégias de trade marketing

Para atingir seus objetivos, o trade marketing utiliza diversas estratégias, dentre as quais se destacam:

9.5.1 Merchandising no ponto de venda

O merchandising no ponto de venda (PDV) é uma das principais estratégias do trade marketing e tem como objetivo tornar os produtos mais atraentes e acessíveis ao consumidor no momento da compra.

O que é merchandising no PDV e por que ele é tão importante?

Merchandising no ponto de venda envolve todas as ações voltadas para a organização, exposição e apresentação dos produtos dentro do varejo. Ele pode incluir desde a disposição dos itens nas gôndolas até a criação de ambientes imersivos que estimulem o consumo.

A importância do merchandising no PDV reside em três fatores principais:

1. **Aumento da visibilidade do produto:** produtos bem posicionados e em destaque têm mais chances de serem notados e comprados.
2. **Estímulo à compra por impulso:** segundo dados da POPAI (*Point of Purchase Advertising International*), 62% das compras no varejo são feitas por impulso. Um bom trabalho de merchandising aumenta essas chances.
3. **Fortalecimento da experiência de marca:** o PDV é um dos principais pontos de contato da marca com o consumidor. Uma boa experiência visual e sensorial gera mais conexão e fidelidade.

Como funciona o merchandising no ponto de venda?

O trabalho de merchandising é estruturado a partir de algumas ações estratégicas dentro do PDV, como:

1. **Planograma e layout de loja**

   O planograma é um mapa estratégico no qual cada produto será colocado no ponto de venda para maximizar sua visibilidade e acessibilidade. Ele é baseado em estudos de comportamento do consumidor e define a melhor forma de organizar os produtos nas prateleiras.

Exemplo prático: supermercados organizam seus corredores de acordo com a jornada do consumidor. Itens essenciais (como leite e pão) costumam estar no fundo da loja para que o cliente passe por outros produtos e acabe comprando mais.

2. **Exposição estratégica e ilhas promocionais**

   Colocar produtos em locais de destaque é uma tática comum para aumentar as vendas. As ilhas promocionais, por exemplo, são espaços dedicados a determinados produtos em áreas de grande fluxo dentro do PDV.

   Exemplo prático: chocolates e *snacks* são posicionados próximos aos caixas para estimular compras por impulso.

3. **Material de ponto de venda (MPDV)**

   O MPDV inclui cartazes, wobblers, banners, displays, testeiras de prateleira e totens interativos. Esses materiais servem para chamar a atenção do consumidor e destacar informações importantes, como promoções e diferenciais do produto.

   Exemplo prático: no lançamento de novos produtos, muitas marcas utilizam banners próximos às gôndolas para reforçar o reconhecimento e estimular a experimentação.

4. **Experiência sensorial**

   O merchandising pode ir além do visual e envolver outros sentidos para gerar conexão emocional com o consumidor.

   Exemplo prático: lojas de perfumes costumam liberar fragrâncias no ambiente para atrair clientes. Supermercados deixam pães recém-assados à vista para estimular a fome e aumentar as compras na padaria.

5. **Promoções e degustações**

   A experimentação de produtos aumenta significativamente a taxa de conversão. Quando o consumidor tem a chance de testar um produto dentro do PDV, a probabilidade de compra sobe para 85%, segundo a Food Marketing Institute.

   Exemplo prático: marcas de bebidas oferecem degustações gratuitas em supermercados para incentivar a experimentação de novos sabores.

Quanto custa para a indústria e o varejo?

O investimento em merchandising pode variar bastante, dependendo da complexidade das ações, do porte da empresa e do canal de venda.

Para a indústria, os custos principais incluem:

- Criação e produção de materiais de PDV (displays, cartazes, ilhas promocionais etc.).
- Equipe de promotores de merchandising para reposição de produtos e organização do PDV.
- Investimento em espaços privilegiados dentro das lojas (como pontas de gôndola e ilhas promocionais).
- Amostras para degustação e demonstração.
- Para o varejo, os custos podem envolver:
- Estratégia de organização da loja e planogramas.
- Contratação de equipe para execução das ações.
- Manutenção dos materiais promocionais e limpeza das áreas de exposição.
- Estimativa de valores:
- O investimento médio em merchandising no varejo pode representar entre 2% e 10% do faturamento da categoria, dependendo da estratégia da empresa.
- Já grandes indústrias chegam a investir entre 5% e 15% de seu orçamento de marketing em ações de merchandising no PDV.
- Empresas devem investir em merchandising no PDV em momentos estratégicos, como:
- Lançamento de produtos: criar visibilidade e facilitar a aceitação do público.
- Datas sazonais: Black Friday, Natal, Páscoa e outras datas comemorativas são oportunidades ideais.
- Aumento da concorrência: diferenciar-se de marcas concorrentes através de uma melhor exposição.
- Promoções e liquidações: maximizar a visibilidade e incentivar a decisão de compra.

Melhores estratégias de merchandising no PDV

Para que o merchandising seja eficaz, algumas estratégias são fundamentais:

1. Escolher os melhores pontos de exposição: produtos na altura dos olhos vendem até 40% mais do que os posicionados abaixo.
2. Manter o PDV sempre atualizado: materiais promocionais desatualizados passam a impressão de desorganização.
3. Treinar os promotores de vendas: funcionários bem treinados podem aumentar as vendas em até 30%.
4. Acompanhar métricas de desempenho: medir conversão, taxa de experimentação e vendas por PDV permite ajustes contínuos.
5. Criar campanhas interativas: QR codes, displays digitais e totens interativos aumentam o engajamento do consumidor.

Quem faz bem o merchandising no PDV?

Empresas de diversos setores dominam a arte do merchandising no PDV, transformando o ato de compra em uma experiência imersiva.

- **Coca-Cola:** usa geladeiras personalizadas, displays exclusivos e materiais visuais para reforçar sua presença no PDV.
- **Nestlé:** investe fortemente em degustações e promoções interativas dentro dos supermercados.
- **Apple:** criou um conceito de experiência dentro de suas lojas, onde os produtos podem ser testados livremente antes da compra.
- **O Boticário:** utiliza aromas no ambiente para reforçar a identidade olfativa da marca e promover uma experiência sensorial.

O merchandising no ponto de venda é uma ferramenta essencial para qualquer empresa que busca aumentar suas vendas e fortalecer sua marca no varejo. Ele não apenas melhora a visibilidade do produto, mas também influencia diretamente a decisão de compra do consumidor.

Com planejamento estratégico, criatividade e investimento adequado, o merchandising pode transformar o PDV em um verdadeiro palco de experiências para o consumidor, tornando o processo de compra mais fluido, intuitivo e persuasivo.

9.5.2 Promoções e incentivos: estratégias para impulsionar as vendas e engajar consumidores

As promoções e incentivos são elementos fundamentais do trade marketing e têm um papel crucial no aumento do volume de vendas, na fidelização do consumidor e na diferenciação da marca no ponto de venda. Segundo um estudo da Nielsen, 84% dos consumidores brasileiros afirmam que promoções influenciam diretamente suas decisões de compra, tornando essa estratégia indispensável para a competitividade das marcas no varejo.

O que são promoções e incentivos e por que são tão importantes?

Promoções e incentivos englobam todas as estratégias que visam estimular compras imediatas, engajar consumidores e incentivar o giro de estoque. Essa abordagem pode assumir diferentes formatos, desde descontos diretos até campanhas gamificadas que recompensam clientes fiéis.

A importância dessas estratégias reside em quatro pilares principais:

1. **Geração de urgência:** promoções criam senso de oportunidade e urgência para o consumidor, acelerando o processo de decisão de compra.
2. **Aumento da experimentação:** reduzindo a barreira de entrada para novos consumidores conhecerem um produto ou serviço.
3. **Fidelização do cliente:** programas de incentivo e recompensas garantem que os consumidores retornem à marca com mais frequência.
4. **Maximização do ticket médio:** promoções bem estruturadas podem estimular a compra de volumes maiores ou produtos complementares, aumentando o valor médio por compra.

Principais formatos de promoções e incentivos

As promoções podem ser estruturadas de diversas formas, dependendo dos objetivos da marca e do comportamento do consumidor.

1. **Descontos diretos e ofertas relâmpago**

   Uma das estratégias mais tradicionais e eficazes, os descontos diretos reduzem o preço de um produto por tempo limitado para impulsionar as vendas.

   Exemplo prático: supermercados frequentemente oferecem descontos em produtos de alta rotação, como leite e café, para atrair clientes e estimular compras adicionais.

Melhores momentos para aplicar:

- Lançamento de produtos.
- Queima de estoque e sazonalidades.
- Reação rápida à concorrência.

2. **Compre e ganhe (Buy One, Get One – BOGO)**

   Oferece ao consumidor um benefício extra ao adquirir um produto, seja um item grátis ou um brinde promocional.

   Exemplo prático: marcas de cosméticos realizam frequentemente promoções como "compre um batom e ganhe um delineador" para incentivar a experimentação de novos produtos.

   Vantagens:

   - Aumenta o volume de vendas.
   - Reforça a percepção de valor da marca.
   - Gera experiência positiva para o consumidor.

3. **Cashback e descontos progressivos**

   O cashback devolve parte do valor gasto ao consumidor, enquanto os descontos progressivos incentivam compras de maior volume.

   Exemplo prático: o Magazine Luiza oferece cashback em compras no aplicativo, incentivando os consumidores a utilizarem mais vezes a plataforma.

   Melhores momentos para aplicar:

   - Fidelização de clientes.
   - Estratégias para aumentar o ticket médio.
   - Campanhas exclusivas para canais digitais.

4. **Cupons e descontos personalizados**

   Com o avanço da inteligência de dados, empresas conseguem oferecer promoções personalizadas de acordo com o histórico de compra de cada cliente.

   Exemplo prático: aplicativos de delivery como iFood e Rappi distribuem cupons de desconto personalizados para clientes que não realizam pedidos há algum tempo.

Vantagens:

- Redução do abandono de carrinho.
- Reativação de clientes inativos.
- Fortalecimento do relacionamento com o consumidor.

5. **Promoções sazonais e datas comemorativas**

A Black Friday, o Natal e outras datas especiais são oportunidades ideais para ações promocionais massivas.

Exemplo prático: o Dia do Cliente, comemorado em 15 de setembro, tem se tornado uma das principais datas para campanhas promocionais no Brasil.

Melhores momentos para aplicar:

- Black Friday e Cyber Monday.
- Dia das Mães, Dia dos Pais e Natal.
- Aniversário da marca ou do cliente.

6. **Concursos e sorteios promocionais**

Permitem engajar consumidores de forma lúdica e interativa, aumentando o reconhecimento da marca.

Exemplo prático: marcas automobilísticas realizam sorteios de carros em parceria com supermercados para impulsionar vendas de produtos específicos.

Vantagens:

- Geração de *buzz* e engajamento.
- Coleta de dados valiosos sobre consumidores.
- Potencial viral em redes sociais.

7. **Programas de fidelidade e incentivo**

Criar um programa de pontos ou recompensas é uma estratégia poderosa para manter consumidores recorrentes.

Exemplo prático: o programa de milhas Smiles, da Gol, permite que clientes acumulem pontos para trocar por passagens aéreas.

Melhores momentos para aplicar:

- Construção de lealdade de longo prazo.
- Engajamento contínuo do consumidor.
- Diferenciação frente à concorrência.

Quanto custa para a indústria e o varejo?

Os investimentos em promoções e incentivos variam conforme o tipo de ação e o alcance desejado.

Para a **indústria**, os custos incluem:

- Desenvolvimento e produção de materiais promocionais.
- Repasse de descontos e incentivos para o varejo.
- Campanhas de ativação no PDV.

Para o **varejo**, os custos podem envolver:

- Logística para gerenciamento do estoque promocional.
- Equipe treinada para promover as ações no ponto de venda.
- Tecnologia para cupons e programas de fidelidade.

Estimativa de valores:

- No Brasil, grandes empresas destinam **de 10% a 20% do faturamento** para ações promocionais ao longo do ano; esse valor, muitas das vezes, pode ser alocado até mesmo no comercial e nem ser considerado como investimento em marketing.
- Em datas sazonais, esse percentual pode ultrapassar **30% do orçamento de marketing**.

Quem executa bem promoções e incentivos?

Empresas de diferentes segmentos dominam o uso de promoções para gerar engajamento e aumentar as vendas.

- **McDonald's:** utiliza cupons e promoções sazonais como o "Méqui Friday" para aumentar o fluxo de clientes.
- **Natura:** investimento contínuo em promoções com kits e descontos progressivos.
- **Amazon:** estratégia agressiva de descontos na Black Friday e Amazon Prime Day.

Quando investir em promoções e incentivos?

- Para aumentar vendas em períodos de baixa demanda.
- Para reforçar o lançamento de um produto ou serviço.
- Para fortalecer a fidelidade do consumidor.
- Para estimular recompra e aumentar o ticket médio.

Melhores estratégias de promoções e incentivos

1. **Criar um calendário promocional anual:** planejamento antecipado garante execução eficiente.
2. **Segmentar campanhas por perfil de consumidor:** personalização aumenta conversão.
3. **Usar tecnologia para automação e análise de dados:** cupons digitais e cashback são altamente eficazes.
4. **Monitorar métricas de sucesso:** acompanhar ROI, taxa de adesão e impacto no faturamento.

Promoções e incentivos são ferramentas essenciais para aumentar vendas, engajar consumidores e criar um diferencial competitivo no mercado. Quando bem planejadas e executadas, essas estratégias não apenas geram resultados imediatos, mas também fortalecem a conexão entre marca e consumidor, garantindo lealdade de longo prazo.

Ao adotar uma abordagem inteligente e baseada em dados, empresas podem maximizar seus investimentos em promoções e transformar essas ações em verdadeiros impulsionadores de crescimento.

9.5.3 Treinamento da equipe de trade e reposição: a chave para a execução perfeita no ponto de venda

O sucesso de uma estratégia de trade marketing depende diretamente da equipe envolvida na execução das ações no ponto de venda. O treinamento eficaz dos profissionais que lidam com reposição de produtos, merchandising e relacionamento com varejistas é fundamental para garantir que a marca se destaque e maximize suas vendas.

Segundo um estudo da Nielsen, as marcas que investem em treinamento para equipes de trade e reposição aumentam suas vendas em até 20% no ponto de venda. Isso ocorre porque equipes bem treinadas garantem melhor exposição dos produtos, otimização do estoque e execução impecável de ações promocionais.

Os times de trade marketing e reposição desempenham um papel crucial na última etapa do funil de vendas, garantindo que os produtos estejam corretamente posicionados e disponíveis para o consumidor final.

Os principais benefícios de um treinamento eficaz incluem:

- **Execução padronizada:** equipes bem treinadas seguem diretrizes claras sobre exposição de produtos, garantindo que os pontos de venda transmitam a identidade da marca.
- **Aumento na eficiência operacional:** um bom treinamento reduz desperdícios de tempo e erros no abastecimento e organização dos produtos.
- **Melhoria no relacionamento com varejistas:** funcionários bem preparados têm mais segurança para negociar espaços e implementar ações promocionais com parceiros do varejo.
- **Maior taxa de conversão:** produtos corretamente expostos e promovidos impactam diretamente na decisão de compra dos consumidores.
- **Redução de perdas e rupturas de estoque:** uma equipe treinada sabe identificar problemas de abastecimento e agir proativamente para evitar perdas de venda.

Principais áreas de treinamento para equipes de trade e reposição

1. **Conceitos básicos de trade marketing e shopper behavior**

   Antes de partir para a execução, é fundamental que a equipe compreenda os princípios do trade marketing e o comportamento do *shopper* dentro do ponto de venda.

   Conteúdos essenciais desse módulo:

   - O que é trade marketing e sua importância para a empresa.
   - Perfis e comportamento do *shopper*: como o consumidor toma decisões no PDV.
   - Canais de vendas e suas particularidades (autosserviço, atacarejo, lojas especializadas etc.).
   - Jornada de compra no varejo e gatilhos mentais que influenciam a decisão.

2. **Técnicas de exposição e planogramação**

   A forma como os produtos são organizados nas gôndolas influencia diretamente o volume de vendas. A equipe deve ser treinada para seguir corretamente os planogramas estabelecidos pela marca.

Tópicos abordados:

- Como interpretar e seguir um planograma.
- Técnicas de exposição que aumentam as vendas (verticalização, blocagem, setorização etc.).
- Ponto extra: como negociar espaços privilegiados dentro das lojas.
- O impacto do *facing* na visibilidade do produto.
- **Dado relevante:** um estudo da POPAI revelou que 76% das decisões de compra são feitas no ponto de venda. Uma exposição eficiente pode triplicar as vendas de um produto.

3. **Abastecimento, controle de estoque e prevenção de rupturas**

A ruptura de estoque é um dos maiores problemas do varejo, levando à perda de vendas e à insatisfação do consumidor. Um treinamento focado no controle de estoque evita esses problemas.

Conteúdos abordados:

- Como monitorar e prever a necessidade de reposição.
- Técnicas para garantir o FIFO (*First In, First Out*) e evitar vencimentos.
- Como lidar com produtos em excesso ou com baixo giro.
- Estratégias para evitar a falta de produtos nos horários de pico.

Dado relevante: de acordo com a Nielsen, o varejo brasileiro perde R$ 60 bilhões por ano com rupturas de estoque.

4. **Execução de campanhas promocionais e trade activations**

A equipe de trade e reposição deve estar preparada para implementar campanhas promocionais com excelência, garantindo o sucesso das ativações no PDV.

Aspectos essenciais desse módulo:

- Tipos de campanhas promocionais e como executá-las corretamente.
- Como destacar produtos durante períodos sazonais.
- Técnicas para maximizar a adesão às promoções.
- Como coletar feedback sobre a efetividade das campanhas.

Dado relevante: pesquisas indicam que ações de trade marketing bem executadas podem aumentar as vendas em até 40% durante o período promocional.

5. **Relacionamento com varejistas e negociação de espaços**

Além da execução operacional, a equipe de trade marketing precisa saber negociar espaços estratégicos no ponto de venda, garantindo maior visibilidade para a marca.

Tópicos trabalhados:

- Como criar um relacionamento de longo prazo com gerentes de loja
- Técnicas de argumentação para garantir espaços *premium*.
- Como demonstrar o valor do produto e das ativações para o varejista.
- Estratégias para fidelizar o varejista e garantir prioridade nas negociações.

Dado relevante: segundo a ABRAS, pontos extras podem aumentar as vendas de um produto em até 300% quando bem posicionados.

6. **Uso de tecnologia e coleta de dados no ponto de venda**

Com o avanço do digital, é essencial que a equipe de trade marketing utilize tecnologia para otimizar a operação e gerar insights de mercado.

O que deve ser ensinado:

- Como utilizar aplicativos de trade marketing para monitoramento de ações.
- Importância da coleta de dados sobre a concorrência e comportamento do consumidor.
- Como relatar problemas e oportunidades em tempo real para a equipe de marketing.
- Uso de QR codes, realidade aumentada e outras inovações no PDV.

Dado relevante: segundo um estudo da McKinsey, empresas que utilizam dados para embasar suas estratégias de trade marketing aumentam a eficácia das campanhas em até 30%.

Melhores práticas para um treinamento eficaz

- **Personalização do conteúdo:** adaptar os treinamentos para cada canal de venda (atacarejo, supermercado, farmácia etc.).
- **Medição de desempenho:** criar indicadores para avaliar a evolução da equipe (testes, avaliações práticas etc.).
- **Treinamento contínuo:** atualizar periodicamente os conteúdos para refletir mudanças no mercado.
- **Gamificação e incentivos**: utilizar desafios e recompensas para manter os colaboradores engajados.

Um time de trade marketing bem treinado é um dos ativos mais valiosos para qualquer empresa que deseja se destacar no varejo. O conhecimento técnico, aliado a uma execução impecável, garante que os produtos tenham máxima visibilidade e impacto no ponto de venda.

Investir na capacitação da equipe não é um custo, mas, sim, um diferencial competitivo capaz de transformar a presença da marca no varejo e impulsionar os resultados de vendas.

9.5.4 Gestão de categorias: a chave para a estratégia eficiente no varejo

A gestão de categorias (*category management*) é um dos pilares do trade marketing e do sucesso no varejo. Trata-se de um processo estratégico que visa organizar, otimizar e gerenciar produtos dentro do ponto de venda, de forma a maximizar a experiência do consumidor e impulsionar as vendas.

Segundo a Nielsen, marcas e varejistas que implementam estratégias eficazes de gestão de categorias aumentam as vendas em até 20%, pois melhoram a disposição dos produtos e facilitam a jornada de compra do consumidor.

O que é gestão de categorias?

A gestão de categorias consiste na segmentação dos produtos em grupos estratégicos que fazem sentido para o consumidor. Em vez de pensar apenas na reposição de produtos, a estratégia considera o comportamento do *shopper*, a dinâmica do varejo e a otimização do mix de produtos.

Em resumo, a gestão de categorias transforma a forma como os produtos são apresentados e vendidos, levando em conta quatro pilares principais:

1. **Segmentação:** agrupamento dos produtos de acordo com a lógica de consumo do cliente.
2. **Sortimento:** escolha dos produtos ideais para cada loja e perfil de consumidor.
3. **Precificação:** definição de preços estratégicos com base em dados de mercado e percepção de valor.
4. **Exposição:** organização eficiente do ponto de venda para maximizar a conversão.

Esses pilares garantem que os produtos certos estejam disponíveis no lugar certo, no momento certo, para o público certo.

Benefícios da gestão de categorias para marcas e varejistas

A implementação da gestão de categorias traz vantagens para toda a cadeia do varejo:

- **Aumento das vendas e do ticket médio:** produtos bem posicionados e alinhados ao comportamento do consumidor impulsionam a conversão.
- **Melhor experiência de compra:** o *shopper* encontra os produtos com mais facilidade, reduzindo a fricção e aumentando a satisfação.
- **Otimização de estoques:** redução de rupturas e excesso de mercadorias paradas no PDV.
- **Relacionamento mais forte entre indústria e varejo:** colaboração estratégica para maximizar resultados.
- **Decisões baseadas em dados:** melhor análise do comportamento do consumidor e do desempenho das categorias.

Segundo um relatório da McKinsey, empresas que utilizam gestão de categorias de forma estruturada aumentam a eficiência operacional em até 15% e reduzem desperdícios no PDV.

Como implementar uma estratégia eficiente de gestão de categorias?

A implementação da gestão de categorias exige um processo estruturado, baseado em dados e colaboração entre indústria e varejo. A seguir, os principais passos:

1. **Definir categorias estratégicas**

   O primeiro passo é organizar os produtos dentro de categorias que façam sentido para o consumidor. Algumas formas comuns de segmentação incluem:

- **Por necessidade do consumidor:** café e adoçantes na mesma área do supermercado.
- **Por ocasião de consumo:** *snacks* próximos a bebidas para incentivar compras complementares.
- **Por perfil de preço e valor agregado:** marcas *premium* e populares separadas para facilitar a escolha.

📌 **Exemplo:** em supermercados, as cervejas podem ser categorizadas como "cervejas populares", "cervejas *premium*" e "cervejas artesanais", permitindo uma comunicação mais clara com o consumidor.

2. **Selecionar o mix ideal de produtos**

   O sortimento correto evita excesso de opções que confundem o consumidor e falta de produtos essenciais.

   Dicas para otimização do sortimento:

- Analise o histórico de vendas e tendências de consumo.
- Equilibre marcas líderes com produtos alternativos para diferentes faixas de preço.
- Teste novas categorias de acordo com o comportamento do consumidor.

Dado relevante: segundo a Nielsen, 75% das decisões de compra no varejo são feitas no ponto de venda, tornando o sortimento um fator decisivo na conversão.

3. **Definir estratégias de precificação**

   A precificação dentro da gestão de categorias deve ser estratégica, levando em consideração a percepção de valor do consumidor e a concorrência.

Modelos de precificação no varejo:

- **Preço competitivo:** ajustado ao valor de mercado para garantir competitividade.
- **Preço promocional:** utilizado para atrair tráfego ao PDV e estimular a experimentação.
- **Preço por valor agregado:** posiciona produtos *premium* com preços mais elevados baseados em diferenciação.

Estudo da Bain & Company revela que pequenos ajustes nos preços podem impactar em até 8% o lucro líquido das empresas.

4. **Planejar a exposição dos produtos no ponto de venda**

A disposição dos produtos impacta diretamente na conversão. O objetivo é facilitar a navegação do *shopper* e incentivar compras por impulso.

Principais técnicas de exposição:

- **Gôndolas bem organizadas:** produtos mais vendidos na altura dos olhos.
- **Pontos extras:** display em locais estratégicos para aumentar a visibilidade.
- **Cross-merchandising:** produtos complementares posicionados juntos (exemplo: macarrão e molhos).
- **Destaque para lançamentos:** exposição diferenciada para novidades e produtos sazonais.

Dado relevante: estudos do POPAI mostram que 47% das compras no varejo são feitas por impulso, tornando a exposição um fator determinante.

Principais modelos de gestão de categorias no mercado

As empresas podem adotar diferentes abordagens na gestão de categorias, dependendo do mercado e da complexidade do negócio.

1. **Gestão pelo varejista**

O próprio varejo define as categorias e negocia individualmente com fornecedores. Muito comum em redes menores.

2. **Gestão colaborativa (Category Captain)**

A indústria participa ativamente da definição de mix, precificação e exposição. Essa abordagem gera melhores resultados para ambas as partes.

Estudo da Nielsen aponta que empresas que adotam o modelo de *Category Captain* aumentam as vendas da categoria em até 10%.

3. **Gestão baseada em dados (data-driven category management)**

   Uso avançado de inteligência artificial e análise preditiva para ajustar categorias em tempo real. Grandes redes como Walmart e Carrefour já utilizam esse modelo.

   Segundo a McKinsey, varejistas que utilizam análise de dados para gestão de categorias têm um aumento médio de 5% na margem de lucro.

Tendências e inovações em gestão de categorias

A evolução do varejo e do comportamento do consumidor trouxe novas tendências para a gestão de categorias:

- **Uso de inteligência artificial:** algoritmos que analisam padrões de compra e ajustam o mix automaticamente.
- **Personalização da experiência:** PDVs que ajustam ofertas de acordo com o perfil do *shopper*.
- **Integração on-line/off-line:** sinergia entre e-commerce e loja física para um sortimento *omnichannel*.
- **Sustentabilidade e ESG:** crescente demanda por categorias de produtos sustentáveis e éticos.

Dado relevante: segundo a Accenture, 73% dos consumidores preferem comprar de marcas que se preocupam com ESG, reforçando a necessidade de categorias alinhadas a esse valor.

A gestão de categorias é um dos principais diferenciais competitivos no varejo. Mais do que simplesmente organizar produtos, trata-se de um processo estratégico que otimiza vendas, melhora a experiência do consumidor e fortalece a parceria entre indústria e varejo.

Com um bom planejamento, análise de dados e inovação constante, marcas e varejistas podem transformar a gestão de categorias em um motor de crescimento sustentável.

9.5.5 Programas de relacionamento com o canal: fortalecendo parcerias e impulsionando vendas

Os programas de relacionamento com o canal são muito mais do que uma estratégia comercial: eles representam um verdadeiro elo entre indústria, distribuidores e varejo. Quando bem estruturados, esses programas criam um ecossistema colaborativo em que todos saem ganhando. A indústria ganha previsibilidade de vendas, maior espaço de destaque nas gôndolas e fidelização de parceiros comerciais. Já o varejo se beneficia de condições comerciais diferenciadas, treinamentos, incentivos e maior suporte para impulsionar as vendas, gerando também uma melhor experiência para o consumidor final.

Diversos estudos reforçam a importância de investir em relacionamentos estruturados com o canal. A *Harvard Business Review* já demonstrou que reter clientes e parceiros pode custar até cinco vezes menos do que conquistar novos, e que um aumento de apenas 5% na retenção pode gerar entre 25% e 95% mais lucro. Outras pesquisas indicam que programas de fidelidade bem executados podem elevar a receita dos participantes em até 25% ao ano, além de reduzir custos de marketing e vendas em 10% a 20% quando há personalização e alinhamento estratégico.

Esses números mostram que os programas de relacionamento não são apenas ações táticas, mas, sim, uma poderosa alavanca estratégica. Eles fortalecem a confiança, incentivam o engajamento do varejo e criam um ciclo virtuoso: quanto mais o canal está comprometido, mais a marca cresce em relevância e presença no ponto de venda — e mais consumidores percebem valor na experiência. No fim das contas, trata-se de transformar distribuidores e varejistas em verdadeiros embaixadores da marca, capazes de multiplicar resultados e sustentar o crescimento a longo prazo.

O que são programas de relacionamento com o canal?

Programas de relacionamento com o canal são estratégias desenvolvidas por fabricantes e fornecedores para criar conexões duradouras com seus parceiros comerciais, garantindo que os produtos sejam distribuídos, promovidos e vendidos de maneira eficiente.

Esses programas podem incluir incentivos financeiros, treinamentos, suporte técnico, acesso a informações estratégicas e ações de engajamento que fortalecem o vínculo entre indústria e canais de venda.

📌 **Exemplo prático:** uma indústria de cosméticos que oferece treinamentos para os vendedores de farmácias e perfumarias, garantindo que seus produtos sejam apresentados corretamente ao consumidor final, aumentando a conversão no PDV.

Benefícios dos programas de relacionamento para indústria e varejo

Os programas de relacionamento com o canal trazem vantagens para todos os envolvidos:

Benefícios dos Programas de Relacionamento com o Canal

PARA A INDÚSTRIA	PARA O VAREJO/ DISTRIBUIDORES	PARA O CONSUMIDOR FINAL
Maior previsibilidade de vendas.	Condições comerciais diferenciadas.	Experiência de compra mais fluida.
Redução de rupturas e aumento do giro de produtos.	Acesso a treinamentos e suporte técnico.	Melhor atendimento e orientação na compra.
Posicionamento privilegiado da marca no PDV.	Incentivos para impulsionar marcas parceiras.	Maior disponibilidade de produtos.
Fidelização dos parceiros comerciais.	Relacionamento mais próximo com a indústria.	Confiança na marca e no ponto de venda.
Melhora da eficiência na cadeia de distribuição.	Redução de riscos e aumento da lucratividade.	Benefícios indiretos de promoções e programas.

Dado relevante: estudos acadêmicos sugerem que **cerca de 85% das decisões de compra ocorrem na frente da gôndola (shelf)**. Por isso, a relevância deste trabalho, reforçando a importância de capacitação e incentivos no canal.

Principais tipos de programas de relacionamento com o canal

1. **Programas de incentivo e recompensas**

   Incentivar os canais de venda com premiações é uma das estratégias mais eficazes para aumentar o engajamento e a performance dos parceiros.

   Tipos de incentivos comuns:

   - **Bônus por volume de vendas:** distribuidores e varejistas que atingem metas recebem bonificações financeiras.
   - **Cashback para revendedores:** percentual de retorno sobre as vendas realizadas.
   - **Premiações e viagens:** melhores vendedores ganham prêmios como viagens, ingressos para eventos ou benefícios exclusivos.
   - **Gamificação:** estratégias que transformam o alcance de metas em uma experiência interativa e competitiva.

   📌 **Exemplo prático:**

   A Ambev possui um programa de incentivo para distribuidores e varejistas, oferecendo descontos progressivos conforme o volume de vendas e premiando os parceiros que atingem metas com bonificações financeiras.

   Dado relevante: programas de relacionamento baseados em incentivos bem desenhados geram resultados expressivos não só em performance, mas também em engajamento. Estudos da Incentive Research Foundation mostram que, quando estruturados adequadamente, esses programas podem elevar o desempenho de equipes em até **44%**, especialmente em iniciativas que duram um ano ou mais. Esses ganhos são muito superiores comparados a programas curtos ou pouco estratégicos.

2. **Treinamentos e capacitação de equipes de venda**

   A formação contínua dos vendedores e atendentes no varejo é essencial para garantir que os produtos sejam apresentados corretamente e que a experiência do cliente seja positiva.

Tipos de treinamentos:

- **Presenciais ou on-line:** workshops e cursos para vendedores e gerentes.
- **Treinamento no PDV:** representantes da marca capacitam os funcionários diretamente na loja.
- **E-learning e plataformas digitais:** conteúdos acessíveis 24h para atualização constante.
- **Demonstrações práticas:** testes de produtos para que os vendedores entendam suas características.

📌 **Exemplo prático:**

A L'Oréal oferece um programa de treinamento digital para consultores de beleza das perfumarias parceiras, garantindo que saibam orientar os clientes sobre os produtos e estimular as vendas.

Dado relevante: segundo a McKinsey, marcas que investem na capacitação de vendedores veem um aumento de até 35% na conversão no ponto de venda.

3. **Suporte e ferramentas para o canal**

Além de incentivos e treinamentos, marcas que oferecem suporte técnico e ferramentas para seus canais de venda fortalecem a parceria e garantem uma melhor execução no PDV.

Principais ferramentas para o canal:

- **Materiais de marketing personalizados:** banners, displays, conteúdos digitais e brindes para divulgação.
- **Plataformas de gestão e pedidos:** sistemas que facilitam a reposição de estoque e a comunicação entre fornecedor e varejo.
- **Atendimento exclusivo:** canais diretos para suporte e resolução de dúvidas.
- **Relatórios e análises de desempenho:** acesso a dados estratégicos para otimização das vendas.

📌 **Exemplo prático:**

A Nestlé disponibiliza para seus parceiros comerciais uma plataforma digital onde os varejistas podem acessar materiais promocionais, acompanhar o desempenho de vendas e fazer pedidos de forma rápida e eficiente.

📊 **Dado relevante:** um estudo da Forrester Research revelou que empresas que fornecem ferramentas digitais para seus canais de venda aumentam em até 30% a produtividade dos parceiros comerciais.

4. **Comunicação contínua e engajamento**

Manter um canal aberto de comunicação com os parceiros é essencial para garantir alinhamento e incentivar a participação ativa nos programas de relacionamento.

Boas práticas de comunicação com o canal:

- **Newsletters personalizadas** com atualizações e novidades.
- **Eventos e convenções** para fortalecer o relacionamento.
- **Comunidades e grupos exclusivos** para troca de experiências entre os parceiros.
- **Pesquisas de satisfação** para entender as dores e necessidades dos canais de venda.

📌 **Exemplo prático:**

A Ambev realiza eventos anuais com seus distribuidores, onde apresenta tendências de mercado, novidades e premiações para os melhores parceiros.

📊 **Dado relevante:** segundo a Bain & Company, empresas que mantêm comunicação ativa com seus parceiros de canal aumentam a lealdade em até 25% e reduzem custos operacionais em 18%.

Tendências e inovações em programas de relacionamento com o canal

As novas tecnologias e mudanças no comportamento dos consumidores trouxeram novas tendências para o relacionamento entre indústria e varejo.

- **Personalização baseada em dados:** programas que utilizam inteligência artificial para criar incentivos e treinamentos personalizados para cada parceiro.
- **Automação de processos:** plataformas digitais que facilitam pedidos, treinamentos e comunicação com o canal.
- **Foco em ESG:** parcerias que incentivam práticas sustentáveis e ações de responsabilidade social.
- **Uso de gamificação:** transformação de metas em desafios lúdicos para engajar os parceiros.

Dado relevante: segundo a Accenture, 82% dos varejistas preferem trabalhar com fornecedores que oferecem suporte digital e incentivos personalizados.

Os programas de relacionamento com o canal são fundamentais para criar um ambiente de negócios mais colaborativo, eficiente e rentável.

Empresas que investem nessa estratégia conseguem não apenas melhorar a performance dos canais de venda, mas também construir parcerias sólidas e de longo prazo, garantindo que seus produtos tenham a melhor execução possível no mercado.

Com incentivos estruturados, treinamentos, suporte e comunicação contínua, marcas e varejistas criam uma relação ganha-ganha, em que todos saem fortalecidos e o consumidor final tem uma experiência de compra superior.

Desafios do trade marketing: barreiras para a execução eficaz

Apesar dos inúmeros benefícios, o trade marketing enfrenta desafios consideráveis, principalmente para marcas menores que não possuem grandes verbas para disputar espaço no PDV com gigantes do mercado.

Dado relevante: segundo a McKinsey, 72% dos profissionais de trade marketing relatam dificuldades em mensurar o ROI de suas ações no PDV, dificultando a alocação eficiente dos investimentos.

1. **Alto custo de execução**

   Negociar espaços privilegiados no varejo e investir em materiais de merchandising exige orçamento robusto, tornando a competição desigual entre grandes *players* e marcas menores.

   📌 **Solução:** marcas pequenas podem focar em parcerias estratégicas com varejistas regionais e trabalhar ações diferenciadas, como eventos locais e promoções exclusivas para pequenos comerciantes.

2. **Falta de dados e mensuração de resultados**

   Muitas empresas ainda realizam ações de trade marketing sem acompanhar indicadores-chave de desempenho, o que prejudica a otimização dos investimentos.

   Como melhorar a mensuração no trade marketing:

   - Implementar tecnologias de *sell-out tracking* para monitorar vendas no PDV em tempo real.
   - Usar inteligência de mercado para analisar padrões de consumo e ajustar as campanhas.

- Integrar dados de diferentes canais para avaliar a performance geral das ações de trade.

3. **Concorrência acirrada no varejo**

   Marcas disputam espaço nas gôndolas e precisam constantemente justificar seu valor para o varejo, especialmente quando competem com grandes conglomerados que possuem condições comerciais agressivas.

   📌 **Exemplo prático:** algumas startups alimentícias brasileiras têm conseguido destaque apostando em diferenciação por nicho, como produtos orgânicos e sustentáveis, conquistando espaço em redes especializadas e lojas *premium*.

O futuro do trade marketing: a transformação com a inteligência artificial

O trade marketing está evoluindo rapidamente com o avanço da inteligência artificial (IA), que permite maior automação de processos, previsibilidade de demanda e personalização de ofertas.

Dado relevante: de acordo com um relatório da Deloitte, empresas que utilizam IA para análise de dados de trade marketing aumentam a eficiência das campanhas em até 40%.

1. **IA para previsão de demanda e reposição inteligente**

   Algoritmos preditivos analisam padrões de compra e ajudam varejistas e distribuidores a otimizar estoques, reduzindo rupturas e evitando excessos.

   📌 **Exemplo prático:** o Carrefour usa IA para prever a demanda de produtos frescos, garantindo melhor reposição e menor desperdício.

2. **Trade marketing digital e personalização no PDV**

   A IA também permite ações mais personalizadas, como:

   - Promoções dinâmicas ajustadas em tempo real com base no comportamento dos clientes.
   - Campanhas de *retargeting* no digital para consumidores que interagiram com produtos no PDV.
   - Totens interativos e realidade aumentada para engajamento de clientes.

3. **Automação da negociação com varejistas**

   Sistemas de IA podem negociar condições comerciais de forma automatizada, ajustando descontos e incentivos de acordo com o perfil de cada parceiro.

   Dado relevante: segundo a Accenture, 60% das negociações comerciais no varejo poderão ser automatizadas até 2030, otimizando o trabalho das equipes de trade.

4. **Retail media como o futuro do trade marketing**

   O trade marketing sempre esteve focado em garantir a melhor exposição de produtos no ponto de venda, seja por meio de ações promocionais, merchandising ou incentivos ao varejo. No entanto, com a digitalização das compras, esse conceito evoluiu — hoje, não basta estar fisicamente bem posicionado, é preciso garantir visibilidade também no ambiente digital do varejista.

O que muda com a retail media no trade marketing?

Antes, a relação entre indústria e varejo era baseada na negociação de espaços físicos dentro das lojas. Agora, essa negociação se expandiu para os espaços digitais, permitindo que marcas promovam seus produtos diretamente dentro das plataformas dos varejistas.

Isso significa que o trade marketing não é mais apenas sobre exposição no PDV, mas também sobre como um produto se posiciona nas buscas e recomendações de um e-commerce.

Como a retail media impacta a estratégia de trade?

- **Expansão do conceito de ponto de venda:** agora, o PDV inclui tanto as prateleiras físicas quanto as páginas de categorias e busca nos e-commerces.
- **Integração on-line e off-line:** o uso de retail media dentro das lojas físicas, como telas digitais e quiosques interativos, complementa a experiência de compra.
- **Aumento da competitividade dentro do varejo:** produtos que investem em anúncios patrocinados dentro do varejo digital ganham mais destaque e conversão.
- **Geração de novos modelos de receita para varejistas:** o próprio varejo está monetizando sua base de consumidores, vendendo espaços publicitários para as marcas.

📌 *Exemplo prático: a revolução no setor de bebidas*

Imagine que você é um gerente de trade marketing de uma marca de refrigerantes. Antes, sua estratégia se baseava em:

- Negociar espaço nobre nos supermercados.
- Criar materiais de PDV para destacar o produto.
- Promover degustações para gerar experimentação.

Agora, com a **retail media**, sua estratégia precisa incluir:

- Anúncios patrocinados nas buscas de apps como Rappi e iFood.
- Investimento em destaque nas vitrines de e-commerces como Carrefour e Pão de Açúcar.
- Uso de dados do próprio varejista para criar campanhas personalizadas de recompra.
- **Como as indústrias podem se adaptar?**
- Criando times especializados em retail media dentro do trade marketing.
- Integrando dados e performance para entender quais campanhas geram maior conversão.
- Trabalhando ações *omnichannel*, conectando o físico e o digital.
- Investindo em cooperação com o varejo, para obter melhores condições nos espaços digitais.

O futuro do trade marketing com retail media

Nos próximos anos, veremos uma fusão ainda maior entre trade marketing e mídia digital. A tendência é que os grandes varejistas desenvolvam plataformas próprias de ads, competindo diretamente com Google e Meta.

Com o crescimento da retail media, a indústria precisará se adaptar rapidamente, mudando sua mentalidade de negociação de gôndolas para negociação de algoritmos.

A retail media já não é mais uma aposta para o futuro — ela é a realidade do presente. Seja como um canal de publicidade digital dentro do mix de mídia tradicional ou como uma revolução na relação entre indústria e varejo dentro do trade marketing, sua influência só tende a crescer.

Marcas que compreenderem o poder dos dados do varejista e a necessidade de integração entre físico e digital terão uma vantagem competitiva significativa. Afinal, no mundo do comércio digital, quem controla a visibilidade, controla a venda.

D2C (Direct-to-Consumer): a nova fronteira do trade marketing

Nos últimos anos, um movimento tem ganhado força entre as indústrias que antes dependiam exclusivamente do varejo para distribuir seus produtos: o modelo D2C (*Direct-to-Consumer*), ou venda direta ao consumidor. Essa estratégia permite que marcas industrializadas vendam seus produtos sem intermediários, reduzindo a dependência de distribuidores e varejistas, além de obterem dados valiosos sobre os consumidores.

Dado relevante: segundo um estudo da eMarketer, as vendas D2C cresceram 19% ao ano nos últimos cinco anos, e essa tendência continua forte, especialmente entre marcas que desejam maior controle sobre sua distribuição e relacionamento com o cliente.

Antes, a relação da indústria com o consumidor final era indireta: as marcas produziam, os distribuidores e varejistas comercializavam e o consumidor adquiria os produtos nas lojas físicas ou on-line. O problema desse modelo é que a indústria ficava dependente das redes varejistas para expor seus produtos, definir preços e até controlar o estoque.

O D2C surge como alternativa para:

- **Reduzir a dependência do varejo:** marcas podem manter um canal próprio de venda, mitigando o risco de quedas de demanda no varejo.
- **Acessar dados valiosos do consumidor:** no modelo tradicional, os dados de compra pertencem ao varejista. No D2C, a indústria pode mapear preferências, criar ofertas personalizadas e melhorar seus produtos.
- **Aumentar margens de lucro:** sem intermediários, as marcas eliminam parte dos custos e podem trabalhar com preços mais competitivos ou investir mais na experiência do cliente.
- **Criar um relacionamento direto com o consumidor:** o D2C permite personalizar a comunicação e fidelizar clientes, algo mais difícil no varejo tradicional.

  Exemplo prático: a Nike foi uma das primeiras grandes marcas a investir no modelo D2C, lançando sua loja on-line e aplicativo para vender diretamente ao consumidor, sem intermediários. Hoje, quase 40% das vendas globais da Nike já são feitas via canais próprios, reduzindo sua dependência de varejistas multimarcas.

Desafios do D2C para indústrias

Apesar das vantagens, adotar um modelo D2C exige mudanças estruturais, investimento e planejamento cuidadoso. Alguns dos principais desafios incluem:

1. **Construção de canais de venda próprios**

   Indústrias que sempre venderam para distribuidores precisam desenvolver canais diretos, como e-commerce próprio, marketplace ou lojas físicas de marca.

   Solução: criar um e-commerce robusto, otimizado para SEO e experiência do usuário, e explorar marketplaces como Mercado Livre e Amazon para acelerar as vendas diretas.

   2. Logística e distribuição

   No modelo D2C, a indústria precisa cuidar diretamente da entrega, o que exige uma estratégia logística eficiente.

   Solução: utilizar parceiros logísticos integrados para reduzir prazos de entrega e implementar modelos como dark stores ou centros de distribuição regionais.

2. **Conflito com o varejo tradicional**

   Ao vender diretamente para o consumidor, muitas marcas entram em conflito com os varejistas que antes eram seus principais canais de distribuição.

   Solução: trabalhar estratégias de diferenciação, como vender edições exclusivas ou oferecer experiências especiais no canal D2C (personalizações, assinaturas, brindes exclusivos).

   📌 **Exemplo prático:** a Ambev lançou o Zé Delivery como um canal D2C para vender cervejas diretamente ao consumidor, sem canibalizar suas vendas no varejo tradicional.

Tendências para o D2C nos próximos anos

1. **Assinaturas e clubes de fidelidade**

   Muitas marcas D2C estão adotando modelos de assinatura para garantir receita recorrente e fidelizar clientes.

   📌 **Exemplo:** O Boticário lançou seu próprio clube de assinaturas de perfumes, permitindo que os clientes recebam fragrâncias personalizadas todo mês.

2. **Experiência omnichannel**

   Mesmo vendendo diretamente ao consumidor, muitas marcas estão criando pontos físicos para fortalecer a experiência da marca.

   📌 **Exemplo:** a Apple e a Samsung possuem e-commerces próprios, mas também lojas conceito para gerar conexão emocional com os consumidores.

3. **Inteligência artificial e personalização**

   Marcas estão utilizando IA para recomendar produtos, personalizar a experiência do usuário e criar campanhas automatizadas.

   📌 **Exemplo:** A Sephora usa IA para recomendar maquiagens personalizadas com base no histórico de compras de cada cliente no seu e-commerce.

O modelo D2C não substitui o varejo tradicional, mas, sim, complementa a estratégia de distribuição de uma marca. No contexto da Mandala Lebbe, ele representa um ataque inteligente, no qual a marca investe diretamente em sua base de clientes, reduzindo intermediários e aumentando o controle sobre sua operação.

Indústrias que adotam o D2C com estratégia bem definida conseguem crescer de forma mais sustentável, oferecendo produtos exclusivos, maior personalização e construindo um relacionamento sólido com seus consumidores.

O ataque como estratégia de crescimento sustentável

O capítulo *Attack* da Mandala Lebbe reforça a importância de investimentos estratégicos para amplificar a presença da marca no mercado. Do investimento em mídia à otimização do trade marketing, todas as ações têm um único propósito: gerar impacto real e crescimento previsível.

Se você chegou até aqui, já entendeu que marketing é um processo, e cada pilar, cada tijolinho é muito importante para a construção do resultado. E como toda boa construção, uma marca tem seus pilares fortes, que sustentam toda a estrutura, mas também é feita de ambientes leves, criativos e disruptivos.

Na próxima camada da Mandala, **Disruption**, será o momento de explorar abordagens ainda mais inovadoras, que buscam criar experiências e impressões profundas. Depois de consolidar uma presença forte, aumentar o impacto e o alcance da marca, é hora de pensar fora da caixa e desafiar o status quo do mercado.

CAPÍTULO 10
DISRUPTION
QUANDO A INOVAÇÃO SE TORNA DIFERENCIAL COMPETITIVO

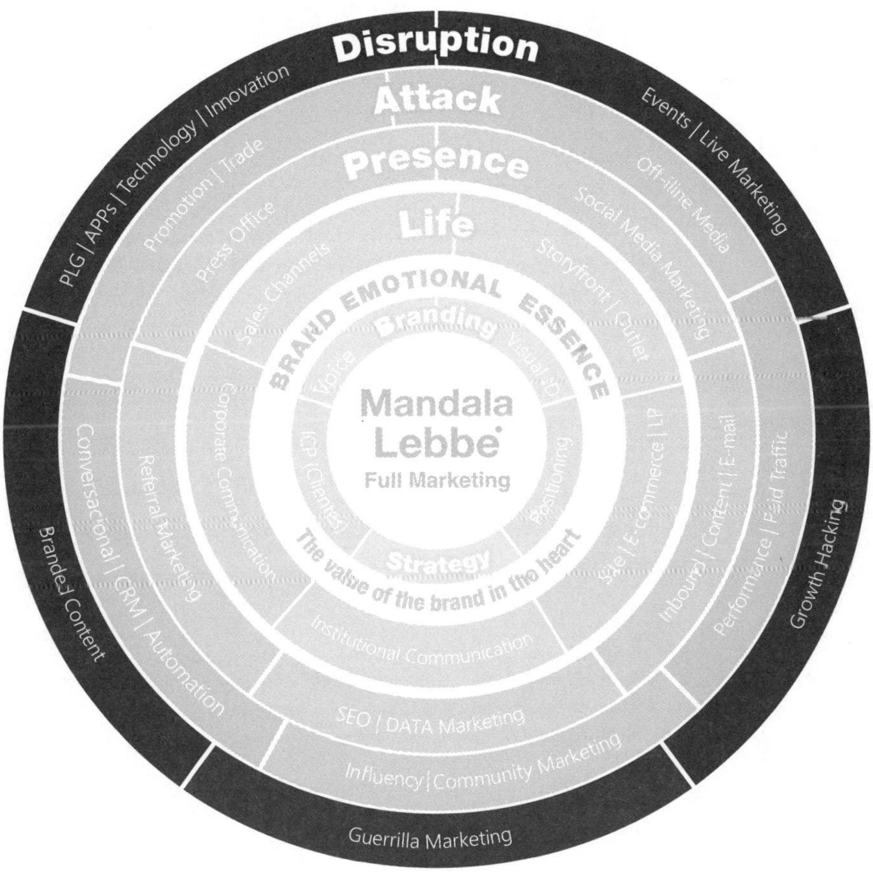

POR QUE MARCAS PRECISAM SAIR DA CAIXINHA?

Em um mundo onde o consumidor é bombardeado com milhares de mensagens diárias, ser apenas mais uma marca na multidão não é suficiente. Para conquistar e reter a atenção do público, é preciso ir além das estratégias tradicionais e adotar um pensamento disruptivo. Disruptar não significa apenas ser criativo; trata-se de desafiar padrões, quebrar paradigmas e encontrar novas maneiras de conectar a marca ao público de forma memorável.

Contudo, não se pode construir inovação sobre uma base frágil. Muitas marcas caem na armadilha de buscar campanhas inovadoras sem antes terem estruturado sua identidade, seu branding e suas estratégias essenciais. Como diz Al Ries, no clássico *A Queda da Publicidade e a Ascensão do PR*, "o erro mais comum do marketing é pular etapas". O impacto real de uma ação disruptiva só acontece quando ela está alinhada ao posicionamento da marca e integrada às estratégias já consolidadas.

Ou seja, para que o *Disruption* gere valor de verdade, é fundamental que a marca tenha passado por todas as camadas anteriores da Mandala Lebbe.

O papel da inovação no marketing

Disruptar não é apenas um modismo. A inovação no marketing se tornou um fator crítico de diferenciação para as empresas que desejam crescer de forma sustentável. Estudos do McKinsey Global Institute mostram que as marcas que investem continuamente em inovação crescem 2,6 vezes mais rápido do que aquelas que seguem estratégias convencionais.

A inovação no marketing pode acontecer de diversas formas:

- **Revolução no formato de comunicação:** marcas que mudam a forma como interagem com o consumidor, como a ascensão do TikTok, este sendo canal principal para públicos mais jovens.
- **Uso criativo da tecnologia:** realidade aumentada, inteligência artificial e experiências imersivas que elevam a experiência do cliente.
- **Novas abordagens no consumo de conteúdo:** marcas que investem em branded content de qualidade, como séries, podcasts e documentários patrocinados.
- **Criação de experiências memoráveis:** eventos, ativações e marketing sensorial que tornam a marca inesquecível.

A questão central é: o mercado está saturado e os consumidores estão cada vez mais exigentes. Segundo um relatório da Nielsen, 56% das pessoas preferem comprar de marcas que oferecem experiências inovadoras e inesperadas. Isso significa que inovação não é apenas um diferencial — é uma necessidade para se manter relevante.

Como se destacar em um mercado saturado?

A competição nunca foi tão acirrada. Com a digitalização do consumo e a proliferação de marcas, a atenção do consumidor se tornou o ativo mais disputado do mercado.

No entanto, há uma oportunidade para marcas que sabem sair do óbvio e criar estratégias que explorem novas plataformas e formatos; quebrem padrões estabelecidos e criem impacto imediato; gerem valor além do produto, criando conexões emocionais profundas e/ou aproveitem dados e tecnologia para personalizar a experiência do consumidor.

Um exemplo claro disso é o case da Nike. A empresa não vende apenas tênis; ela constrói experiências e comunidade. Seu aplicativo Nike Run Club, que motiva corredores com desafios e premiações, gera engajamento contínuo e transforma consumidores em fãs leais. Esse tipo de estratégia disruptiva faz com que a Nike não seja apenas mais uma marca de esportes, ela se torna parte da vida do consumidor.

Outro exemplo de inovação disruptiva foi a campanha do Itaú com o "Leia para uma Criança"; além da publicidade tradicional, tornou-se um movimento cultural, incentivando a leitura no Brasil e reforçando a conexão emocional do banco com seu público.

Marcas que desafiam a mesmice e criam valor real para o consumidor não competem apenas por preço ou produto, elas criam relevância emocional e cultural.

Disruptar sem estrutura não funciona

Antes de pensar em inovação, uma marca precisa estar sólida e estruturada. Muitas empresas erram ao tentar criar campanhas ousadas sem ter um branding bem definido, uma mensagem clara e consistente.

A Mandala Lebbe foi construída para garantir que cada etapa da jornada da marca seja respeitada antes de entrar na camada de *Disruption*. Cada uma das fases anteriores — Branding/Estratégia, BEE, *Life*, *Presence* e *Attack* — tem um papel fundamental.

Vejo muitos palestrantes de marketing falando a frase: "**Faça o básico bem feito**" e você sairá na frente dos seus concorrentes. Eu concordo com grande parte dessa expressão, pois não adianta inventar moda se não faz o que precisa ser feito. Porém, no jogo de grandes marcas, só o básico não vai resolver, é preciso dar o **Salto** — livro de Bob Schmettere, ex-CEO da Euro RSCG Worldwide e presidente da Havas, uma ótima referência.

Ou seja, somente depois de passar pela base da Mandala é possível explorar *Disruption* de forma estratégica e eficaz. Caso contrário, o resultado pode ser uma ação isolada, sem continuidade, que não gera impacto duradouro.

Os pilares do Disruption

Agora que entendemos por que e quando investir em inovação, vamos explorar os principais pilares dessa camada da Mandala Lebbe. São eles:

1. **Eventos e ativações**

   O impacto do marketing de experiência e como eventos presenciais e on-line podem fortalecer marcas.

2. **Growth hacking**

   Estratégias ágeis para acelerar o crescimento de forma inovadora e mensurável.

3. **Marketing de guerrilha e live marketing**

   Campanhas inusitadas que quebram padrões e geram alto engajamento.

4. **Branded content**

   A força do conteúdo como ferramenta de posicionamento e envolvimento do público.

5. **Tecnologia no marketing**

   O uso de inteligência artificial, product-led growth e apps para potencializar estratégias disruptivas.

Nos próximos tópicos, vamos detalhar cada um desses pilares, trazendo exemplos práticos, dados de mercado e insights de grandes marcas.

Prepare-se para explorar o que há de mais inovador no marketing e descobrir como a disrupção pode ser o diferencial que levará sua marca ao próximo nível!

10.1 EVENTOS PRESENCIAIS E ON-LINE: EXPERIÊNCIAS QUE CRIAM CONEXÃO

Em um mundo cada vez mais digital, onde grande parte da interação acontece por meio de telas, o contato humano e a experiência presencial se tornaram um diferencial competitivo poderoso. O marketing de eventos — tanto presenciais quanto on-line — tem um papel fundamental na criação de comunidade, engajamento e lealdade à marca.

Eventos bem estruturados não vendem apenas um produto ou serviço, mas oferecem uma vivência marcante, que reforça os valores da marca e fortalece o relacionamento com seu público. Segundo um estudo da Freeman Research, 80% dos participantes de eventos afirmam que a experiência ao vivo influencia positivamente sua percepção sobre uma marca.

Outro levantamento do Event Marketing Institute mostrou que 74% das pessoas têm maior probabilidade de comprar um produto após participar de um evento da marca, e 98% dos participantes de eventos presenciais sentem que estão mais propensos a desenvolver um vínculo emocional com a empresa.

Em uma era na qual o marketing está cada vez mais voltado para a experiência, os eventos se tornaram um dos pilares mais fortes de construção de marca e engajamento de longo prazo.

Tipos de eventos e suas aplicações no marketing

Cada evento tem um propósito diferente e pode ser usado para atrair novos públicos, engajar clientes existentes ou reforçar a autoridade da marca no mercado. A escolha do formato ideal depende do objetivo estratégico da empresa.

1. **Feiras e congressos: autoridade e networking**

   As feiras e os congressos são essenciais para posicionamento de marca e geração de negócios, especialmente no setor B2B. Empresas que participam desses eventos conseguem:

   - **Reforçar a autoridade da marca** e seu papel como referência no mercado.
   - **Gerar leads qualificados** ao interagir diretamente com um público interessado.
   - **Construir parcerias estratégicas**, fortalecendo seu networking e relacionamento com stakeholders.

Um exemplo claro é o Web Summit e o SXSW, eventos globais que reúnem empresas inovadoras para networking, conhecimento e oportunidades de negócios.

Dicas para maximizar o impacto em feiras e congressos:

- Ter um stand interativo que envolva os participantes com tecnologia, realidade aumentada ou experiências imersivas.
- Realizar palestras ou workshops para reforçar a expertise da empresa.
- Criar ativações que incentivem o compartilhamento da experiência nas redes sociais.
- Buscar captar leads qualificados para gerar conversas posteriores.

2. **Festivais e eventos culturais: conexão emocional e branding**

   As marcas que patrocinam ou criam festivais e eventos culturais se conectam com o público em um nível mais emocional. Esses eventos permitem que a marca seja associada a momentos positivos e experiências memoráveis.

   - **Reforça valores e propósitos** da marca de forma autêntica.
   - **Cria awareness e lembrança de marca**, especialmente entre públicos jovens e engajados.
   - **Gera mídia espontânea e buzz** nas redes sociais.

   Um ótimo exemplo disso é o Lollapalooza, que recebe patrocínios de marcas como Coca-Cola e Samsung, criando experiências imersivas para o público e fortalecendo o branding das empresas envolvidas.

Dicas para aproveitar festivais e eventos culturais:

- Criar espaços interativos e experiências exclusivas para os participantes.
- Usar tecnologia para engajar o público, como aplicativos de realidade aumentada ou desafios interativos.
- Integrar ações digitais ao evento presencial, permitindo que a experiência continue após o evento.

3. **Eventos corporativos e ativações de marca**

   Os eventos corporativos são fundamentais para engajar clientes, colaboradores e parceiros estratégicos. Aqui, o objetivo pode variar entre educar, inspirar e gerar novas oportunidades de negócio.

- **Eventos para clientes:** workshops, *roadshows* e treinamentos criam um relacionamento mais próximo e fortalecem a fidelização.
- **Eventos internos:** conferências e premiações internas aumentam o engajamento e reforçam a cultura organizacional.
- **Ativações de marca:** experiências imersivas criam um impacto positivo na percepção do consumidor.

Importantíssimo entender que esses eventos devem ser realizados como meio, ou seja, como uma forma de trabalhar a marca e, a partir dele, gerar novos negócios. Muitas empresas caem na armadilha de acreditar que o evento pode ter vida própria, gerar lucro por si só, mas se esse for o objetivo principal, a frustração virá, com certeza. Cuidado para não cair nessa armadilha. Bons eventos podem crescer, mas o objetivo deve estar sempre claro para a gestão.

Um bom exemplo foi o Google for Brasil, evento criado pela gigante da tecnologia para apresentar suas inovações ao mercado brasileiro, reforçando seu posicionamento como líder em inovação. Outros grandes exemplos são o Fire, da Hotmart, e o RD Summit, da RD Station, dois eventos que começaram pequenos, com foco em gerar negócios para as próprias empresas, e atualmente se tornaram referências em eventos de marketing digital, atraindo milhares de pessoas do setor.

Dicas para potencializar eventos corporativos:

- Criar narrativas envolventes que prendam a atenção do público.
- Usar gamificação para aumentar o engajamento dos participantes.
- Apostar em interações digitais, como transmissões ao vivo e enquetes em tempo real.
- Ter trilhas de produtos claros e disponíveis para venda dentro do evento.
- Criar estratégias para conversão pós-evento, aproveitando toda a exposição e experiência gerada.

4. Eventos híbridos e interativos

Com o avanço da tecnologia, os eventos híbridos — que combinam experiências presenciais e digitais — se tornaram um formato poderoso. Segundo a Markletic, 67% dos organizadores de eventos afirmam que os eventos híbridos aumentam significativamente o alcance e o engajamento.

Os eventos híbridos trazem vantagens como:

- **Maior alcance:** permite que pessoas de qualquer lugar participem da experiência.
- **Interatividade ampliada:** chat ao vivo, enquetes e transmissões em tempo real aumentam o engajamento.
- **Mais dados e métricas:** facilita a análise do comportamento e do interesse do público.

Marcas como Apple e Microsoft já utilizam esse formato há anos para lançamentos de produtos, aumentando exponencialmente sua audiência global.

Dicas para eventos híbridos bem-sucedidos:

- Criar conteúdos exclusivos para cada público (presencial e digital).
- Incentivar a interação entre participantes on-line e presenciais.
- Utilizar plataformas que integrem transmissão ao vivo com engajamento digital.

Como transformar eventos em experiências memoráveis

Criar um evento não é suficiente. Para que ele gere impacto real e se torne um marco para o público, é necessário investir em diferenciação, interatividade e imersão.

1. **Aposte no storytelling**

   Eventos com uma narrativa envolvente fazem com que os participantes se sintam parte de uma história. Construa uma experiência que tenha um início, meio e fim bem estruturados.

2. **Invista em experiências sensoriais**

   O cérebro humano memoriza melhor aquilo que ativa múltiplos sentidos. Use som, luz, aromas e até mesmo o toque para criar uma imersão completa.

3. **Personalização e exclusividade**

   Os eventos mais bem-sucedidos são aqueles que fazem cada participante sentir que a experiência foi criada para ele.

4. **Gamificação e interatividade**

   Torne os eventos mais dinâmicos com desafios, premiações e dinâmicas que incentivem a participação ativa do público.

5. **Continue a conversa depois do evento**

   Um erro comum é considerar que o impacto do evento termina quando ele acaba. Crie conteúdos pós-evento, como vídeos dos melhores momentos, e-mails personalizados e fóruns de discussão para prolongar a experiência.

Eventos, sejam presenciais ou on-line, são muito mais do que simples encontros. Eles são uma estratégia poderosa de branding, relacionamento e conversão. Marcas que investem em experiências imersivas conseguem:

- **Construir uma comunidade forte e engajada.**
- **Gerar leads e oportunidades de negócios de alta qualidade.**
- **Criar lembranças positivas que fortalecem a lealdade do consumidor.**

Com a tecnologia e o digital como aliados, os eventos deixaram de ser apenas momentos pontuais e passaram a fazer parte da estratégia de crescimento contínuo das empresas.

Nos próximos tópicos, vamos explorar outras estratégias disruptivas que podem transformar a forma como as marcas se posicionam no mercado.

10.2 GROWTH HACKING: O MARKETING ACELERADO E BASEADO EM DADOS

Sean Ellis, em seu livro *Hacking Growth*, define **growth hacking** como uma abordagem sistemática e iterativa para impulsionar o crescimento de um negócio, baseada em dados, experimentação e otimização contínua. O conceito nasceu no Vale do Silício, no contexto das startups, mas rapidamente se expandiu para empresas de todos os tamanhos, pois provou ser altamente eficiente para acelerar crescimento com menos investimento em mídia tradicional.

O que diferencia o growth hacking do marketing tradicional é sua obsessão por crescimento mensurável. Enquanto campanhas de marketing muitas vezes buscam reforço de marca ou alcance, o growth hacking foca em resultados diretos e escaláveis — como aquisição de usuários, retenção e viralização.

Os pilares do growth hacking, segundo Sean Ellis

Ellis estrutura o growth hacking em quatro pilares fundamentais:

Alinhamento entre produto e mercado (Product-Market Fit – PMF)

Antes de investir em qualquer estratégia de crescimento, o primeiro passo é garantir que o produto resolva uma necessidade real do mercado. Um erro comum é tentar acelerar o crescimento antes que o produto esteja pronto para escalar.

Como medir PMF?

Ellis propõe um método simples: perguntar aos usuários atuais *"Como você se sentiria se não pudesse mais usar este produto?"* Se 40% ou mais dos entrevistados disserem que ficariam "muito desapontados", a empresa atingiu um bom nível de adequação ao mercado.

📌 **Exemplo real:** O Slack passou por vários testes internos antes de ser lançado para o público. Só depois que as equipes começaram a depender do produto diariamente, a empresa escalou suas ações de crescimento.

Experimentação contínua e aprendizado rápido

A essência do growth hacking está na experimentação acelerada. Diferente de campanhas tradicionais que levam meses para serem desenvolvidas e validadas, growth hackers criam testes de baixo custo e alta velocidade para entender quais estratégias trazem os melhores resultados.

Processo básico de experimentação (Ciclo Growth Hacking):

1. **Gerar hipóteses:** qual mudança pode gerar crescimento?
2. **Criar testes rápidos:** testes A/B, ajustes no funil, experimentos com copywriting.
3. **Coletar dados:** avaliar métricas de engajamento e conversão.
4. **Escalar ou descartar:** se a ideia for validada, escala-se. Se falhar, um novo teste começa.

📌 **Exemplo real:** o Facebook, no início, percebeu que usuários que adicionavam sete amigos em dez dias tinham mais chances de se manter na plataforma. Eles otimizaram a experiência inicial para incentivar conexões rápidas e aumentaram significativamente a retenção.

📌 **Exemplo prático:** o Airbnb cresceu rapidamente ao testar um simples ajuste: permitir que os usuários postassem fotos de alta qualidade dos imóveis. A conversão aumentou significativamente, provando que esse era um fator determinante na decisão dos usuários.

📌 **Outro exemplo:** o Dropbox ofereceu mais espaço gratuito para usuários que indicassem amigos. Esse modelo viral reduziu o custo de aquisição de clientes e acelerou o crescimento da base.

Esses hacks são descobertos apenas por meio de testes contínuos e iteração rápida, garantindo que as empresas sempre otimizem suas abordagens de aquisição, retenção e monetização.

1. **Viralidade e aquisição de usuários de baixo custo**

   Em vez de investir pesadamente em anúncios pagos, growth hackers exploram métodos alternativos de aquisição, como:

   - **Referral marketing:** Dropbox oferecia espaço gratuito para usuários que indicavam amigos.
   - **Product-led growth (PLG):** o Zoom cresceu exponencialmente, permitindo que usuários acessassem reuniões sem precisar criar uma conta.
   - **Gatilhos psicológicos:** o Booking.com usa escassez e urgência ("Só mais dois quartos disponíveis!") para aumentar conversões.

2. **Retenção e monetização (LTV e engajamento contínuo)**

   Muitas empresas focam em adquirir novos usuários, mas se esquecem de reter e monetizar os que já conquistaram. No growth hacking, a retenção é vista como o fator mais importante para o crescimento sustentável.

   Como aumentar?

   - **Onboarding eficiente:** explicar rapidamente o valor do produto para o novo usuário.
   - **Gamificação:** sistema de pontos e recompensas (exemplo: Duolingo).
   - **Personalização:** e-mails e notificações baseados no comportamento do usuário.

   📌 **Exemplo real:** a Netflix analisa o histórico de cada usuário para recomendar conteúdos personalizados, aumentando o tempo do cliente na plataforma.

Matriz AARRR: o funil do growth hacking

Para estruturar de forma prática todos esses pilares do growth hacking — aquisição criativa, viralidade, retenção e monetização —, Dave McClure, investidor do Vale do Silício, desenvolveu um dos frameworks mais utilizados no mundo de startups: a **Matriz AARRR**, também conhecida como *Pirate Metrics*. Esse modelo organiza a jornada do usuário em cinco etapas fundamentais e mostra onde exatamente concentrar esforços de experimentação, mensuração e otimização. Enquanto Sean Ellis trouxe a mentalidade de crescimento acelerado e iterativo, McClure traduziu essa visão em um guia prático, usado até hoje por empresas que querem escalar de forma sustentável.

As cinco fases da Matriz AARRR:

1. **Aquisição: como as pessoas encontram seu produto?**

   A primeira etapa do funil está em gerar tráfego qualificado, ou seja, atrair pessoas que tenham o potencial real de se tornarem clientes. Não se trata apenas de aumentar o volume de acessos, mas, sim, de conquistar a atenção do público certo, no momento certo.

   As estratégias de aquisição podem incluir mídia paga (Google Ads, Meta Ads, TikTok Ads), SEO, marketing de conteúdo, influenciadores digitais e parcerias estratégicas. O ponto central é entender quais canais têm o melhor custo-benefício e maior impacto sobre o público-alvo.

   📌 **Exemplo:** o Dropbox, ao iniciar sua expansão, não apostou apenas em anúncios pagos. A empresa utilizou táticas de PR (como entrevistas e matérias em portais de tecnologia) e programas de referência (referral) que geraram aquisição em escala orgânica e de baixo custo.

2. **Ativação: como garantir uma primeira experiência positiva?**

   Não basta trazer usuários: é preciso que eles tenham uma boa primeira impressão e percebam rapidamente o valor do produto. A ativação envolve o *onboarding* inicial e a clareza com que o usuário entende os benefícios da solução.

   O objetivo é que, logo nos primeiros contatos, o usuário tenha uma experiência tão positiva que queira continuar explorando o produto. Isso pode ser feito por meio de jornadas guiadas, notificações contextuais, suporte rápido e interfaces intuitivas.

📌 **Exemplo:** o iFood garante uma ativação eficaz ao oferecer cupons de boas-vindas para novos usuários. Isso incentiva a primeira compra e reduz a barreira de entrada, acelerando a adoção da plataforma.

3. **Retenção: como manter os usuários engajados?**

A retenção é um dos maiores desafios — e também o maior diferencial competitivo. Uma empresa que não retém clientes precisa gastar constantemente em aquisição, elevando o CAC e limitando sua escalabilidade.

Ela envolve transformar o uso do produto em hábito, garantindo que o cliente retorne com frequência. Isso pode ser alcançado com personalização, notificações inteligentes, gamificação, programas de fidelidade e melhorias contínuas na experiência.

📌 **Exemplo:** a Netflix utiliza algoritmos avançados para recomendar conteúdos personalizados com base no histórico do usuário. Isso mantém a plataforma relevante, aumenta o tempo de permanência e reduz o *churn*.

4. **Receita: como transformar usuários em clientes pagantes?**

Ter usuários ativos é ótimo, mas o crescimento só se sustenta quando eles se convertem em receita recorrente. O foco aqui está em monetizar de forma inteligente, oferecendo planos pagos, *upsell*, *cross-sell* e produtos *premium*.

O segredo é alinhar monetização com valor percebido: quanto mais o cliente sentir que está recebendo algo útil e diferenciado, maior será a disposição de pagar.

📌 **Exemplo:** o Gympass expandiu sua receita ao ir além das assinaturas individuais. A empresa passou a vender planos corporativos para empresas que oferecem bem-estar aos colaboradores, ampliando o ticket médio e garantindo contratos de longo prazo.

5. **Recomendação: como transformar clientes em promotores da marca?**

A última etapa é o motor da viralidade. Clientes satisfeitos e engajados tornam-se promotores espontâneos, recomendando o produto para amigos, familiares e colegas. Essa é uma das formas mais eficientes e baratas de aquisição, pois combina confiança social com efeito de rede.

Para estimular recomendações, muitas empresas criam programas de indicação com recompensas, experiências memoráveis e campanhas que incentivam o compartilhamento.

📌 **Exemplo:** a Tesla utiliza seus próprios clientes como promotores. Durante anos, seu programa de indicação ofereceu benefícios como carregamento gratuito e até chances de ganhar um carro, criando *buzz* orgânico e alcance global sem depender apenas de mídia paga.

A força da Matriz AARRR está em sua simplicidade. Ela permite que empresas identifiquem em qual etapa da jornada estão perdendo mais oportunidades e onde os experimentos de growth devem ser concentrados. Uma startup pode ter boa aquisição, mas péssima retenção; outra pode reter bem, mas não consegue gerar receita. Ao aplicar o framework, fica claro onde atacar para destravar o crescimento.

Ferramentas de growth hacking mais utilizadas

O growth hacking, como definido por Sean Ellis, é baseado em experimentação rápida, dados e otimização contínua. Mas para que essa filosofia seja aplicada na prática, as ferramentas certas fazem toda a diferença. Nos últimos anos, o ecossistema evoluiu de simples testes A/B e planilhas manuais para um arsenal tecnológico que une **plataformas de experimentação, análise de comportamento, automação e inteligência artificial**.

Ferramentas para testes e experimentação

O primeiro passo de qualquer growth hacker é validar hipóteses rapidamente. Aqui, entram ferramentas como:

- Optimizely e VWO lideram o mercado de testes A/B, especialmente após a descontinuação do Google Optimize.
- **LaunchDarkly** e **Firebase** (Google) para **feature flagging**, ou seja, lançar funcionalidades de forma controlada para pequenos grupos de usuários antes de escalar.

Essas ferramentas ajudam a validar qual versão de um produto, página ou mensagem gera mais impacto antes de expandir o investimento.

Ferramentas de análise de comportamento e métricas

Growth hacking é impossível sem medir o comportamento real do usuário. As plataformas mais utilizadas são:

- **Amplitude** e **Mixpanel**, que permitem acompanhar funis completos, métricas de retenção e *cohort analysis*, ajudando a entender onde os usuários abandonam a jornada.
- **Hotjar** e **Crazy Egg**, que trazem mapas de calor e gravações de tela, revelando como as pessoas interagem realmente com páginas e apps.
- **Tableau** e **Google Looker Studio**, para visualização avançada de dados, cruzando informações de marketing, vendas e produto em dashboards estratégicos.

Essas ferramentas revelam gargalos invisíveis em relatórios tradicionais e permitem ajustes rápidos na jornada do cliente.

Automação com no-code e low-code

O crescimento acelerado depende de agilidade. Com plataformas **no--code/low-code** como **n8n**, **Zapier** e **Make**, times de marketing e produto conseguem integrar sistemas, criar fluxos de nutrição, automatizar testes e até orquestrar campanhas complexas sem depender de programadores. Isso democratiza a execução e acelera a experimentação.

Inteligência artificial no growth hacking

A IA deixou de ser "acessório criativo" e virou **motor do ciclo de experimentação**. Ela acelera hipóteses, cria variações, personaliza jornadas em tempo real e fecha o loop com aprendizado contínuo.

5 aplicações que geram resultado (com ação imediata)

1. **Descoberta de oportunidades e hipóteses de teste**

- **O que fazer:** use **ChatGPT, Claude, Gemini** e **Perplexity** para varrer dados (*analytics*, CRM, reviews, pesquisas) e gerar hipóteses priorizadas por impacto vs. esforço.
- **Como aplicar em uma semana:**
  - Suba planilhas/trechos de relatórios (sem PII) no **Claude/Gemini** e peça: "Liste 20 hipóteses de aumento de conversão, classifique por impacto estimado, esforço e risco".
  - Valide três hipóteses com dados do **Amplitude/Mixpanel**.
- **Métrica:** # de hipóteses qualificadas/ciclo, % validadas.

2. **Criação e pré-teste de criativos/CRO**

- **O que fazer:** gerar **10–30 variações** de headlines, CTAs, hero images e e-mails em **ChatGPT/Claude**; escolher três para A/B via **VWO/Optimizely**.
- **Dica:** padronize "*guardrails* de marca" no prompt (tom, palavras proibidas, claims) para consistência.
- **Métrica:** *uplift* de CTR/CR por variação; tempo de produção ↓.

3. **Personalização em escala com SLM**

- **O que fazer:** usar **Small Language Models** (modelos compactos, on-device ou no edge) para **selecionar mensagem/oferta** a partir de sinais (página vista, SKU, ticket, contexto).
- **Stack:** regras + SLM (para texto/tons) + **n8n/Zapier/Make** para orquestração.
- **Métrica:** incremento de CVR por segmento; AOV/LTV vs. controle.

4. **Otimização de ciclo de vida e timing**

- **O que fazer:** modelos de **send-time optimization** e **next-best-action** para e-mail/SMS/WhatsApp.
- **Como aplicar:**
  - Extraia horários de abertura/clique por contato (GA4/ESP).
  - Peça ao **ChatGPT:** "Crie regra de horário por *cluster* + variações de copy por estágio (descoberta, consideração, recompra)".
  - Dispare via **n8n/Make** integrando CRM.
- **Métrica:** OR/CTR/CVR por janela; queda de *churn*.

5. **Propensão, churn e upsell (predição leve)**

- **O que fazer:** comece simples com *scoring* (RFM + regras) e evolua para modelos leves (AutoML/SLM) para **churn** e **upsell**.
- **Ação:** marcar contatos com "risco alto" e iniciar sequência de retenção com **oferta/benefício** personalizado.
- **Métrica:** *churn* evitado; ARPU/LTV ↑.

Ferramentas úteis de IA (para o growth do dia a dia)

- **Ideação e texto:** ChatGPT (+ agentes), Claude, Gemini.
- **Pesquisa e benchmarking rápido:** Perplexity.

- **Orquestração/automação:** n8n, Make, Zapier.
- **Insights de dados:** PaveAI, Akkio (transformam GA4/CRM em recomendações).
- **Observações críticas:**
    - **LGPD:** anonimizar/hashi ar PII; mínimo de dados necessário.
    - **Human-in-the-loop:** aprovação humana para claims sensíveis.
    - **Documente prompts vencedores** (biblioteca viva de testes).

Medição avançada e atribuição (do "achismo" ao investimento ótimo)

Um dos maiores desafios do marketing sempre foi responder à pergunta: *"Qual parte do meu investimento realmente trouxe resultado?"*. Durante anos, muitas empresas dependeram de modelos de atribuição simplistas, como o **last click** (último clique), que dava todo o crédito da conversão ao último canal acessado pelo usuário. Isso criava distorções: se alguém clicasse em um anúncio no Google depois de já ter visto um post no Instagram, um e-mail e até uma campanha de TV, apenas o Google Ads receberia o mérito.

Com a evolução tecnológica, novas formas de medição surgiram para dar uma visão mais justa e estratégica do impacto de cada canal. Aqui entram duas grandes linhas:

1. **Modelos estatísticos tradicionais (atribuição multitouch):** distribuem o crédito da conversão entre os diferentes pontos de contato da jornada do cliente. Por exemplo, parte vai para a TV, parte para o digital e parte para o e-mail.
2. **Marketing Mix Modeling (MMM):** utiliza estatística avançada e *machine learning* para analisar grandes volumes de dados históricos (investimentos, vendas, sazonalidade, promoções, até clima ou feriados) e calcular o peso real de cada canal no resultado final. Ou seja, ele mostra, por exemplo, que 1 real investido em TV gera 3 reais em vendas, enquanto 1 real em social ads gera 2,5 reais.

Esse tipo de análise é poderoso porque não depende apenas de cookies ou rastreamento digital (cada vez mais limitados pelas novas leis de privacidade e bloqueios de navegadores), mas, sim, de uma leitura ampla do negócio. Grandes empresas globais como Coca-Cola, P&G e Unilever já usam MMM para **redistribuir orçamentos com mais eficiência**, cortando desperdícios e potencializando os canais que realmente trazem retorno.

📌 ***Exemplo prático:***

Uma rede de supermercados pode descobrir, via MMM, que suas campanhas de rádio regionais têm impacto muito maior nas vendas do que o investimento equivalente em anúncios display. Com essa informação, ela consegue redirecionar parte da verba para maximizar resultados, em vez de se guiar apenas por métricas de clique.

No Brasil, o uso de **modelos de atribuição avançada e MMM ainda está crescendo**, mas já é cada vez mais adotado por grandes *players* de e-commerce, fintechs e varejo. Para pequenas e médias empresas, mesmo que não implementem MMM de forma completa, é possível começar com uma visão mais integrada: acompanhar a jornada do cliente de ponta a ponta, cruzar dados de CRM com campanhas e usar ferramentas de IA para identificar padrões de comportamento.

Em resumo: **sem medir direito, não há growth hacking que sobreviva**. Testes e experimentos só fazem sentido se conseguimos entender claramente quais alavancas estão trazendo resultado. A medição avançada não é apenas um detalhe técnico: é a bússola que orienta o crescimento sustentável.

Casos mais profundos de marcas que cresceram com growth hacking

1. **Airbnb: explorando um canal de tráfego não convencional**

   O Airbnb, no início, não conseguia atrair usuários suficientes para sua plataforma. A equipe de growth hacking descobriu que o público-alvo já usava o Craigslist para procurar acomodações. Eles criaram um hack que permitia que os anfitriões do Airbnb publicassem automaticamente seus anúncios também no Craigslist, gerando um enorme fluxo de visitantes para a plataforma.

   Resultado: explosão no número de novos usuários sem precisar gastar fortunas em mídia paga.

2. **Dropbox: crescimento exponencial com referral marketing**

   O Dropbox queria aumentar sua base de usuários sem gastar milhões em publicidade. Em vez de investir apenas em anúncios, eles lançaram um programa de indicação que oferecia mais espaço de armazenamento gratuito para quem trouxesse amigos para a plataforma.

   Resultado: crescimento de 3.900% em apenas 15 meses.

3. **Hotmail: a assinatura que virou viral**

   Nos anos 90, o Hotmail adicionou a seguinte mensagem no rodapé de todos os e-mails enviados pelos seus usuários:

   👉 *"Get your free email at Hotmail."*

   Resultado: com apenas essa frase e um link, o Hotmail conquistou 1 milhão de usuários em seis meses e atingiu 12 milhões em um ano — sem investir pesado em publicidade.

Vamos trazer dois cases brasileiros para analisarmos.

Nubank: crescimento acelerado com indicação e experiência do cliente

O Nubank é um dos maiores exemplos de growth hacking no Brasil, tendo crescido sem investimentos massivos em mídia tradicional nos primeiros anos. Em vez disso, adotou estratégias de viralização e experiência do cliente para impulsionar sua base de usuários.

Principais estratégias de growth hacking:

- Sistema de convites exclusivo → Inicialmente, o Nubank só permitia novos clientes por meio de indicações, criando um senso de exclusividade e desejo pelo cartão roxinho. Isso aumentou o engajamento e acelerou a aquisição de novos usuários.
- Atendimento excepcional → Clientes que tinham problemas com seus cartões recebiam soluções criativas, como um novo cartão enviado com mensagens escritas à mão. Esse encantamento gerava milhares de posts orgânicos nas redes sociais, ampliando a reputação da marca.
- Uso de NPS para otimização → O Nubank analisava regularmente o *Net Promoter Score* (NPS) para entender a satisfação do cliente e aprimorar sua experiência, garantindo maior retenção e fidelização.
- Gamificação no app → O app oferece experiência fluida e intuitiva, além de estímulos para os clientes usarem mais o cartão, como desbloqueios de novas funções e aumento progressivo de limite com base no histórico de uso.

Resultado: em menos de cinco anos, o Nubank atingiu 10 milhões de clientes, tornando-se um dos maiores bancos digitais do mundo e inspirando outras fintechs a adotarem estratégias semelhantes.

iFood: otimização de conversões e expansão agressiva

O iFood utilizou growth hacking para dominar o mercado de delivery no Brasil, focando em aquisição de novos usuários, otimização do funil de conversão e retenção.

Principais estratégias de growth hacking do iFood:

- Descontos inteligentes no primeiro pedido → O iFood usou uma estratégia semelhante ao Uber: oferecer descontos agressivos no primeiro pedido, o que ajudava a converter novos usuários rapidamente e incentivava a experimentação do serviço.
- *Push notifications* e personalização → O app usa notificações push e segmentação de dados para recomendar pratos e promoções com base no histórico de pedidos de cada usuário, aumentando a retenção e o ticket médio.
- Testes A/B na interface do aplicativo → Pequenas mudanças no design do app foram testadas constantemente para otimizar conversões. Exemplo: testes com botões mais visíveis para pedidos repetidos aumentaram a recorrência dos clientes.
- Parcerias estratégicas com restaurantes → O iFood criou programas de incentivo para restaurantes menores oferecerem cupons e promoções exclusivas, o que gerava um efeito viral e aumentava o número de pedidos na plataforma.
- Expansão geográfica baseada em dados → Utilizando *machine learning*, o iFood analisava regiões com alta demanda potencial, permitindo que a empresa priorizasse cidades onde o crescimento seria mais rápido e eficaz.

Resultado: o iFood dominou mais de 80% do mercado de delivery no Brasil, superando concorrentes como Uber Eats e Rappi, e segue inovando para manter sua liderança.

O que podemos aprender com esses cases?

- **Aquisição viral funciona:** programas de indicação e exclusividade geram desejo e criam um efeito "bola de neve".
- **Dados são essenciais:** analisar comportamento do usuário permite personalizar experiências e otimizar conversões.
- **Experimentos contínuos aceleram o crescimento:** pequenas otimizações no funil de conversão podem gerar resultados exponenciais.

Essas estratégias provam que o growth hacking não é apenas sobre tráfego pago — ele envolve testes, criatividade e um olhar profundo para a experiência do usuário.

Growth hacking como mentalidade, não apenas tática

Growth hacking não é uma estratégia única, mas uma mentalidade de crescimento acelerado. Empresas que adotam essa abordagem conseguem:

- Descobrir oportunidades escondidas e crescer sem grandes investimentos em mídia.
- Testar ideias rapidamente e evitar desperdício de recursos.
- Otimizar continuamente seus processos de aquisição, retenção e monetização.

Seja para startups buscando tração inicial ou grandes empresas querendo inovar, o growth hacking é um pilar essencial do marketing moderno. No próximo tópico, vamos explorar como marcas podem usar marketing de guerrilha e live marketing para criar impacto e engajamento no público.

10.3 MARKETING DE GUERRILHA E LIVE MARKETING: IMPACTO E ENGAJAMENTO NA PRÁTICA

Sempre fui um apaixonado por marketing de guerrilha. O livro **Marketing de Guerrilha**, de **Jay Conrad Levinson**, me ensinou a olhar para o marketing de outras formas. Ele defende que uma campanha não precisa de um orçamento milionário para ser impactante — ela precisa de criatividade, estratégia e, acima de tudo, entendimento profundo do público.

No mundo saturado de informações, onde consumidores são impactados por milhares de anúncios diariamente, chamar a atenção não é uma tarefa fácil. É preciso gerar experiências marcantes, conexões reais e interações memoráveis. E é exatamente nisso que o marketing de guerrilha e o live marketing se destacam: são estratégias que transcendem a publicidade tradicional e criam impacto no dia a dia das pessoas.

O que caracteriza uma campanha de guerrilha?

O marketing de guerrilha nasceu como uma resposta ao marketing tradicional, mostrando que marcas menores podem competir com grandes *players* se forem criativas e estratégicas. Esse conceito envolve ações inusitadas, criativas e altamente compartilháveis, que aproveitam insights sobre o comportamento do público para surpreendê-lo de forma inesperada.

Os principais elementos do marketing de guerrilha são:

- Baixo custo, alto impacto: a ideia é maximizar a criatividade e minimizar os gastos, utilizando espaços públicos, tecnologia ou parcerias para potencializar a mensagem.
- Surpresa e experiência: o marketing de guerrilha rompe a previsibilidade da comunicação, impactando o público de maneira inesperada e engajadora.
- Boca a boca e viralização: ações bem executadas se tornam assunto nas redes sociais e na mídia espontânea, ampliando seu alcance sem necessidade de altos investimentos em mídia paga.
- Uso inteligente do ambiente: campanhas guerrilheiras costumam aproveitar espaços públicos, pontos de venda e até o mobiliário urbano para criar ativações que geram impacto.

Como criar impacto sem investir grandes orçamentos?

O segredo para campanhas de guerrilha bem-sucedidas é pensar fora do óbvio e se conectar emocionalmente com o público. Aqui estão algumas estratégias para potencializar esse impacto:

Ações interativas e engajamento com o público

- Criar experiências que envolvam o público de forma ativa, tornando-o parte da campanha.
- Exemplo: um restaurante pode criar um painel interativo onde os clientes desenham seus próprios pedidos, e os melhores são preparados pelos chefs.

Uso inteligente do ambiente

- Personalizar espaços urbanos para transformar o cotidiano das pessoas em uma experiência de marca.
- Exemplo: uma marca de ração pode colocar adesivos 3D nas calçadas, simulando pegadas de cachorros que levam até o ponto de venda.

Stunts e ações inesperadas

- Criar situações inusitadas que chamem a atenção do público e gerem compartilhamento.
- Exemplo: uma marca de café pode fazer um *flash mob* em que pessoas "adormecem" no meio da rua e só despertam ao receber um café.

Parcerias estratégicas

- Colaborar com influenciadores, artistas ou marcas complementares para amplificar o alcance sem grandes investimentos.
- Exemplo: uma startup de fitness pode fechar parceria com academias e deixar brindes em *lockers* para os alunos.

Elementos de storytelling e viralização

- Criar narrativas que conectam-se emocionalmente com as pessoas e incentivam o compartilhamento orgânico.
- Exemplo: uma empresa de tecnologia pode espalhar QR codes em diferentes cidades com mensagens misteriosas, levando a um site com um *storytelling* envolvente.

Exemplos icônicos de marketing de guerrilha

A guerrilha já foi muito difundida, então se você procurar no Google, YouTube ou TikTok por ações de Guerrilhas, encontrará cases incríveis, inclusive visuais. Abaixo deixo alguns exemplos que marcaram o mundo.

1. **Red Bull Stratos (2012 – Áustria/Global)**

   Um dos maiores exemplos de guerrilha e live marketing da história. A Red Bull organizou o salto estratosférico de Felix Baumgartner, transmitido ao vivo para milhões de pessoas. Sem comprar mídia tradicional, a marca gerou repercussão global, consolidando o slogan "Red Bull te dá asas". O evento bateu recordes de audiência no YouTube e se tornou um case de como **transformar um stunt em branding global**.

2. **"Unforgettable Bus Stop", da Pepsi Max (2014 – Reino Unido)**

   A Pepsi Max instalou uma tela digital em um ponto de ônibus em Londres que simulava situações surreais — meteoros caindo, tigres correndo na rua, naves espaciais pousando. As pessoas eram surpreendidas no cotidiano e gravadas em tempo real. O vídeo da ação viralizou, atingindo milhões de views no YouTube, sem precisar de um grande investimento em TV.

3. **IKEA, "Dormindo no Metrô" (2011 – França)**

   A IKEA montou quartos completos dentro de uma estação de metrô, em Paris, e convidou pessoas a literalmente passarem a noite lá. A experiência conectava diretamente o público ao core da marca — conforto acessível — e gerou repercussão espontânea na imprensa e redes sociais. É um clássico do **uso criativo do ambiente urbano**.

4. **Burger King, "Whopper Detour" (2018 – EUA)**

   O Burger King lançou um hack criativo: qualquer pessoa que estivesse dentro de um McDonald's e abrisse o app do Burger King podia pedir um Whopper por apenas 1 centavo. A ação obrigava o consumidor a baixar o app e ainda zombava do concorrente, gerando milhões de downloads em poucos dias. Aqui vemos **growth hacking e guerrilha caminhando juntos**.

5. **Netflix, "Narcos" (2015 – Global, com ações no Brasil)**

   Para lançar a série *Narcos*, a Netflix fez ações de guerrilha em várias cidades do mundo. Em São Paulo e no Rio, espalhou outdoors e intervenções urbanas com frases misteriosas e alusões ao universo da série. Além disso, distribuiu jornais fictícios com notícias relacionadas ao tráfico, chamando a atenção da mídia e gerando *buzz* orgânico.

Esses exemplos mostram como o marketing de guerrilha, mesmo com **baixo investimento em mídia paga**, consegue gerar impacto global quando há criatividade, conexão emocional e uma boa estratégia de viralização. Seja com *stunt* de grande escala (Red Bull), uso criativo da tecnologia (Pepsi Max), intervenções urbanas (IKEA e Netflix) ou hacks de concorrência (Burger King), o segredo está em surpreender e envolver o público de maneira inesperada.

Muitas empresas brasileiras, mesmo com orçamentos reduzidos, conseguem fazer campanhas de marketing de guerrilha extremamente eficazes, utilizando criatividade e estratégia para gerar impacto e engajamento.

Exemplos icônicos de marketing de guerrilha no Brasil

1. **Heineken – Champions League no Pacaembu (2016)**

   A Heineken, patrocinadora oficial da Champions, fez uma pegadinha com torcedores em São Paulo. Convidou pessoas para um evento-surpresa no Estádio do Pacaembu e transmitiu ao vivo a final da Champions League em telões, com ambientação que simulava estar na Europa. Foi um sucesso de repercussão espontânea e reforçou o vínculo da marca com o futebol.

2. **Dove – Real Beleza (2004 – Global, mas com forte ativação no Brasil)**

   A campanha global da Dove ganhou força especial no Brasil ao estampar mulheres comuns em outdoors e revistas, quebrando padrões tradicionais de beleza. Foi um exemplo de como **usar mídia tradicional com uma ideia guerrilheira:** inesperada, corajosa e capaz de gerar enorme debate social.

3. **Skol Beats e Anitta – "Esquenta" do Carnaval (2019)**

   A Skol Beats fez ativações urbanas com Anitta no pré-carnaval, incluindo blocos-surpresa e distribuição de Beats personalizadas. A ação misturou guerrilha (surpresa e boca a boca) com live marketing (eventos reais e abertos). Resultado: viralização nas redes e associação direta da marca com o lifestyle jovem e festivo.

4. **Netflix – La Casa de Papel em São Paulo (2018)**

   Para lançar a série *La Casa de Papel*, a Netflix espalhou em São Paulo intervenções urbanas com os icônicos macacões vermelhos e máscaras de Salvador Dalí. Teve até performance-surpresa em frente ao MASP. A estratégia guerrilheira chamou a atenção da mídia e levou fãs a interagirem e postarem nas redes, amplificando o *buzz*.

5. **Fiat – Lançamento do Fiat Toro (2016)**

   A Fiat transformou um simples test-drive em uma experiência inusitada. Criou ativações-surpresa em pontos de venda e ruas, onde os consumidores eram convidados a dirigir o carro em cenários montados de aventura. A ação trouxe o conceito de **experiência direta** em vez de anúncios tradicionais, e viralizou como inovação em live marketing no setor automotivo.

No Brasil, guerrilha e live marketing já foram responsáveis por alguns dos cases mais memoráveis do mercado. De ações urbanas (Netflix, Dove) a ativações esportivas (Heineken), passando por colaborações culturais (Skol Beats e Anitta), o padrão é sempre o mesmo: surpreender, engajar e provocar boca a boca. Marcas que souberam **sair da publicidade tradicional e entrar no cotidiano das pessoas** conquistaram não só mídia espontânea, mas também espaço emocional no coração do consumidor.

Agora vou mostrar cases regionais e muito perto da realidade da maioria das empresas que possuem um marketing interessado em crescer.

1. **Livraria Cultura e a "Biblioteca Secreta" (São Paulo, SP)**

   Fez uma ação inusitada para incentivar a leitura. Eles esconderam livros pela cidade de São Paulo com um bilhete dizendo: "Se você encontrou este livro, ele agora é seu. Leia e depois deixe para outra pessoa encontrar".

2. **Supermercado Verdemar e os "Carrinhos de Compras Inusitados" (Belo Horizonte, MG)**

   Transformou carrinhos de compras em experiências sensoriais — alguns exalavam cheiro de pão fresco, outros tocavam música relaxante.

3. **Padaria São José e os "Pães da Madrugada" (Recife, PE)**

   Uma tradicional padaria de Recife resolveu inovar no delivery: para atender clientes noturnos e trabalhadores da madrugada, lançou um serviço exclusivo de pães quentinhos entre 2h e 5h da manhã, entregues com um jornal contendo notícias selecionadas.

4. **Universidade Anhembi Morumbi e a "Vaga de Estacionamento Inesperada" (São Paulo, SP)**

   Para divulgar sua campanha de vestibular, ocupou vagas de estacionamento em shoppings com cadeiras escolares e placas dizendo: "Esta vaga poderia ser sua... no nosso curso de Administração".

Agora vou mostrar duas ações criadas por uma das minhas agências: Barco Marketing de Guerrilha.

1. **Vendas nas alturas: balão para lançamento de condomínio (Lagoa Santa, MG)**

   No lançamento do Condomínio Mariposas, em Lagoa Santa, foi criada uma experiência memorável e única para os potenciais compradores. Em vez de apenas visitar um stand de vendas tradicional, os interessados foram convidados a conhecer o loteamento do alto, em um passeio de balão de ar quente.

   Ação estratégica:

   - Para participar, os interessados precisavam preencher um cadastro detalhado, permitindo que a equipe de vendas qualificasse os leads antes do evento.
   - A ação foi divulgada regionalmente, com distribuição de balões de gás hélio estampados com a campanha e um *blimp* posicionado perto da loja para chamar a atenção do público.

Resultados:

- 33 lotes vendidos logo após a ação.
- A campanha se destacou na região e gerou grande boca a boca, aumentando o interesse no empreendimento.
- Criou uma conexão emocional dos clientes com o local, tornando a compra mais natural e desejada.

2. **Odontologia em exposição: arte para atrair alunos (Belo Horizonte, MG)**

Para o lançamento do curso de Odontologia da Estácio BH, foi criada uma estratégia diferenciada, misturando arte e marketing de experiência para apresentar a infraestrutura da faculdade de uma forma inovadora.

Ação estratégica:

- Descobrimos um fotógrafo no norte de Minas, que tinha um trabalho artístico único, e utilizamos suas imagens para criar uma exposição fotográfica dentro da faculdade.
- As fotos mostravam os 33 consultórios e toda a estrutura do curso de Odontologia, transformando o ambiente acadêmico em uma galeria de arte temporária.
- Para divulgar a exposição e atrair os estudantes certos, foi colocado um cubo de 2x2 m em frente aos cursinhos do centro de Belo Horizonte, criando curiosidade e engajamento.
- Junto ao cubo, foram distribuídos convites personalizados para os estudantes que saíam dos cursinhos, incentivando-os a visitar a exposição e conhecer o curso.

Resultados:

- Uma semana de exposição com visitação lotada.
- Fechamento completo das turmas necessárias para a abertura do curso.
- A ação gerou engajamento espontâneo, com muitos visitantes compartilhando a experiência e falando sobre a novidade.

Essas ações mostram que o marketing de guerrilha não é apenas sobre criatividade, mas sobre estratégia e execução bem alinhadas com o objetivo do negócio.

Esses cases reforçam a importância de pensar fora da caixa e criar experiências autênticas para engajar e converter.

A diferença entre marketing de guerrilha e live marketing

É comum que muitos profissionais de marketing confundam marketing de guerrilha com live marketing, já que ambos envolvem ações criativas e experiências fora do ambiente tradicional da publicidade. No entanto, cada um possui características e objetivos distintos.

Marketing de guerrilha: impacto inesperado e baixo custo

O marketing de guerrilha tem como principal característica a surpresa e a inovação com baixo investimento. São ações inusitadas, muitas vezes em espaços públicos, que visam gerar grande repercussão, viralização e engajamento do público. Seu objetivo é causar impacto instantâneo, utilizando criatividade e estratégia para obter alto retorno sem depender de grandes orçamentos.

📌 ***Exemplo:*** um restaurante que espalha pegadas de tinta pela calçada até a sua porta, despertando curiosidade e atraindo pedestres.

Live marketing: experiência imersiva e interação direta

Já o live marketing foca na experiência ao vivo e na interação direta entre marca e público. O conceito se baseia na criação de eventos, ativações e ações sensoriais que permitem ao consumidor vivenciar a marca de maneira imersiva. Diferente do marketing de guerrilha, que aposta na surpresa e viralização, o live marketing trabalha com planejamento estruturado, ações presenciais e participação ativa do público.

📌 ***Exemplo:*** um festival de música patrocinado por uma marca de bebidas, onde os participantes podem experimentar o produto, interagir com ativações da marca e compartilhar sua experiência nas redes sociais.

A principal diferença

O marketing de guerrilha usa o inesperado para capturar a atenção do público de forma espontânea e rápida, enquanto o live marketing planeja interações imersivas, proporcionando experiências sensoriais e engajamento contínuo. Ambas são estratégias poderosas, mas devem ser utilizadas conforme os objetivos da campanha e o perfil do público.

Quando usar cada um?

- Se o objetivo é viralização e impacto de baixo custo, marketing de guerrilha.
- Se a intenção é criar uma experiência interativa e de longo prazo, live marketing.

Compreender essa diferença é essencial para planejar ações mais estratégicas e eficazes dentro do marketing experiencial.

10.4 BRANDED CONTENT: MARCAS QUE CONTAM HISTÓRIAS

Nos últimos anos, o marketing evoluiu de uma abordagem interrompida para uma abordagem integrada, onde as marcas deixam de ser meras anunciantes e passam a ser criadoras de conteúdo valioso e envolvente. Esse é o coração do branded content, uma estratégia que substitui anúncios invasivos por histórias relevantes, alinhadas aos interesses do público e aos valores da marca.

Mas afinal, o que é branded content e por que ele se tornou tão poderoso?

O que é branded content?

Branded content é um conteúdo criado ou patrocinado por uma marca, que busca informar, entreter ou inspirar, sem necessariamente vender um produto de forma direta. Ele pode aparecer em diversos formatos, como:

- Documentários e séries patrocinadas.
- Filmes e curtas-metragens.
- Artigos e reportagens patrocinadas.
- Podcasts e programas de áudio.
- Webséries e conteúdo para redes sociais.

Diferente da publicidade tradicional, que interrompe o conteúdo para mostrar um anúncio, o branded content se mistura naturalmente ao entretenimento e se conecta ao público de maneira mais profunda.

Como produzir conteúdo relevante e não intrusivo

Para que o branded content funcione, ele deve ser interessante para o público antes mesmo de ser interessante para a marca. Isso significa criar conteúdos que as pessoas escolheriam assistir, ler ou ouvir, mesmo que não houvesse uma marca envolvida.

Os pilares do branded content eficaz:

- **Autenticidade** – O conteúdo precisa ser verdadeiro e alinhado aos valores da marca.
- **Entretenimento ou informação útil** – O público deve se sentir recompensado pelo tempo investido.

- **História envolvente** – A narrativa deve prender a atenção e gerar identificação.
- **Conexão emocional** – As pessoas se conectam mais a emoções do que a mensagens puramente comerciais.
- **Alinhamento com o DNA da marca** – O conteúdo deve reforçar a mensagem central da empresa.

📌 ***Exemplo prático:***

A Red Bull é um dos maiores cases de branded content do mundo. Em vez de focar em anúncios tradicionais, a marca investiu em eventos esportivos, documentários e até um salto da estratosfera com Felix Baumgartner. Tudo isso reforça seu posicionamento de "dar asas" às pessoas, sem precisar vender explicitamente sua bebida energética.

O futuro do conteúdo patrocinado

Com a saturação dos anúncios tradicionais e a ascensão de plataformas como Netflix, YouTube e TikTok, o branded content está se tornando a nova forma de publicidade dominante. Algumas tendências que mostram o futuro dessa estratégia incluem:

- **Maior investimento em storytelling audiovisual** – Com o sucesso de documentários e séries patrocinadas, cada vez mais marcas irão produzir conteúdos próprios.
- **Parcerias com criadores de conteúdo** – O branded content será impulsionado por influenciadores e produtores independentes.
- **Expansão para o metaverso e experiências imersivas** – Marcas vão criar narrativas interativas dentro de jogos, realidade virtual e universos digitais.
- **Conteúdo hiperpersonalizado** – Com base em dados e inteligência artificial, os conteúdos serão ajustados de acordo com os interesses do público.

Exemplo de tendência:

O *The Lego Movie* é um exemplo perfeito de como o branded content pode se transformar em um grande sucesso comercial. O filme, além de ser um entretenimento genuíno, gerou bilhões de dólares em vendas de produtos da marca.

Diferença entre publicidade tradicional e branded content

Para entender melhor o impacto do branded content, é importante compará-lo com a publicidade tradicional:

CARACTERÍSTICA	PUBLICIDADE TRADICIONAL	BRANDED CONTENT
Objetivo	Vender um produto diretamente	Criar relacionamento e valor
Formato	Comerciais de TV, banners, anúncios	Vídeos, podcasts, documentários, séries
Abordagem	Interrupção do conteúdo	Integração ao conteúdo
Engajamento	Baixo, pode ser ignorado	Alto, pois gera interesse genuíno
Longevidade	Temporário, atrelado a campanhas	Duradouro, continua relevante ao longo do tempo

📌 ***Exemplo prático:***

Enquanto um anúncio tradicional de Nike mostraria um atleta vestindo os produtos da marca, um branded content da Nike poderia ser um documentário sobre superação no esporte, contando histórias reais que inspiram e reforçam a identidade da marca.

Branded content como peça-chave na comunicação das marcas

O branded content não substitui a publicidade tradicional, mas complementa e fortalece a estratégia de comunicação das marcas. Em um mundo onde os consumidores estão cada vez mais seletivos sobre o que consomem, é essencial que as empresas saibam mesclar diferentes formatos de publicidade para construir uma presença relevante e memorável.

O segredo está no equilíbrio:

- **Anúncios tradicionais** garantem visibilidade rápida e ampla.
- **Mídia digital e performance** permitem segmentação precisa e otimização contínua.
- **Branded content** cria envolvimento genuíno e fortalece o relacionamento com o público.

As marcas que souberem usar cada canal no momento certo, conversando estrategicamente com seu público, serão as que ocuparão espaço de maneira mais eficiente. O importante não é escolher entre branded content ou publicidade tradicional, mas, sim, entender como essas ferramentas podem se complementar para contar histórias envolventes e impactantes.

Em um cenário de concorrência acirrada e consumidores cada vez mais exigentes, a atenção se tornou o ativo mais valioso. E o branded content, quando bem executado, é uma das formas mais poderosas de conquistá-la.

10.5 TECNOLOGIA E MARKETING: A ERA DO PRODUCT-LED GROWTH (PLG), APPS E INOVAÇÃO

A transformação digital vem redefinindo a forma como as empresas se posicionam no mercado e interagem com seus clientes. Hoje, a tecnologia deixou de ser um suporte e se tornou um motor de crescimento dentro das estratégias de marketing.

Nesse contexto, conceitos como Product-Led Growth (PLG), aplicativos e plataformas digitais, além de novas tecnologias como inteligência artificial e automação, estão revolucionando a aquisição, retenção e monetização de clientes.

Mas como essas estratégias funcionam na prática? Vamos explorar cada uma delas.

O que é Product-Led Growth (PLG) e como aplicá-lo no marketing?

O Product-Led Growth (PLG) é uma estratégia na qual o próprio produto se torna o principal motor de crescimento da empresa. Diferente dos modelos tradicionais baseados em grandes investimentos em marketing e vendas, o PLG aposta na experiência do usuário para gerar retenção e expansão.

Marcas como Slack, Dropbox, Notion e Zoom são exemplos clássicos de PLG, pois cresceram sem grandes equipes comerciais, mas, sim, oferecendo um produto de uso intuitivo, que gera valor desde o primeiro contato do cliente.

Como aplicar PLG no marketing?

Para adotar uma abordagem de Product-Led Growth, a empresa precisa seguir alguns princípios:

- **Onboarding intuitivo:** o cliente precisa entender rapidamente como usar o produto sem precisar de suporte.

- **Modelo freemium:** oferecer uma versão gratuita para atrair usuários e, posteriormente, convertê-los em pagantes.
- **Ciclo viral:** funcionalidades que incentivem o compartilhamento, como convites para amigos (exemplo: Dropbox).
- **Autonomia do usuário:** permitir que o cliente experimente e tome decisões sem a necessidade de interação com vendas.

📌 **Exemplo prático:** o **Spotify** permite que novos usuários acessem um plano gratuito com anúncios. Com o tempo, a experiência diferenciada e a oferta de funcionalidades *premium* incentivam a conversão para assinaturas pagas.

O papel dos aplicativos e plataformas digitais no marketing moderno

Os aplicativos e plataformas digitais se tornaram um dos principais canais de relacionamento entre marcas e consumidores. Dados recentes mostram que brasileiros passam mais de cinco horas diárias em aplicativos móveis, tornando esse canal essencial para estratégias digitais.

Como os apps fortalecem o marketing?

- **Fidelização:** aplicativos oferecem programas de recompensas e notificações personalizadas para manter o cliente engajado.
- **Personalização:** com base no comportamento do usuário, apps entregam conteúdos e ofertas sob medida.
- **Experiência integrada:** empresas como Starbucks e Magalu criam experiências fluidas entre app, e-commerce e lojas físicas.

📌 **Exemplo prático:** o app da Nike permite que usuários comprem produtos, acessem treinos exclusivos e recebam recomendações personalizadas, criando um ecossistema completo de marca.

Tecnologias que estão transformando a interação entre marcas e consumidores

O avanço das tecnologias digitais vem revolucionando a forma como as marcas se conectam com o público. Entre as mais impactantes, podemos destacar:

- **Inteligência artificial e chatbots**

  As marcas estão utilizando IA para automatizar atendimentos, personalizar recomendações e otimizar campanhas publicitárias. Exemplos como o chatbot da Sephora ou o uso da IA do ChatGPT em atendimento ao cliente mostram como a tecnologia pode gerar eficiência e engajamento.

- **Realidade aumentada (AR) e realidade virtual (VR)**

  Muitas empresas estão utilizando AR e VR para criar experiências imersivas. No varejo, por exemplo, a IKEA possui um aplicativo que permite visualizar móveis dentro da casa do cliente antes da compra.

- **Blockchain e NFTs no marketing**

  O uso de blockchain e NFTs (tokens não fungíveis) permite criar campanhas inovadoras, como colecionáveis digitais e programas de fidelidade exclusivos. Marcas como Adidas e Coca-Cola já lançaram coleções NFT para seus fãs.

📌 **Exemplo prático:** o **app da Sephora** utiliza inteligência artificial para permitir que consumidores testem maquiagens virtualmente, aumentando a taxa de conversão sem precisar visitar uma loja física.

CASES DE SUCESSO EM INOVAÇÃO

Para entender como essas tecnologias estão sendo aplicadas no marketing, vejamos alguns cases:

- **Magalu** – A marca investe pesado em IA, realidade aumentada e superapps, integrando marketplace, e-commerce e lojas físicas em um único ecossistema digital.
- **Netflix** – Seu algoritmo de recomendação baseado em *big data* e *machine learning* otimiza a experiência do usuário e mantém a alta retenção de clientes.
- **PicPay** – O app de pagamentos cresceu através de gamificação e cashback, criando uma experiência que vai além de transferências, incluindo investimentos e marketplace integrado.

Case Banco Inter: inovação e tecnologia impulsionando crescimento

O Banco Inter é um dos maiores exemplos brasileiros de como a inovação tecnológica pode transformar um setor tradicional e impulsionar um modelo de crescimento baseado em Product-Led Growth (PLG), experiência digital e diversificação de serviços.

Como o Banco Inter revolucionou o setor bancário?

Antes de sua transformação digital, o Banco Inter era uma instituição financeira tradicional, focada em crédito imobiliário. Com a ascensão do digital e das fintechs, a empresa adotou uma estratégia 100% digital, apostando na eliminação de tarifas bancárias, um superapp robusto e uma experiência centrada no usuário.

Modelo freemium e PLG

O Banco Inter adotou um modelo em que qualquer pessoa pode abrir uma conta 100% digital e gratuita, sem tarifas para manutenção ou transferências. Esse modelo atrai clientes pela facilidade e incentiva o uso do app, onde serviços *premium* são oferecidos gradativamente.

Dado relevante: segundo relatório da empresa, 57% dos clientes do Inter utilizam, pelo menos, um dos serviços além da conta bancária, como investimentos, seguros ou marketplace, mostrando o sucesso da estratégia de crescimento orgânico.

📌 **Aprendizado para outras marcas:** empresas podem investir em um modelo gratuito ou de baixo custo como porta de entrada, garantindo uma experiência fluida para, posteriormente, monetizar a base de clientes.

Superapp e ecossistema digital

O Banco Inter não se posicionou apenas como um banco digital, mas como um hub de soluções financeiras e não financeiras, integrando dentro do seu aplicativo:

- **Marketplace** – Com cashback em compras realizadas dentro do app.
- **Plataforma de investimentos** – Oferecendo renda fixa, ações, fundos e previdência privada.
- **Gestão de contas empresariais** – Facilitando a vida de pequenos empreendedores.

- **Serviços de seguros e crédito** – Fortalecendo a monetização da base de clientes.

📌 **Aprendizado para outras marcas:** empresas podem aumentar a retenção e o LTV, criando um ecossistema completo, onde os clientes encontram múltiplas soluções em um só lugar.

Uso de inteligência artificial e personalização

O Inter utiliza *big data* e IA para personalizar recomendações financeiras, ofertas de crédito e investimentos. Com isso, consegue aumentar a adesão aos seus serviços sem precisar de um time de vendas massivo.

📌 **Aprendizado para outras marcas:** a personalização é um dos maiores diferenciais competitivos no marketing digital. Marcas que conseguem entender o comportamento do usuário e oferecer produtos customizados aumentam engajamento e conversão.

Baixo CAC e crescimento exponencial

O Inter cresceu sua base de clientes de 8 milhões, em 2020, para mais de 25 milhões, em 2023, segundo dados da própria empresa, com um dos menores custos de aquisição de cliente (CAC) do mercado financeiro. Isso foi possível porque:

- A empresa utiliza *cross-sell* dentro do app, vendendo serviços adicionais para clientes já conquistados.
- **Indicações (referral marketing)** são incentivadas, premiando usuários que trazem novos clientes.
- **Mídia de performance e conteúdo** são usados para impulsionar aquisição com alto ROI.

📌 **Aprendizado para outras marcas:** reduzir o CAC e aumentar o LTV deve ser uma prioridade. O uso de estratégias como referral marketing, *upsell* e retenção pode maximizar o crescimento com menor investimento em aquisição.

Inovação como estratégia de crescimento

O Banco Inter mostra que marcas que usam tecnologia para otimizar a experiência do cliente e criar ecossistemas completos têm mais chances de crescer de forma sustentável.

Empresas de diversos segmentos podem aplicar lições do case Inter para:

- Criar produtos que vendem por si só (PLG).
- Usar IA para personalizar ofertas e otimizar o funil de vendas.
- Integrar diferentes serviços em um só ambiente digital para fidelizar clientes.
- Apostar em estratégias de baixo CAC, como referral marketing e *cross-sell*.

A tecnologia já não é mais um diferencial — ela é a base do marketing moderno. Empresas que apostam em Product-Led Growth, aplicativos inteligentes e novas tecnologias saem na frente ao proporcionar experiências inovadoras, personalizadas e de alto valor para seus clientes.

Como a disrupção se conecta com toda a Mandala Lebbe

A disrupção não acontece no vácuo. As ações inovadoras e fora do comum só fazem sentido quando estão conectadas a um alicerce sólido, estruturado pelas camadas anteriores da Mandala Lebbe. Empresas que buscam impacto real e crescimento sustentável precisam entender que não adianta tentar ser disruptivo sem antes construir uma marca forte (Branding e BEE), presença contínua no mercado, estratégias bem definidas de aquisição (*Attack*) e um relacionamento próximo com seus clientes.

Quando e como aplicar ações disruptivas:

Nem toda marca precisa ser disruptiva o tempo todo. A disrupção deve ser aplicada com estratégia e propósito, sendo usada em momentos-chave da jornada da marca, como:

- **Lançamento de produtos ou serviços:** criar impacto inicial e diferenciar-se da concorrência.
- **Momentos de baixa relevância:** quando a marca precisa recuperar espaço no mercado.
- **Mudanças estratégicas:** rebranding, reposicionamento ou entrada em novos mercados.
- **Engajamento e fidelização:** criar experiências que transformem clientes em promotores da marca.

📌 **Dica prática:** empresas que ainda não têm um histórico forte de ações disruptivas podem começar com pequenos experimentos, testando o impacto antes de investir pesado.

Como medir impacto e sucesso de estratégias inovadoras

A inovação por si só não gera crescimento — precisamos medir os resultados. As marcas que aplicam disrupção de forma inteligente acompanham KPIs específicos para validar o impacto e justificar os investimentos.

KPIs para medir ações disruptivas:

- **Alcance e engajamento:** número de pessoas impactadas e taxa de interação.
- **Brand Awareness:** pesquisas de reconhecimento de marca antes e depois da campanha.
- **Vendas e conversões:** volume de leads gerados ou aumento no faturamento.
- **Earned Media Value (EMV):** o valor financeiro da mídia espontânea gerada pela ação.
- **Net Promoter Score (NPS):** avaliação do impacto na percepção e lealdade do cliente.

📌 **Exemplo prático:** se uma empresa investe em uma ação de guerrilha e gera 500 mil visualizações orgânicas nas redes sociais, sem impulsionamento pago, isso representa um alto valor de mídia espontânea. Mas se a ação não gerar leads ou novas vendas, o impacto pode ser questionado.

Inovação sem estratégia é só barulho

A disrupção não pode ser um fim em si mesma. Toda ação inovadora precisa estar integrada a um planejamento estratégico mais amplo, garantindo que ela contribua para os objetivos de longo prazo da marca.

Empresas que dominam a Mandala Lebbe entendem que a inovação não substitui uma marca bem posicionada, um relacionamento próximo com o cliente ou campanhas de performance bem estruturadas — ela amplifica e potencializa tudo isso.

Marcas que inovam com propósito não apenas conquistam atenção, mas criam conexão, engajamento e fidelização verdadeira.

CAPÍTULO 11

DA ESTRATÉGIA À EXECUÇÃO

COMO OPERACIONALIZAR O MARKETING DE FORMA EFICIENTE

Chegamos ao final da jornada pela Mandala Lebbe, um framework estruturado para que marcas possam construir sua presença de forma estratégica, conectada e altamente eficiente. Ao longo das camadas — Branding, BEE, *Life*, *Presence*, *Attack* e *Disruption* —, entendemos que marketing não é sobre ações isoladas, mas sobre um ecossistema vivo e interligado.

Agora, é hora de dar o próximo passo: colocar tudo isso em prática.

Uma estratégia bem-sucedida exige planejamento, execução disciplinada e constante revisão, garantindo que as ações estejam sempre alinhadas aos objetivos do negócio. Por isso, criamos um checklist estratégico para que profissionais de marketing possam organizar seu planejamento inicial e revisá-lo anualmente.

Este checklist ajuda a garantir que cada camada da Mandala esteja sendo trabalhada corretamente, facilitando a identificação de pontos fortes e oportunidades de melhoria.

11.1 CHECKLIST ESTRATÉGICO DE MARKETING

O checklist abaixo foi criado para ser um roteiro prático de revisão. Ele pode ser usado tanto na construção de um plano de marketing quanto na revisão anual, garantindo que todas as frentes essenciais estejam cobertas.

Como usar o checklist?

- **Primeiro planejamento:** utilize todas as seções para estruturar sua estratégia inicial.
- **Revisão anual:** revise cada item, identificando o que está bem estruturado e o que precisa ser ajustado.

Checklist estratégico de marketing

ITEM	PERGUNTAS-CHAVE	STATUS
Branding e posicionamento	A identidade da marca está clara e consistente?	☑ ✕
Branding Emotional Essence **(BEE)**	A mensagem emocional da marca está definida e aplicada?	☑ ✕
Life: estruturando a base da marca		☑ ✕
Materiais institucionais	Apresentação, site, vídeo institucional, identidade visual e documentos estão alinhados?	☑ ✕
Equipe Comercial	A equipe está alinhada com os assets da marca, com o branding e com o BEE? A equipe teve treinamento cultural e comercial? Tem material de vendas?	☑ ✕
Presence: criando presença contínua		☑ ✕
Redes sociais	A marca está presente nos canais certos e com frequência adequada?	☑ ✕
Inbound marketing e SEO	Há produção de conteúdo para educar e atrair clientes?	☑ ✕
Dados, CRM e relacionamento	O relacionamento, pós-venda e a retenção de clientes estão sendo trabalhados? Tem análise de dados para mapeamento de oportunidades?	☑ ✕
Assessoria de imprensa e RP	A reputação da marca está sendo bem gerida?	☑ ✕

ITEM	PERGUNTAS-CHAVE	STATUS
Attack: expandindo o alcance com investimento		☑ ✕
Tráfego pago e performance	Os canais de mídia paga estão sendo usados de forma eficiente?	☑ ✕
Mídia tradicional	TV, rádio e OOH fazem sentido para a estratégia da marca?	☑ ✕
Trade marketing e varejo	Há estratégias para atuação nos pontos de venda?	☑ ✕
Influenciadores e UGC	Existe um plano para parcerias estratégicas?	☑ ✕
CRM e Conversacional	Existe um plano de ataque com segmentações avançadas e com foco em conversão de venda?	☑ ✕
Disruption: inovação e diferenciação		☑ ✕
Eventos e live marketing	A marca investe em experiências memoráveis para o público?	☑ ✕
Growth hacking e experimentação	Existem iniciativas para testar novas abordagens de crescimento?	☑ ✕
Marketing de guerrilha	A marca já fez ações de impacto fora do comum?	☑ ✕
Branded content	O marketing da marca tem histórias relevantes para o público?	☑ ✕
Tecnologia e inovação (PLG, apps)	A empresa está usando tecnologia para gerar crescimento e engajamento?	☑ ✕

Esse checklist não deve ser encarado como um formulário burocrático, mas, sim, como um guia prático para garantir que todas as áreas da Mandala Lebbe estejam sendo trabalhadas de maneira estratégica.

E agora, qual é o próximo passo?

Com a Mandala estruturada e o checklist em mãos, seguimos para um novo nível: como transformar planejamento em execução eficiente, com times alinhados e processos bem definidos?

Vamos explorar como operacionalizar todas essas estratégias e garantir que o marketing da sua marca seja ágil, eficiente e altamente lucrativo.

11.2 A IMPORTÂNCIA DA EXECUÇÃO ESTRATÉGICA

Criar uma estratégia de marketing bem estruturada é essencial, mas a verdadeira diferença entre marcas bem-sucedidas e marcas que ficam pelo caminho está na execução. De nada adianta um planejamento brilhante se ele nunca sair do papel ou for implementado sem acompanhamento, ajustes e otimização.

Segundo pesquisa da *Harvard Business Review*, empresas com processos de execução bem definidos apresentam crescimento significativamente superior às demais. Isso acontece porque o marketing bem executado constrói diferenciação, gera oportunidades de vendas, fortalece a marca e amplia o relacionamento com clientes e stakeholders.

Todavia, muitas empresas enfrentam desafios nesse processo. Algumas das barreiras mais comuns incluem:

- **Falta de alinhamento entre times:** marketing, vendas, produto e atendimento nem sempre compartilham os mesmos objetivos, prejudicando a eficiência da operação.
- **Baixa priorização da execução:** o planejamento estratégico pode ser impecável, mas se não houver um plano claro de ação, a implementação se perde.
- **Falta de mensuração e ajustes:** sem monitoramento e otimização contínua, as campanhas podem não atingir seu potencial máximo.
- **Uso inadequado de tecnologia:** muitas empresas investem em ferramentas sem um plano claro de uso ou integração, desperdiçando recursos.
- **Resistência à mudança:** a execução de uma boa estratégia de marketing muitas vezes exige **mudança cultural**, e nem todas as empresas estão preparadas para isso.

A Mandala Lebbe foi construída para dar estrutura e direcionamento a todo o trabalho de marketing, e agora chegamos ao momento crucial: como garantir que essa estratégia seja bem implementada no dia a dia da empresa?

Neste capítulo, vamos explorar os pilares essenciais da execução, incluindo gestão de times, processos ágeis, tecnologia, cultura organizacional e mensuração de resultados, garantindo que a estratégia de marketing saia do papel e gere impacto real.

11.3 COMO ESTRUTURAR UM TIME DE MARKETING EFICIENTE

O marketing deixou de ser apenas um setor de suporte e passou a ser um dos principais motores de crescimento das empresas. Um estudo da McKinsey aponta que negócios com times de marketing bem estruturados e integrados às demais áreas crescem 20% mais rápido do que seus concorrentes.

Para que isso aconteça, é essencial contar com uma equipe qualificada e um planejamento estratégico bem definido. Porém não basta apenas ter um time interno contar com uma agência especializada pode ser o grande diferencial entre um marketing eficiente e uma comunicação sem impacto real.

Time interno + agência Full Marketing: a combinação ideal para empresas estruturadas

Em empresas com orçamento mais robusto, o modelo híbrido é o mais eficiente: um **time interno estratégico**, que conhece profundamente o negócio, trabalhando em sinergia com uma **agência full service ou Full Marketing**, que traz inovação, repertório de mercado e execução escalável.

Quando considerar apoio de agência externa?

Empresas com orçamento estruturado frequentemente adotam um modelo híbrido: time interno focado em estratégia e conhecimento do negócio, complementado por suporte externo para execução especializada. Fatores que indicam necessidade de apoio externo:

- **Criatividade e inovação constantes:** as melhores ideias e campanhas de impacto costumam vir de profissionais que atuam diariamente em diferentes mercados e segmentos, algo que apenas uma agência pode proporcionar.

- **Especialização em diversas áreas:** a especialização é um fator determinante na escolha. Poucas empresas conseguem manter internamente profissionais sêniores em todas as disciplinas de marketing simultaneamente, especialmente considerando a evolução constante de canais e tecnologias.
- **Execução escalável:** enquanto o time interno se foca na estratégia e gestão, a agência executa campanhas com rapidez, evitando sobrecarga da equipe.
- **Acesso a tecnologias e metodologias avançadas:** agências sérias trabalham com as melhores ferramentas do mercado e têm processos bem definidos para otimizar investimentos e maximizar resultados.
- **Redução de custos com contratações internas:** o custo de manter um time interno completo com todas as especialidades pode ser proibitivo para muitas empresas, especialmente considerando salários, benefícios e atualização constante de conhecimento técnico. Contratar uma agência permite acesso a talentos de alto nível sem precisar internalizar toda a operação.

O que a empresa deve ter internamente?

Uma equipe interna de marketing não precisa ser inchada, mas, sim, estratégica e bem alinhada com a gestão do negócio. Para que a integração com a agência seja eficiente, a empresa deve contar com:

1. **Diretor/Gerente de Marketing:** responsável pela estratégia geral, orçamento e alinhamento entre agência e empresa.
2. **Analista ou Coordenador de Marketing:** cuida do dia a dia operacional, aprova peças, acompanha prazos e garante que tudo seja entregue conforme planejado.
3. **Especialista em CRM e automação:** foca na retenção de clientes, jornada de compra e personalização de campanhas.
4. **Analista de Dados e BI:** acompanha métricas e analisa relatórios de mídia e performance, fornecendo insights estratégicos.
5. Dependendo do tamanho da empresa e do segmento, existem áreas muito relevantes que devem ser pensadas também por times internos:
6. **Coordenador de eventos:** responsável por todos os eventos da empresa, desde planejamento, orçamento e gestão de fornecedores.

7. **Coordenador de Trade Marketing:** responsável por transformar a estratégia da marca em ações de execução no ponto de venda que impulsionem *sell-out*, fortaleçam a presença da marca e aprimorem a experiência do *shopper*.

Esse time reduz a dependência de múltiplas contratações internas, permitindo que a agência complemente as lacunas com especialistas em diferentes áreas.

O que fica sob responsabilidade da agência?

Aqui é importante reforçar o papel do **Full Marketing**, mostrando amplitude. Veja a versão ampliada:

- **Planejamento estratégico de comunicação e campanhas integradas.**
- **Criação de campanhas publicitárias e big ideas** (do conceito criativo ao *storytelling* multicanal).
- **Planejamento e compra de mídia on/off-line:** TV, rádio, OOH, digital, programática, social ads.
- **Gestão de performance digital:** Google Ads, Meta Ads, LinkedIn, TikTok, programática, SEO e CRO (conversão).
- **Data intelligence e dashboards de performance** para acompanhamento em tempo real.
- **Produção de conteúdo e inbound marketing:** blogs, newsletters, e-books, funis de automação.
- **Gestão de presença digital:** sites, e-commerce, UX/UI, SEO técnico e growth experiments.
- **Relações públicas e influência digital:** press releases, gestão de crises, *creators* e KOLs (*key opinion leaders*).
- **Design e identidade visual:** branding, materiais gráficos e digitais.
- **Produção audiovisual e multimídia:** fotografia, vídeo, *motion graphics*, podcasts.
- **Eventos, ativações e live marketing** (do conceito à produção).
- **Trade marketing e materiais de PDV:** criação, produção e logística de entrega.
- **Consultoria em martech:** apoio na implementação de CRM, automação e ferramentas de growth.

A combinação entre um time interno estruturado e uma agência de alta performance garante que a marca tenha uma presença forte, criativa e bem executada em todas as frentes.

Como escolher a agência certa?

Com tantas agências no mercado, a escolha deve ser feita com critério. Aqui estão alguns pontos essenciais:

1. **Portfólio e cases reais:** veja se a agência já atendeu empresas do seu segmento e analise os resultados entregues.
2. **Capacidade de integração com o time interno:** a agência precisa ter processos que facilitam a comunicação e o alinhamento com sua equipe.
3. **Visão estratégica, não apenas execução:** boas agências atuam como parceiras de negócio, e não apenas como produtoras de peças publicitárias.
4. **Experiência multidisciplinar:** avalie se a agência tem especialistas em branding, mídia, digital, performance, conteúdo e eventos.
5. **Estrutura de atendimento e suporte:** uma boa agência deve oferecer atendimento próximo, suporte ágil e flexibilidade para ajustes estratégicos.

No mercado brasileiro, ainda há muitas empresas que insistem em trabalhar apenas com equipes internas de marketing, mas o que vemos na prática é que as marcas mais bem-sucedidas sabem equilibrar sua estrutura interna com o suporte de uma agência experiente e qualificada.

A união entre estratégia e execução

O marketing de alto impacto não é feito por um time isolado, mas, sim, pela integração entre especialistas internos e agências qualificadas. Um time interno forte garante visão estratégica, alinhamento com a cultura da empresa e conexão com as demais áreas do negócio.

Uma agência de alto nível traz criatividade, inovação, execução ágil e acesso às melhores ferramentas do mercado. Essa união permite que as marcas não apenas executem campanhas eficazes, mas cresçam de forma estruturada e sustentável.

Com um time bem definido e uma agência como parceira, o próximo passo é garantir processos ágeis e escaláveis para a execução da estratégia — e é isso que vamos explorar no próximo capítulo.

11.4 COMO CRIAR PROCESSOS ÁGEIS E ESCALÁVEIS PARA EXECUÇÃO DE MARKETING

O maior desafio das empresas não está apenas em planejar o marketing, mas em executá-lo com qualidade, consistência e velocidade. Para isso, processos bem definidos e escaláveis são fundamentais.

Sem processos claros, o marketing se torna um caos: campanhas atrasam, ações perdem relevância, as equipes se sobrecarregam e a marca perde competitividade no mercado.

Com processos bem estruturados, o marketing ganha eficiência: as campanhas saem do papel com rapidez, as equipes trabalham de forma integrada e os resultados aparecem de maneira previsível e mensurável.

Para garantir essa eficiência, vamos explorar os pilares essenciais para um marketing ágil e escalável.

1. **Definição de processos claros e bem documentados**

   O primeiro passo para um marketing eficiente é ter processos bem definidos. Empresas que documentam seus fluxos de trabalho reduzem em 30% o tempo gasto com retrabalho e correções (Fonte: McKinsey & Company).

   - **Fluxos de aprovação e governança:** quem aprova o quê? Como garantir que as decisões não fiquem paradas?
   - **Prazos e cronogramas:** qual a periodicidade ideal para cada ação? Como evitar atrasos?
   - **Ferramentas e integração:** quais plataformas serão utilizadas para execução e acompanhamento?

   📌 **Exemplo prático:** empresas que adotam ferramentas de gestão como Trello, Asana, Monday.com ou ClickUp organizam melhor suas demandas, garantindo entregas no prazo e evitando a sobrecarga da equipe.

2. **Adoção de metodologias ágeis no marketing**

   O marketing tradicional, com planejamentos fixos e inflexíveis, ficou no passado. Hoje, as empresas mais bem-sucedidas aplicam metodologias ágeis para adaptar rapidamente suas estratégias.

O que são metodologias ágeis no marketing?

As metodologias ágeis, originadas no desenvolvimento de software, foram adaptadas para o marketing com modelos como Scrum, Kanban e Growth Sprints. Elas ajudam as equipes a serem mais produtivas, testarem rapidamente e otimizarem campanhas com base em dados.

- **Scrum:** o time trabalha em ciclos curtos de planejamento e execução (sprints), revisando e ajustando estratégias constantemente.
- **Kanban:** uma abordagem visual para acompanhar tarefas em tempo real, garantindo fluxo contínuo e sem gargalos.
- **Growth Sprints:** pequenos experimentos de curto prazo para validar estratégias rapidamente e escalar o que funciona.

📌 **Exemplo prático:** empresas como Spotify e Airbnb utilizam essas metodologias para lançar campanhas rapidamente, testar mensagens e adaptar suas estratégias de forma contínua.

3. Integração entre marketing, vendas e produto

Marketing não pode atuar isolado. Para garantir uma execução eficiente e resultados reais, ele deve estar integrado às áreas de vendas e produto.

O modelo RevOps (*Revenue Operations*) resolve esse desafio, conectando marketing, vendas e experiência do cliente em um único fluxo.

Benefícios do RevOps para execução de marketing:

- **Dados compartilhados:** marketing acessa dados de vendas para segmentar melhor as campanhas.
- **Alinhamento de metas:** marketing gera leads mais qualificados, facilitando a conversão pela equipe comercial.
- **Automação inteligente:** campanhas personalizadas com base no comportamento do cliente.

4. Automação para escalar a execução

A automação é um dos maiores aliados do marketing moderno. Empresas que utilizam automação de marketing geram 451% mais leads qualificados e aumentam a produtividade em 80% (Fonte: Invesp).

Onde aplicar automação no marketing?

- **Email marketing:** envios automáticos baseados no comportamento do usuário (ferramentas como RD Station, HubSpot e ActiveCampaign).
- **Chatbots e atendimento automatizado:** integração com WhatsApp e redes sociais para atendimento ágil.
- **Mídia programática e inteligência artificial:** otimização automática de campanhas para melhor performance.

Exemplo prático: Magazine Luiza usa automação para personalizar ofertas para cada cliente com base em seus hábitos de compra.

5. **KPIs e mensuração de resultados em tempo real**

Não basta executar campanhas; é preciso medir os resultados continuamente para garantir que o marketing está gerando impacto real.

Principais KPIs para acompanhar:

- **Alcance e engajamento:** crescimento de seguidores, compartilhamentos, tempo médio na página.
- **Conversão e ROI:** taxa de conversão, CAC e LTV.
- **Performance de mídia:** CTR, CPC, CPM.

Exemplo prático: empresas que adotam Google Analytics, Power BI, Tableau e Looker conseguem acompanhar métricas em tempo real e tomar decisões baseadas em dados.

A execução do marketing não pode depender de improvisos. Empresas que crescem de forma acelerada são aquelas que possuem processos bem estruturados, metodologias ágeis e um alto nível de automação

Times bem alinhados + automação + mensuração contínua = marketing escalável e de alto impacto. Ao combinar estrutura interna forte com suporte de uma agência qualificada, a empresa garante eficiência e criatividade na execução. Além disso, com processos otimizados, o marketing deixa de ser um custo e se torna um verdadeiro motor de crescimento.

Tecnologia e ferramentas para escalar o marketing

Como já citamos anteriormente, a tecnologia transformou o marketing de uma função tática para um motor estratégico de crescimento. Hoje, empresas de todos os portes podem escalar suas operações com ferramentas inteligentes que automatizam processos, coletam dados e melhoram a eficiência.

O papel da tecnologia no marketing moderno

- **Automação:** reduz trabalho manual e melhora a produtividade.
- **Personalização:** permite interações mais relevantes e segmentadas.
- **Análise de dados:** transforma números em insights estratégicos.
- **Integração:** conecta diferentes áreas da empresa, como vendas e atendimento.

Principais categorias de ferramentas

CRM e automação de marketing

Os CRMs (*Customer Relationship Management*) centralizam dados de clientes, permitindo ações de marketing e vendas mais eficazes.

- **Salesforce** – Um dos CRMs mais completos do mercado, usado por grandes empresas para personalizar interações e gerenciar funis de venda complexos.
- **HubSpot** – Integra CRM, marketing e vendas em um só lugar, ideal para empresas que querem escalar sem perder o controle da base de clientes.
- **RD Station** – Ferramenta brasileira focada em automação e geração de leads para médias empresas.

Benefícios: melhor segmentação, automação de campanhas e nutrição de leads.

Gestão de projetos e produtividade

Marketing envolve múltiplos projetos e equipes. Para manter tudo organizado, é essencial usar ferramentas de gestão.

- **Trello** – Simples e visual, ideal para pequenos times organizarem tarefas.
- **Asana** – Perfeito para equipes maiores que precisam acompanhar cronogramas e metas.

- **Monday** – Robusta e flexível, ótima para gerenciar fluxos de trabalho complexos.

Benefícios: maior alinhamento entre times, prazos mais bem controlados e execução mais eficiente.

Análise de dados e inteligência de mercado

Os dados são o motor das decisões de marketing. Ferramentas de *analytics* ajudam a entender o comportamento do consumidor e otimizar campanhas.

- **Google Analytics** – Essencial para medir tráfego e comportamento no site.
- **Semrush** – Poderosa para SEO, análise de concorrentes e pesquisa de palavras-chave.
- **Power BI** – Ferramenta avançada de visualização de dados, usada para relatórios estratégicos.

Benefícios: identificação de oportunidades, otimização de investimentos e previsibilidade de resultados.

Automação de campanhas e comunicação

As automações garantem que mensagens personalizadas cheguem às pessoas certas, no momento certo.

- **ActiveCampaign** – Solução completa para automação de e-mails e SMS.
- **Mailchimp** – Um dos mais populares para e-mail marketing, com bons recursos gratuitos.
- **WhatsApp API** – Permite comunicações automáticas e segmentadas via WhatsApp.

Benefícios: escalabilidade, redução de custos e maior eficiência na comunicação com o público.

Plataformas de anúncios e performance

Os investimentos em mídia paga precisam ser gerenciados com eficiência.

- **Google Ads** – Para tráfego pago em pesquisa, YouTube e Display.
- **Meta Ads** – Inclui Facebook, Instagram e Audience Network.
- **LinkedIn Ads** – Ideal para empresas B2B que querem impactar decisores de alto nível.

Benefícios: alcance ampliado, segmentação precisa e otimização do investimento.

Como escolher a tecnologia certa para sua empresa?

Não existe uma solução única. A escolha das ferramentas deve levar em conta:

- **Tamanho da empresa** (pequenas podem começar com soluções mais acessíveis, como RD Station e Trello, enquanto grandes empresas precisam de Salesforce e Power BI).
- **Objetivos estratégicos** (se o foco é conversão rápida, priorize Google Ads e automação; se for construção de marca, foque em análise de dados e CRM).
- **Orçamento disponível** (há ferramentas gratuitas e pagas; o ideal é começar com versões gratuitas e escalar conforme a necessidade).

Como transformar estratégia em cultura dentro da empresa

O maior desafio do marketing não é a tecnologia ou os canais, mas a cultura organizacional. De nada adianta um planejamento perfeito se a empresa não estiver alinhada. Empresas onde o marketing é integrado à cultura organizacional têm melhores resultados. O marketing precisa estar conectado a todas as áreas da empresa para garantir uma execução eficiente e alinhada com os objetivos do negócio. Vejam os exemplos:

- **Vendas** – O marketing deve fornecer leads qualificados e conteúdos que ajudem o time comercial a fechar negócios.
- **Atendimento ao cliente** – Uma experiência bem alinhada fortalece a marca e reduz *churn*.
- **Produto** – O feedback do marketing sobre clientes pode direcionar inovações e melhorias.
- **RH** – O employer branding fortalece a marca empregadora e atrai talentos melhores.

O papel da liderança no sucesso da execução

- Nenhuma estratégia sobrevive sem o apoio da liderança.
- A diretoria precisa enxergar o marketing como um investimento e não como um custo.
- O CEO deve ser o primeiro defensor da marca, ajudando a comunicar a visão e os valores da empresa.
- Lideranças de outras áreas devem ser envolvidas no planejamento para garantir alinhamento e engajamento.

Criando uma cultura de inovação e aprendizado contínuo

Para manter o marketing sempre relevante, a cultura da empresa precisa estimular aprendizado e inovação.

- **Testes e experimentação** – Incentivar pilotos de novas campanhas antes de escalar grandes investimentos.
- **Capacitação contínua** – Oferecer treinamentos e workshops para manter o time atualizado.
- **Benchmarking e networking** – Participação em eventos e análise da concorrência para entender tendências.

Sem tecnologia, não há escalabilidade. Sem cultura, não há execução. A união desses dois fatores garante que o marketing deixe de ser apenas um setor e se torne parte essencial da estratégia de crescimento da empresa.

No próximo capítulo, vamos explorar como medir o impacto do marketing e garantir que cada investimento gere resultados reais.

11.5 DE ESTRATÉGIA À EXECUÇÃO, SEM PERDER O FOCO

Ao longo deste livro, exploramos a Mandala Lebbe como um modelo estratégico capaz de transformar o marketing em um motor de crescimento para qualquer empresa. No entanto, mais importante do que entender a teoria por trás de cada camada é garantir que essa estratégia seja colocada em prática de forma contínua e eficaz. O maior erro das empresas não é a falta de planejamento, mas a estagnação. Um plano de marketing não pode ser apenas um documento bem elaborado, arquivado em uma gaveta ou em um drive, sem nunca ser revisitado. Ele precisa ser vivo, dinâmico, sujeito a análises constantes e aprimoramentos estratégicos.

O mercado muda rapidamente. Novos canais surgem, o comportamento do consumidor se transforma, concorrentes inovam e tecnologias avançam em ritmo acelerado. Diante disso, a Mandala Lebbe não deve ser vista como um planejamento rígido, mas, sim, como um modelo adaptável, capaz de guiar a evolução da marca conforme as necessidades do negócio. Criar uma rotina de análise, ajustes e otimização não é apenas uma recomendação — é uma necessidade para garantir um crescimento sustentável e manter a marca competitiva ao longo do tempo.

Isso significa que cada camada da Mandala precisa ser constantemente avaliada: o branding segue alinhado com o propósito da empresa? A presença da marca está forte nos canais certos? O investimento em ataque está sendo direcionado de forma eficiente? Há oportunidades para inovação e disrupção? Essas são perguntas que devem ser feitas periodicamente, e as respostas devem levar a ajustes estratégicos para que a marca continue crescendo e se conectando com seu público da melhor forma.

Mais do que um modelo teórico, a Mandala Lebbe é um convite para a ação. Agora que você tem o caminho estruturado, os conceitos e as ferramentas para a execução, é hora de colocar tudo isso em prática. O sucesso de uma estratégia de marketing não está apenas na sua elaboração, mas na capacidade da empresa de testar, aprender e evoluir continuamente.

O mercado está em constante movimento, e a sua marca também deve estar.

Agora, é hora de agir.

CAPÍTULO 12
LEBBE GROWTH
EQUILÍBRIO ENTRE MARCA, RELACIONAMENTO E VENDAS

CRESCIMENTO SUSTENTÁVEL ALÉM DA MANDALA LEBBE

O Lebbe Growth opera como uma lente de análise complementar à Mandala Lebbe. Enquanto a Mandala estrutura as camadas estratégicas do marketing, o Lebbe Growth monitora continuamente o equilíbrio entre três forças essenciais: construção de marca, fortalecimento de relacionamentos e geração de vendas. Essa metodologia não substitui a Mandala, mas garante que todas as ações mantenham equilíbrio entre impacto de longo prazo (brand), retenção e fidelização (relationship) e resultados imediatos (sales).

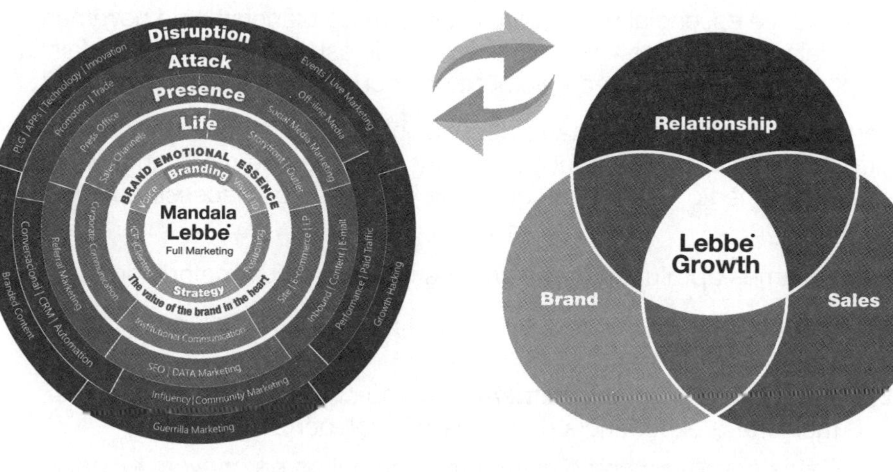

A grande armadilha do marketing atual é o desequilíbrio entre essas frentes. Muitas empresas investem fortemente em branding, mas pecam na conversão direta. Outras apostam apenas em vendas, sacrificando a percepção de valor da marca e a retenção dos clientes. Há também aquelas que focam no relacionamento, porém sem um esforço sólido de aquisição e *awareness*. A fórmula ideal não está em escolher um único caminho, mas, sim, em atuar estrategicamente nesses três pilares de maneira equilibrada e interligada.

Empresas de alto crescimento seguem essa lógica. Marcas como Apple e Magazine Luiza não apenas investem em branding e *awareness*, mas também nutrem relacionamento próximo com clientes, comunidades e stakeholders, além de contar com estratégias de vendas bem estruturadas e diversificadas.

Essa sinergia é o que faz uma marca crescer de maneira saudável. O Nubank, por exemplo, não cresceu apenas com marketing digital e campanhas de aquisição, mas também com uma estratégia de relacionamento forte com seus clientes, gerando defensores da marca, e com um modelo de crescimento apoiado na expansão de produtos financeiros.

No entanto, existe outro fator essencial para o crescimento das empresas: produto. Embora essa área seja geralmente liderada por um time específico dentro da organização, o marketing tem um papel fundamental ao integrar insights do mercado, comportamento do consumidor e oportunidades de novos produtos e serviços. A cada novo produto ou mercado a ser explorado, é essencial rodar toda a estrutura do planejamento novamente (Mandala + Lebbe Growth). Sem essa revisão estratégica, o risco de falhas no posicionamento e execução aumenta consideravelmente.

Portanto, o Lebbe Growth não é apenas um complemento à Mandala, mas, sim, um método para garantir que todas as ações de marketing, vendas e relacionamento estejam integradas e ajustadas às necessidades reais do mercado.

Agora, vamos aprofundar cada um dos três pilares da metodologia:

1. **Brand (marca):** como gerar valor, *awareness* e fortalecer a presença da empresa no mercado.
2. **Relationship (relacionamento):** como criar vínculos duradouros, melhorar a experiência do cliente e fortalecer a retenção.
3. **Sales (vendas):** como estruturar campanhas de conversão, prospecção e maximização de receitas.

Essa abordagem garante **crescimento sustentável e contínuo**. Agora, vamos explorar cada pilar em detalhes! 🚀

12.1 BRAND: GERANDO VALOR E FORTALECENDO A PRESENÇA DA EMPRESA

Marca não é campanha, é construção

Muitas empresas acreditam que fortalecer a marca significa apenas rodar uma campanha publicitária de tempos em tempos. Mas a realidade é que branding é um trabalho contínuo, que exige consistência e coerência. A marca se constrói ao longo do tempo, por meio de cada interação, experiência e mensagem transmitida ao público.

Esse fortalecimento não pode ser feito de maneira isolada. Ele precisa estar diretamente conectado ao BEE (*Brand Emotional Essence*), garantindo que todas as ações de marketing e comunicação reforcem a mesma identidade, propósito e valores da empresa.

Além disso, as marcas que investem em branding têm vantagens competitivas claras. Um estudo da Kantar BrandZ mostra que marcas fortes crescem, em média, três vezes mais rápido do que marcas sem um posicionamento sólido. Outra pesquisa da Nielsen aponta que 59% dos consumidores preferem comprar produtos de marcas conhecidas, mesmo que tenham que pagar um pouco mais por isso.

E por que isso acontece? Porque branding trabalha um dos fatores mais importantes na decisão de compra: a confiança. Quando o público conhece, reconhece e se identifica com uma marca, a barreira de entrada para o consumo diminui consideravelmente.

Marcas fortes não apenas comunicam seu valor — elas contam histórias envolventes. O conceito de **StoryBrand**, do autor Donald Miller, reforça a importância de colocar o cliente como o protagonista da narrativa da marca, criando uma jornada em que a empresa atua como guia, ajudando o consumidor a resolver problemas e alcançar seus objetivos.

O poder da marca nos resultados das empresas

Os números deixam claro que marcas bem posicionadas geram mais resultados. A força da marca impacta diretamente métricas como:

- **Custo de aquisição de cliente (CAC):** empresas com alta lembrança de marca precisam gastar menos para atrair novos clientes, pois já são reconhecidas e confiáveis.
- **Lifetime Value (LTV):** clientes tendem a permanecer mais tempo fiéis a marcas que têm um posicionamento claro e forte, aumentando o valor que geram ao longo do tempo.
- **Conversão e ticket médio:** consumidores estão mais propensos a pagar mais por produtos de marcas conhecidas, pois confiam na qualidade e na experiência oferecida.

Um estudo da *Harvard Business Review* revelou que empresas com marcas fortes têm 31% mais facilidade em negociar preços *premium*, pois conseguem justificar melhor seu valor. Além disso, o relatório da McKinsey & Company apontou que empresas que trabalham branding de forma estratégica têm 23% mais lealdade dos consumidores.

Ou seja, a marca impacta não apenas o marketing, mas toda a estrutura de negócios da empresa.

Construção de marca para diferentes tipos de negócios

Muitas vezes, empreendedores acreditam que apenas grandes empresas devem investir em branding. Todavia, a verdade é que toda empresa precisa fortalecer sua marca, independentemente do porte ou setor. Vamos explorar como esse conceito se aplica a diferentes segmentos:

- **Indústrias:** branding no setor industrial muitas vezes foca em credibilidade e confiabilidade. Empresas B2B precisam ser reconhecidas como referências no mercado, garantindo qualidade e solidez para parceiros e clientes.
- **Serviços:** o diferencial aqui é a confiança. Negócios de serviços dependem da percepção do público, e uma marca bem construída reduz a resistência na tomada de decisão.
- **Varejo:** aqui, a marca se torna um fator de escolha. Uma loja que constrói um nome forte gera mais tráfego, conversões e fidelização.
- **E-commerce:** no ambiente digital, a marca é a principal barreira contra a concorrência baseada em preço. Construir um nome forte permite competir além do valor dos produtos.
- **Terceiro setor e governos:** aqui, o branding é essencial para transmitir credibilidade e engajamento. Organizações precisam se posicionar de forma clara para conquistar a confiança do público e parceiros.
- **Startups e negócios digitais:** para crescer rapidamente, startups precisam criar identidade e diferenciação no mercado. Branding ajuda a reduzir o tempo de aceitação do público e gerar engajamento desde o início.

Lista de estratégias e investimentos que geram awareness e fortalecem a marca

A construção de uma marca forte exige consistência e estratégias bem planejadas. Abaixo, apresentamos algumas das principais formas de fortalecer a presença da marca no mercado e gerar reconhecimento duradouro.

Campanhas institucionais e publicitárias de longo prazo

Campanhas institucionais são essenciais para reforçar os valores e propósito da marca a longo prazo. Elas não são focadas em conversão imediata, mas, sim, na construção de percepção e conexão emocional com o público.

📌 **Exemplo:** o **Banco do Brasil** trabalha campanhas que destacam seu compromisso com o país, como "Pra tudo que o Brasil imaginar". Já a **Natura**, com sua campanha "O Poder da Beleza Real", reforça a valorização da diversidade e do empoderamento feminino.

Como aplicar:

- Criar campanhas que reforcem os valores e propósito da marca, indo além do produto.
- Veicular campanhas de branding em momentos-chave do ano, como datas comemorativas.
- Trabalhar uma identidade visual e narrativa consistentes ao longo do tempo.

Relações públicas e assessoria de imprensa

Estar presente na mídia espontânea aumenta a credibilidade e o reconhecimento da marca. Uma boa assessoria de imprensa garante que a empresa apareça nos veículos certos, influenciando a percepção do público.

📌 **Exemplo:** a **Ambev** frequentemente lança estudos e ações sustentáveis, amplamente divulgadas na imprensa, reforçando seu compromisso com o meio ambiente. A **Magalu** também utiliza relações públicas para divulgar seu protagonismo em transformação digital e inovação no varejo.

Como aplicar:

- Criar pautas relevantes para a imprensa que reforcem o posicionamento da marca.
- Participar de entrevistas e reportagens para fortalecer a credibilidade da empresa.
- Investir em *press kits* criativos para enviar aos jornalistas e influenciadores.

Estratégias de marketing de conteúdo e storytelling

O conteúdo é uma das formas mais poderosas de construção de marca. Ele não apenas informa, mas também cria um vínculo emocional com o público, posicionando a empresa como referência no segmento.

📌 **Exemplo:** a **RD Station**, plataforma de automação de marketing, se tornou referência no Brasil por meio de sua produção de conteúdo educativo, como e-books, webinars e blog posts sobre marketing digital.

Como aplicar:

- Criar blogs e materiais ricos para educar o mercado e fortalecer a autoridade da marca.
- Usar o *storytelling* para construir uma narrativa envolvente, conectando a história da empresa com a jornada do consumidor.
- Produzir vídeos institucionais que contem a história da marca de forma autêntica.

Participação em eventos e patrocínios estratégicos

Eventos presenciais e digitais ajudam a posicionar a marca como uma referência no setor, além de oferecer oportunidades de networking e fortalecimento de imagem.

📌 **Exemplo:** a **XP Investimentos** patrocina e organiza eventos como o Expert XP, um dos maiores eventos de investimentos do Brasil. Já a **Coca-Cola** investe fortemente no patrocínio do Rock in Rio, reforçando sua conexão com o público jovem.

Como aplicar:

- Participar de eventos do setor para reforçar a presença da marca no mercado.
- Criar experiências imersivas e interativas para engajar o público durante o evento.
- Explorar o marketing de experiência para tornar a marca memorável.

Parcerias e colaborações para reforçar credibilidade

Alinhar-se a outras marcas que compartilham dos mesmos valores pode impulsionar a reputação e gerar novos públicos.

📌 **Exemplo:** a **Reserva** fez uma parceria com a **O Boticário** para lançar uma linha de fragrâncias masculinas, unindo o prestígio de ambas as marcas. Outro caso de sucesso é a **Havaianas**, que frequentemente colabora com marcas como Kenner e até a Netflix.

Como aplicar:

Criar produtos ou ações conjuntas com marcas que tenham sinergia com o seu público.

- Explorar colaborações com influenciadores e personalidades para reforçar o posicionamento.
- Usar co-branding para ampliar o alcance da marca em novos mercados.

Investimentos em mídia de branding (TV, OOH, redes sociais)

A publicidade paga ainda é uma das formas mais diretas de construir reconhecimento de marca. Mídias tradicionais e digitais ajudam a reforçar a presença da empresa na mente do consumidor.

📌 **Exemplo:** a **Magalu** investe constantemente em mídia digital e televisão para reforçar sua identidade inovadora, enquanto a **Cervejaria Heineken** utiliza OOH para criar impacto visual em campanhas.

Como aplicar:

- Criar campanhas de branding que priorizem alcance e frequência.
- Combinar mídia tradicional (TV, rádio, OOH) com digital (Google Ads, redes sociais).
- Analisar dados para otimizar campanhas e entender quais canais geram maior impacto.

Experiências presenciais e ativações de marca

Criar **momentos memoráveis** para o consumidor fortalece a identidade da marca e gera *buzz* orgânico.

📌 **Exemplo:** a **Netflix Brasil** é mestre em ativações criativas. Para o lançamento da série *Stranger Things*, a marca recriou o universo da série em pontos estratégicos de São Paulo. Já a **Red Bull** é referência em eventos próprios, como o Red Bull Air Race e Red Bull Music Festival.

Como aplicar:

- Criar experiências interativas e imersivas para engajar o público com a marca.
- Fazer ativações em pontos estratégicos para reforçar a conexão emocional com os consumidores.
- Usar eventos sazonais para criar campanhas diferenciadas e impactantes.

Consistência e estratégia para construir uma marca forte

Cada uma dessas estratégias contribui para fortalecer a presença da marca no mercado. Mas não basta aplicar ações isoladas — é fundamental ter um plano contínuo, consistente e alinhado ao propósito da empresa.

Construir uma marca forte exige tempo, investimento e planejamento estratégico. Empresas que entendem essa necessidade conseguem se diferenciar da concorrência, reduzir o custo de aquisição de clientes e aumentar a fidelização.

Agora que exploramos a importância da marca (Brand), seguimos para o próximo pilar essencial do Lebbe Growth: relacionamento (Relationship) — em que aprofundaremos como fortalecer laços com clientes, stakeholders e comunidades.

Ótimo! Vamos estruturar o pilar de Relationship seguindo o mesmo modelo de Brand, com uma introdução forte e uma lista detalhada de estratégias e ações.

12.2 RELATIONSHIP: RELACIONAMENTO COMO ALAVANCA DE CRESCIMENTO

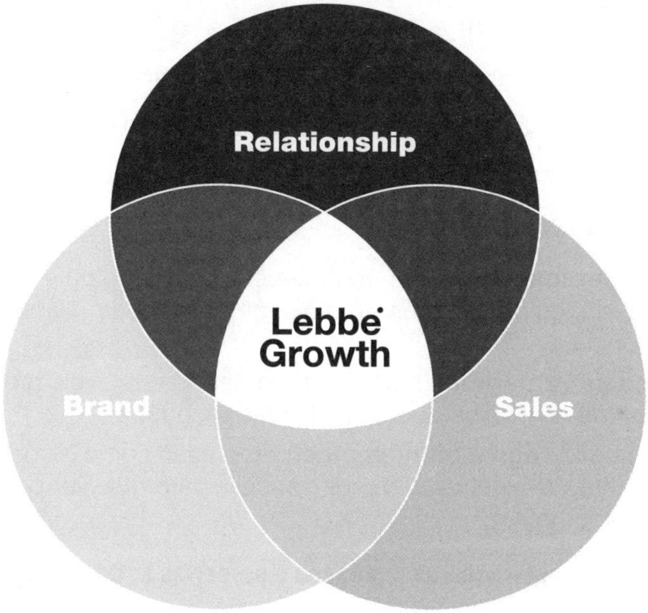

Uma marca forte não se constrói apenas com campanhas de marketing e publicidade, mas principalmente com relacionamento genuíno com clientes, stakeholders e comunidades. O relacionamento é o que sustenta um negócio no longo prazo, garantindo recorrência, fidelização e amantes da marca.

Pesquisas mostram que manter um cliente custa até cinco vezes menos do que conquistar um novo, e que um aumento de 5% na retenção pode gerar um crescimento de até 95% no lucro (Fonte: Bain & Company).

O pilar Relationship do Lebbe Growth abrange todas as estratégias que fortalecem o vínculo da marca com seu público e com o ecossistema ao seu redor. Não se trata apenas de um bom atendimento ao cliente, mas, sim, da construção de uma rede de conexões estratégicas que envolvem:

- Clientes (atuais e antigos).
- Stakeholders externos (fornecedores, parceiros, governos, mídia, comunidades etc.).
- Defensores da marca (influenciadores, brand lovers, clientes promotores, investidores etc.).

Estratégias de relacionamento por setor

Cada setor tem demandas e desafios específicos quando se trata de relacionamento com clientes e stakeholders. Abaixo, exploramos as melhores estratégias para cada um:

Varejo e e-commerce: proximidade digital e fidelização

Desafio: criar um relacionamento próximo mesmo sem contato físico direto.

Oportunidade: personalização e automação para aumentar a recorrência.

Principais estratégias:

- **CRM e personalização:** e-commerces como Magalu e Netshoes utilizam dados para enviar ofertas segmentadas e melhorar a experiência do cliente.
- **Clubes de vantagens:** marcas como Sephora e Livelo oferecem programas de pontos que incentivam a recompra.
- **Atendimento ágil e omnichannel:** empresas como iFood investem no suporte via WhatsApp e redes sociais para resolver problemas rapidamente.

Indústria e B2B: construção de confiança e parcerias estratégicas

Desafio: relacionamento é construído no longo prazo e depende de credibilidade.

Oportunidade: criar um ecossistema sólido com fornecedores e distribuidores.

Principais estratégias:

- **Eventos e feiras do setor:** empresas como Weg e Basf investem em congressos para fortalecer a marca junto a distribuidores.
- **Relacionamento institucional:** o setor industrial se beneficia de conexões com sindicatos, associações e entidades reguladoras.
- **Treinamento e suporte técnico:** relacionamento no B2B se constrói com suporte contínuo, como a Totvs faz com clientes corporativos.

Serviços: experiência do cliente como diferencial competitivo

Desafio: serviços são intangíveis, tornando a confiança essencial para retenção.

Oportunidade: criar experiências encantadoras para fortalecer o vínculo.

Principais estratégias:

- **Customer Success e suporte humanizado:** startups como Hotmart investem em atendimento próximo e humanizado.
- **Comunidade e conteúdo educativo:** marcas como XP Investimentos criam eventos e conteúdos exclusivos para clientes.
- **Redes sociais e reputação digital:** empresas de serviços, como academias e hotéis, precisam cuidar de avaliações em plataformas como Google e TripAdvisor.

Terceiro setor e ONGs: engajamento e mobilização

Desafio: criar conexões emocionais para engajar apoiadores e doadores.

Oportunidade: fortalecer comunidades e parcerias estratégicas.

Principais estratégias:

- **Storytelling e impacto social:** ONGs como Médicos Sem Fronteiras utilizam histórias reais para gerar conexão emocional.
- **Parcerias com empresas:** projetos como o Criança Esperança crescem com apoio do setor privado.
- **Plataformas de financiamento coletivo:** ONGs como Greenpeace utilizam recorrência para manter o relacionamento com doadores.

Governo e instituições públicas: transparência e proximidade com a sociedade

Desafio: criar engajamento e confiança com a população.

Oportunidade: usar tecnologia e comunicação acessível para estreitar relações.

Principais estratégias:

- **Canais digitais e redes sociais:** órgãos públicos, como o Gov.br, utilizam WhatsApp e Telegram para facilitar o contato com cidadãos.
- **Eventos e audiências públicas:** cidades como São Paulo promovem consultas públicas para aproximar a população da gestão.
- **Parcerias com empresas e ONGs:** iniciativas como o Pacto Global da ONU conectam governos a ações de impacto social.

Estratégias e ações que fortalecem o relacionamento da marca

Cada empresa precisa adaptar suas estratégias de relacionamento de acordo com seu público e setor de atuação. Abaixo, listamos **as principais iniciativas** que podem ser aplicadas para construir vínculos sólidos e duradouros.

Experiência do cliente (CX) e Customer Success

O relacionamento com o cliente começa na experiência de compra e se estende por toda a jornada. Um bom atendimento é essencial, mas marcas que oferecem encantamento e suporte proativo conquistam defensores e fidelizam clientes no longo prazo.

📌 **Exemplo:** a **Nubank** se tornou referência em atendimento e *Customer Success*, com respostas rápidas, linguagem acessível e surpresas enviadas aos clientes (como o famoso "mimo").

Como aplicar:

- Criar um time de *Customer Success* para monitorar a experiência do cliente.
- Implementar um plano de encantamento (ex.: brindes, mensagens personalizadas, surpresas).
- Investir em suporte *omnichannel* para atender clientes onde eles preferem (WhatsApp, redes sociais, chat, telefone).

Programas de fidelidade e marketing de indicação

Fidelizar um cliente não significa apenas que ele voltará a comprar, mas também que ele pode se tornar um promotor da marca. Programas de recompensas e indicações aumentam a retenção e trazem novos consumidores com um CAC (custo de aquisição de cliente) menor.

📌 **Exemplo:** o **iFood** incentiva indicações, oferecendo descontos para quem convida amigos a usar o app. Já a **Smiles (Gol)** possui um dos programas de fidelidade mais fortes do Brasil, oferecendo benefícios exclusivos para clientes frequentes.

Como aplicar:

- Criar um programa de pontos ou cashback para incentivar recompra.
- Estimular indicações com benefícios para quem indica e quem é indicado.
- Segmentar ofertas personalizadas para clientes fiéis.

Parcerias estratégicas e ecossistema de negócios

Relacionamento não se resume a clientes, mas também a fornecedores, parceiros comerciais e outras marcas que compartilham do mesmo público. As parcerias estratégicas fortalecem o posicionamento da empresa e criam oportunidades de crescimento conjunto.

📌 **Exemplo:** a **Magalu** investiu na compra de diversas startups e marketplaces menores para ampliar seu ecossistema digital. No setor de bebidas, **Heineken e Coca-Cola** firmaram parceria de distribuição para ampliar presença no Brasil.

Como aplicar:

- Criar parcerias com marcas complementares para ações conjuntas.
- Desenvolver programas de benefícios para fornecedores estratégicos.
- Estabelecer um networking forte em eventos e associações do setor.

Relacionamento com stakeholders externos (mídia, governo, ONGs, sindicatos, comunidade, investidores)

Empresas que constroem boas relações institucionais têm mais credibilidade e estabilidade no mercado. Isso inclui relações públicas, comunicação com o governo, envolvimento em causas sociais e ações para fortalecer a reputação corporativa.

📌 **Exemplo:** o **Banco Itaú** é um dos maiores investidores em cultura no Brasil e reforça sua presença através do Itaú Cultural. Já a **Ambev** promove projetos de sustentabilidade e parcerias com ONGs para reforçar seu compromisso social.

Como aplicar:

- Criar um plano de relaçoes públicas e assessoria de imprensa.
- Desenvolver projetos sociais para impactar comunidades locais.
- Manter um relacionamento ativo com investidores e entidades governamentais.

Relacionamento com defensores da marca (brand lovers, influenciadores, mídia espontânea)

Construir uma comunidade de fãs e advogados da marca pode ser mais valioso do que investir em mídia paga. Clientes satisfeitos, influenciadores e imprensa espontânea são forças que amplificam a presença da empresa no mercado.

📌 **Exemplo:** a **Apple** tem uma base de fãs extremamente leal, que faz filas para comprar seus lançamentos. No Brasil, a **Havaianas** investe em marketing de influenciadores para manter seu posicionamento jovem e descolado.

Como aplicar:

- Criar ações para engajar e reconhecer os clientes mais fiéis.
- Trabalhar com influenciadores para gerar mídia espontânea.
- Construir um programa de advogados da marca, incentivando clientes a compartilhar suas experiências.

Relações institucionais e governamentais (RIG): o papel estratégico no crescimento das empresas

Apesar de RIG não estar inteiramente ligado ao marketing, podemos dizer que ele influencia diretamente no crescimento de empresas. Por isso, acredito ser muito importante o conhecimento dessa matéria.

Empresas que operam em mercados altamente regulados ou que buscam expansão sustentável não podem ignorar a importância das Relações Institucionais e Governamentais (RIG). Esse campo, muitas vezes subestimado por gestores de marketing e CEOs, é essencial para garantir previsibilidade, reduzir riscos e destravar oportunidades de crescimento. Marcas que estruturam boas estratégias de RIG conseguem influenciar políticas públicas, garantir segurança jurídica e estabelecer um diálogo contínuo com governos e órgãos reguladores.

A questão é: sua empresa está considerando esse fator no planejamento estratégico?

RIG x Lobby: o que diferencia uma prática legítima de uma polêmica?

Antes de nos aprofundarmos no impacto das relações institucionais e governamentais, é importante esclarecer a diferença entre RIG e Lobby, pois esses termos costumam ser confundidos.

RIG é uma prática estruturada, que envolve diálogo transparente e ético com o governo, a sociedade e os órgãos reguladores. Empresas utilizam essa estratégia para defender interesses legítimos, participar da construção de políticas públicas e influenciar regulações que impactam seus setores.

Lobby, apesar de ser um termo técnico legítimo e regulamentado em países como EUA e Canadá, no Brasil, tem uma conotação negativa, muitas vezes associado a ações informais ou até ilegais. No entanto, na prática, um bom trabalho de RIG inclui ações de lobby dentro das normas legais, respeitando a transparência e a ética.

Uma sugestão de leitura sobre o tema é o livro de um grande profissional, Jack Corrêa, *Lobby Stories*, que reúne 44 casos reais de atividades de lobby no Brasil, focando na interface entre o setor privado e o poder público. A obra descreve a história da atividade e os limites dos profissionais, com o objetivo de orientar futuros lobistas sobre a importância do conhecimento, relacionamento e discernimento.

Empresas que ignoram RIG e deixam de se posicionar perdem espaço para concorrentes que influenciam ativamente os ambientes regulatórios. Grandes *players*, como Natura, Localiza e Ambev, investem fortemente nessa estratégia, garantindo que tenham voz na formulação de políticas públicas que impactam seus negócios.

Por que sua empresa precisa investir em RIG?

Se a sua empresa atua em um mercado regulado — como energia, telecomunicações, saúde, transportes, tecnologia e financeiro —, a ausência de um trabalho de relações institucionais pode ser um risco enorme para o crescimento.

O impacto de um trabalho bem estruturado de RIG:

- **Redução de riscos regulatórios:** empresas que dialogam com governos conseguem prever mudanças legislativas e se preparar.
- **Influência nas políticas públicas:** organizações bem posicionadas participam ativamente da construção de regras do mercado.
- **Construção de reputação institucional:** um bom trabalho de RIG posiciona a empresa como uma referência no setor, fortalecendo sua autoridade.
- **Expansão para novos mercados:** estabelecer conexões estratégicas com governos pode facilitar processos de entrada em novos estados ou países.
- **Segurança jurídica para operações e investimentos:** empresas que atuam em parceria com órgãos reguladores evitam surpresas desagradáveis e barreiras legais inesperadas.

Exemplo prático: o setor automotivo no Brasil frequentemente negocia incentivos fiscais para manter sua competitividade. Montadoras como Fiat e Volkswagen se beneficiam de programas de desoneração que tornam suas operações mais sustentáveis. Empresas que não participam ativamente dessas discussões podem ser prejudicadas e perder vantagem competitiva.

Quem deve cuidar de RIG na sua empresa e como contratar esse serviço?

A gestão de Relações Institucionais e Governamentais pode ser feita de duas formas principais:

Departamento interno: empresas de grande porte geralmente têm um time próprio para lidar com relações governamentais. Esse time pode incluir advogados, administradores públicos e cientistas políticos.

Consultorias especializadas: para empresas que não possuem estrutura interna, consultorias de RIG podem fazer esse trabalho de forma estratégica, representando a marca junto a governos e órgãos reguladores.

Independentemente do modelo escolhido, o mais importante é garantir que a empresa tenha representação institucional ativa e estratégica, sem depender de terceiros para interpretar mudanças regulatórias que impactam seu setor.

Quando investir em RIG? Casos práticos de aplicação

Muitas empresas só percebem a necessidade de um trabalho de RIG quando já enfrentam dificuldades — o que pode ser tarde demais. O ideal é que essa estratégia seja preventiva e faça parte do planejamento desde o início.

Gestores de marketing e CEOs devem entender que a expansão sustentável de uma empresa não depende apenas de branding, relacionamento com clientes e vendas diretas. O ambiente regulatório e as relações institucionais podem ser fatores decisivos para o sucesso ou a estagnação de um negócio.

Empresas que investem em RIG garantem previsibilidade, segurança jurídica e oportunidades de crescimento que vão além das estratégias tradicionais de marketing e vendas. Ignorar essa frente pode ser um erro estratégico que impede a marca de alcançar seu potencial máximo.

Relacionamento como pilar de crescimento sustentável

O relacionamento é um ativo estratégico para qualquer tipo de negócio. Seja através do suporte ao cliente, parcerias institucionais ou construção de comunidades, empresas que investem nessa área conseguem:

- Aumentar retenção e lealdade.
- Reduzir custos de aquisição.
- Criar defensores da marca.
- Construir credibilidade e reputação.

Ao combinar Brand (marca) e Relationship (relacionamento), a empresa cria um posicionamento sólido e uma base leal de clientes. O próximo passo no Lebbe Growth é explorar o pilar de vendas (Sales), garantindo que essa estrutura se converta em crescimento real para o negócio.

12.3 SALES: O OLHAR DO MARKETING COM FOCO EM VENDAS

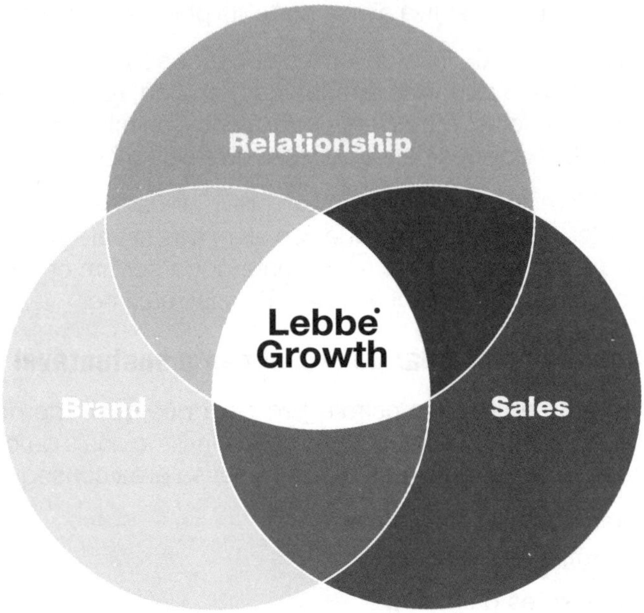

O papel das estratégias de marketing para gerar vendas imediatas

Quando falamos em crescimento sustentável, muitas empresas cometem o erro de focar apenas em reconhecimento de marca ou em relacionamento com o cliente, sem direcionar esforços para a conversão imediata. No entanto, vendas são o oxigênio de qualquer negócio. Independentemente da maturidade da empresa, é essencial ter estratégias que gerem receita de forma previsível e consistente.

Neste capítulo, vamos abordar as estratégias de marketing que têm como principal objetivo impulsionar vendas e receitas no curto prazo. Isso inclui desde a estruturação de ofertas e promoções eficazes até a escolha de canais de vendas estratégicos, passando pelo suporte ao time comercial, e o uso de ferramentas digitais para maximizar conversões.

Antes de falarmos sobre táticas, é fundamental entender o que realmente leva um cliente a comprar. Existem quatro fatores principais que influenciam a decisão de compra:

- **Urgência:** quando há uma necessidade imediata que exige solução rápida (exemplo: comprar um medicamento ou contratar um encanador para um vazamento em casa).
- **Desejo:** quando a decisão de compra está ligada a status, exclusividade ou realização pessoal (exemplo: um carro de luxo, uma joia ou um ingresso VIP para um show).
- **Necessidade:** quando o cliente reconhece que precisa de um produto ou serviço, mas pode adiar a decisão (exemplo: renovar o seguro do carro ou trocar um eletrodoméstico antigo).
- **Oportunidade:** quando uma oferta vantajosa motiva a compra, mesmo sem uma necessidade ou desejo imediatos (exemplo: promoções de Black Friday ou combos promocionais).

Cada estratégia de marketing deve ser estruturada considerando um ou mais desses fatores. Além disso, o discurso de vendas precisa ser claro e persuasivo, alinhado ao posicionamento da marca e à realidade do consumidor. Muitas vezes, pequenas mudanças na forma como um produto ou serviço é apresentado podem fazer uma grande diferença na taxa de conversão.

Outro ponto essencial é o equilíbrio entre curto e longo prazo. Enquanto ações focadas em SALES impulsionam receita imediata, é o branding que sustenta o crescimento da empresa no médio e longo prazo. Empresas que investem apenas em performance podem até vender bem no momento, mas dificilmente constroem fidelidade e diferenciação no mercado. Por isso, a sinergia entre SALES, BRAND e RELATIONSHIP é crucial para um crescimento sólido e sustentável.

Como estruturar ofertas e promoções que convertem

Criar promoções eficazes não é apenas oferecer descontos aleatórios. É preciso construir ofertas estrategicamente, considerando preço, margem de lucro, comportamento do consumidor e objetivos do negócio.

Os três tipos de promoções mais eficazes

1. **Descontos progressivos** – Muito usados no varejo e na indústria, oferecem maior benefício quanto maior for o volume da compra.

   📌 *Exemplo:* um fornecedor de materiais de construção pode oferecer 5% de desconto na compra de 50 unidades de um produto, 10% em 100 unidades e 15% em 200 unidades.

2. **Promoções de urgência e escassez** – Criam senso de urgência, incentivando a compra rápida.

   📌 *Exemplo:* um e-commerce pode oferecer um cupom de desconto válido apenas por 24 horas para impulsionar conversões imediatas.

3. **Bonificações e brindes** – Aumentam o valor percebido do produto ou serviço sem necessariamente reduzir a margem de lucro.

   📌 *Exemplo:* um restaurante pode oferecer uma sobremesa grátis para quem pedir um prato principal em determinado dia da semana.

Além desses formatos, é importante considerar datas sazonais e oportunidades estratégicas. Black Friday, Dia do Cliente, Natal e outros períodos do ano podem ser ótimos momentos para ativar vendas com promoções específicas para cada segmento.

Materiais de apoio e estratégias para fortalecer times de vendas

A conversão de clientes não depende apenas de uma boa estratégia de marketing. O time de vendas precisa estar bem treinado, munido de informações e ferramentas que ajudem a persuadir e fechar negócios.

Principais materiais que aumentam a eficiência das vendas

- **Kits de vendas** – Apresentações, fichas técnicas e materiais impressos ou digitais para argumentação estruturada.
- **Scripts e roteiros** – Modelos de abordagem para contatos telefônicos, e-mails e reuniões presenciais.
- **Estudos de caso** – Demonstração de resultados e benefícios do produto/serviço baseados em clientes reais.
- **Tabelas de preços e condições especiais** – Informações claras sobre pacotes, parcelamentos e políticas de desconto.

Além dos materiais, a **qualificação do time comercial** é um fator determinante para o sucesso das vendas. Empresas que investem em treinamentos frequentes melhoram sua taxa de conversão e aumentam o ticket médio de seus clientes.

📌 Leitura recomendada: *Receita Previsível* – Aaron Ross.

Canais estratégicos para conversão e receita imediata

Cada tipo de empresa deve escolher seus canais de vendas de acordo com o perfil do cliente e do mercado. Alguns exemplos incluem:

- **Vendas presenciais** – Para negócios que exigem atendimento físico, como lojas, consultórios e concessionárias.
- **Eventos e feiras** – Para setores B2B, em que networking e demonstrações ao vivo influenciam na decisão de compra.
- **E-commerce e marketplaces** – Para varejistas que desejam ampliar seu alcance e vender on-line.
- **Anúncios pagos (Google Ads, Meta Ads, LinkedIn Ads)** – Para atrair tráfego qualificado e gerar conversões rápidas.
- **WhatsApp e SMS** – Para fechar vendas diretamente e manter *follow-up* eficiente.

Empresas que combinam diferentes canais costumam ter um desempenho superior, pois conseguem atingir clientes em diferentes momentos da jornada de compra.

Táticas avançadas para maximizar conversões

- **Remarketing e recuperação de leads** – Anúncios segmentados para quem já demonstrou interesse, mas não finalizou a compra.
- **Campanhas de indicação** – Recompensas para clientes que indicam novos compradores.
- **Cross-selling e upselling** – Estratégias para aumentar o ticket médio, oferecendo produtos ou serviços complementares.
- **Testes A/B e otimização contínua** – Ajuste de ofertas, preços e mensagens para maximizar desempenho.

📌 Leitura recomendada: *Revenue Architecture* – A abordagem do RevOps para maximizar conversões.

A importância da previsibilidade e métricas para escalar vendas

Nenhuma estratégia de vendas pode ser eficaz sem acompanhamento e ajustes constantes. As principais métricas incluem:

- **CAC** – Quanto custa para adquirir cada novo cliente?
- **LTV** – Quanto um cliente gasta, em média, durante seu ciclo de vida?
- **Taxa de conversão** – Qual a porcentagem de leads que realmente se tornam clientes?
- **ROI** – Qual o retorno gerado por cada real investido em marketing?
- Empresas que estruturam um pipeline de vendas previsível conseguem crescer de forma mais sustentável e escalar suas operações de maneira eficiente.

Sales como o motor do crescimento sustentável

Gerar receita no curto prazo é essencial para qualquer negócio, mas precisa ser feito de forma inteligente. Estratégias de SALES bem estruturadas não apenas aumentam conversões, como fortalecem a presença da marca e criam relacionamentos duradouros com os clientes.

O segredo está em encontrar o equilíbrio entre vendas diretas, branding e relacionamento — criando um ciclo contínuo de crescimento para a empresa.

Agora é o momento de colocar tudo isso em prática e transformar cada ação de marketing em resultados concretos!

VAMOS FALAR DE VENDAS

Vendas são a base do crescimento sustentável de qualquer negócio. Sem vendas, não há receita. Sem receita, não há empresa.

Contudo, muitas empresas tratam vendas de forma reativa, acreditando que basta ter um bom produto ou serviço para gerar demanda. Na realidade, um crescimento sólido exige estratégia, processos bem definidos e um time capacitado.

Dados que comprovam a importância da estruturação de vendas:

- Empresas com processos de vendas estruturados crescem até 28% mais rápido do que aquelas sem uma abordagem clara (*Harvard Business Review*).
- Organizações que adotam estratégias baseadas em dados geram cinco vezes mais receita do que empresas que não utilizam *analytics* em suas vendas (McKinsey).
- Empresas que priorizam a retenção de clientes conseguem aumentar a receita em até 95%, segundo um estudo da Bain & Company.

Leitura recomendada:

- ***Receita Previsível (Aaron Ross e Marylou Tyler)*** – *Como estruturar um processo de geração de leads e criar um pipeline previsível de vendas.*
- ***Spin Selling (Neil Rackham)*** – *Técnica de vendas consultivas baseada em perguntas estratégicas para gerar valor e fechar negócios.*
- ***The Challenger Sale (Matthew Dixon e Brent Adamson)*** – *Explica como vendedores de alta performance desafiam a mentalidade dos clientes para gerar vendas.*

📌 Recomendo também buscar um grande treinador de venda, ***Ricardo Jordão Magalhães***. Ele tem mais de 1.000 vídeos no YouTube e produz conteúdo sobre vendas há muitos anos. Eu fiz um curso de vendas dele, chamado "Vendedor Rainmaker (que faz chover)", em 2018, e mudou completamente minha visão sobre vendas e marketing.

1. Times de vendas: estrutura, processos e treinamento

Ter um bom time comercial significa mais do que apenas contratar vendedores. É necessário definir funções, responsabilidades e processos claros para que cada profissional atue na sua especialidade.

Importante entender que cada negócio vai demandar determinada estrutura para esse time e é essencial ter uma liderança nessa área que entenda o que e como trabalhar.

Principais modelos de time de vendas:

- **Inside Sales** – Venda remota e consultiva, ideal para B2B e produtos complexos (ex.: SaaS).
- **Field Sales** – Venda externa, focada em negociações presenciais e contratos de alto valor.
- **SDR (Sales Development Representative) + Closer** – Modelo no qual um time qualifica leads (SDRs) e outro finaliza negócios (*Closers*).
- **Self-service Sales** – Venda direta, sem envolvimento humano, comum em e-commerces e produtos digitais (ex.: **Notion, Slack, Canva**).
- **Outbound Sales** – Modelo baseado em prospecção ativa, no qual vendedores entram em contato com potenciais clientes.

Treinamento e capacitação:

- **Processos de vendas claros:** criar um *playbook* de vendas para padronizar a abordagem.
- **Treinamento contínuo:** simulações, *role plays* e análises de *calls* para melhorar o pitch.
- **Uso de tecnologia:** implementação de CRM e automação para acompanhamento de leads.

Leitura recomendada:

- ***"O Novo Gestor de Vendas" (Matthew Dixon e Brent Adamson)*** – *Livro essencial para líderes que querem otimizar processos comerciais.*
- ***"Outbound Marketing" (Aaron Ross e Marylou Tyler)*** – *Estratégias para estruturar times de outbound de alta performance.*

Agora que temos a estrutura de time, precisamos falar sobre a integração entre marketing, vendas e experiência do cliente.

2. Canais de venda: como escolher e otimizar estratégias para cada modelo de negócio

A escolha do canal de vendas depende do tipo de produto ou serviço, do perfil do cliente e do ticket médio da venda.

- Inside sales e field sales funcionam bem para negócios B2B e vendas de alto valor.
- E-commerces e marketplaces são ideais para transações rápidas e diretas ao consumidor.
- Distribuidores e revendedores ampliam a capilaridade de produtos de consumo massivo.
- Programas de indicação e marketing de afiliados funcionam bem para empresas com base de clientes fiéis.
- Modelos de Product-Led Growth (PLG) utilizam o próprio produto como ferramenta de aquisição.

Ao definir um canal de vendas, é essencial medir a eficiência de cada um, analisando o custo de aquisição de cliente (CAC), a taxa de conversão e o retorno sobre investimento (ROI).

3. Táticas para maximizar conversões e aumentar receita

Para potencializar as vendas, algumas estratégias fundamentais podem ser aplicadas.

- Técnicas de negociação que criem gatilhos de urgência e fechamento.
- Estudo de PNL (Programação Neuro Linguística) aplicada às vendas.
- *Upselling* e *cross-selling* para aumentar o ticket médio.
- Automação de *follow-ups* para evitar a perda de leads no funil.
- Personalização de abordagens com base nos dados do CRM.

> ### *Leitura recomendada:*
>
> - *The Psychology of Selling (Brian Tracy) — explora as técnicas psicológicas por trás da persuasão e do fechamento de negócios.*
>
> Procure no YouTube sobre PNL aplicado às vendas.

4. Revenue operations (RevOps): a integração entre marketing, vendas e experiência do cliente

O conceito de *Revenue Operations* (RevOps), amplamente explorado no livro *Revenue Architecture*, de Jacco Van Der Kooij, representa uma mudança fundamental na forma como as empresas estruturam suas operações comerciais. Trata-se de um modelo que elimina barreiras entre marketing, vendas e experiência do cliente, promovendo uma gestão de receita mais eficiente e orientada a dados.

Empresas que adotam RevOps crescem até três vezes mais rápido do que aquelas que mantêm processos tradicionais e desconectados, segundo um estudo da Forrester Research. Além disso, segundo a Gartner, organizações com uma estrutura madura de RevOps aumentam sua eficiência operacional em até 20%, reduzindo desperdícios e melhorando a previsibilidade do crescimento.

As principais funções do RevOps incluem:

- **Unificar dados e métricas** para evitar desalinhamento entre times.
- **Automatizar processos** para reduzir gargalos e melhorar a produtividade.
- **Garantir previsibilidade e escalabilidade** da receita, evitando variações bruscas nos resultados.
- **Reduzir custos de aquisição (CAC)** e aumentar a eficiência operacional.
- **Aumentar o lifetime value (LTV)** ao transformar clientes em promotores da marca.

A grande vantagem do RevOps é que ele cria um sistema de crescimento sustentável, permitindo que a empresa tome decisões baseadas em dados concretos e não apenas em feeling ou achismos.

Baseado no livro de Jacco, abaixo vou detalhar alguns pontos que acredito serem relevantes para seu aprendizado:

Os três pilares

O modelo de RevOps é baseado em três pilares fundamentais: marketing, vendas e retenção de clientes. Essa abordagem foi amplamente detalhada no capítulo 3, do livro *Revenue Architecture*, que apresenta o *Go-To-Market Model* (GTM) como a sua espinha dorsal.

1. **Marketing como catalisador da receita**

   Função: gerar demanda qualificada e garantir que os leads estejam preparados para a conversão.

   Ação estratégica: criação de campanhas que não apenas gerem leads, mas que também nutram esses contatos ao longo da jornada.

   📌 **Exemplo prático:**

   Uma empresa de SaaS utiliza inbound marketing para gerar leads qualificados. Com um CRM bem estruturado, os leads passam por um processo de *lead scoring* e são automaticamente transferidos ao time de vendas no momento certo, evitando desperdício de oportunidades.

2. **Vendas como o motor da conversão**

   Função: transformar leads qualificados em clientes de maneira eficiente e previsível.

   Ação estratégica: personalização da abordagem comercial com base em dados, utilizando ferramentas como CRM para mapear oportunidades de *upselling* e *cross-selling*.

   📌 **Exemplo prático:**

   Uma empresa de varejo percebe que clientes que compraram determinados produtos tendem a adquirir um segundo item complementar após um determinado período. O time de vendas é alertado por automação e faz a oferta personalizada, aumentando o ticket médio.

3. **Retenção como diferencial competitivo**

   Função: maximizar o LTV e transformar clientes satisfeitos em promotores da marca.

   Ação estratégica: implementação de programas de fidelidade, campanhas de reativação e monitoramento contínuo do *Net Promoter Score* (NPS).

   📌 **Exemplo prático:**

   Um e-commerce de cosméticos utiliza inteligência artificial para prever o momento ideal para a recompra de um produto e envia um desconto exclusivo para o cliente, incentivando novas aquisições e prolongando o relacionamento.

Como implementar o RevOps na prática?

Requer um planejamento estruturado, tecnologia adequada e um alinhamento entre os times. As principais etapas são:

- **Mapear a jornada do cliente** para identificar os principais pontos de atrito e otimizar processos.
- **Integrar tecnologia e automação**, utilizando plataformas como Salesforce, HubSpot e RD Station.
- **Definir KPIs compartilhados** entre marketing, vendas e *Customer Success*, como CAC, LTV, *churn* rate e taxa de conversão.
- **Criar um fluxo contínuo de feedback** entre os times para ajustes estratégicos e melhoria contínua.
- **Implementar análise de dados preditiva**, utilizando *machine learning* para antecipar comportamentos e otimizar abordagens.

FERRAMENTAS ESSENCIAIS

A tecnologia é um dos principais pilares do RevOps. Algumas das ferramentas mais utilizadas incluem:

- **CRM e automação de marketing:** Salesforce, HubSpot, RD Station.
- **Análise de dados e BI:** Power BI, Tableau, Google Analytics.
- **Automação de processos e vendas:** ActiveCampaign, Outreach, Pipedrive.
- **Gestão de relacionamento e suporte ao cliente:** Zendesk, Intercom.

Estratégias de crescimento

O crescimento no modelo RevOps não depende apenas da aquisição de novos clientes, mas também da otimização do valor de cada cliente já conquistado. Duas estratégias fundamentais nesse processo são:

Upselling: incentivando upgrades de produtos ou serviços

Definição: oferecer versões mais avançadas ou complementares de um produto ou serviço para aumentar o ticket médio.

📌 **Exemplo:**

Uma empresa de software que vende um CRM básico oferece um upgrade para um plano *premium* com inteligência artificial e relatórios avançados.

Cross-selling: recomendando produtos complementares

Definição: oferecer produtos ou serviços relacionados ao que o cliente já comprou.

📌 **Exemplo:**

Um marketplace de moda sugere acessórios que combinam com roupas adquiridas anteriormente, utilizando algoritmos de recomendação.

RevOps como alavanca para o crescimento previsível

O RevOps não é apenas uma tendência, mas um modelo operacional que transforma marketing, vendas e retenção em um sistema integrado e escalável. Ele garante que todos os esforços comerciais estejam alinhados, utilizando dados e tecnologia para maximizar a geração de receita.

Cultura como motor do Full Marketing

Quando falamos em marketing por inteiro, não podemos esquecer de onde tudo começa: dentro da própria organização. Cultura, valores e práticas internas são a base invisível que sustenta cada campanha, cada plano e cada inovação.

Um time que não compartilha propósito dificilmente entrega uma marca coerente. Do mesmo modo, inovação sem cultura vira apenas modismo; governança sem cultura se torna burocracia; e RH sem cultura se resume a processos.

O Full Marketing só se realiza plenamente quando existe **coesão entre o que a empresa promete e o que ela pratica**. A cultura organiza a narrativa interna e externa, conecta pessoas em torno de um mesmo propósito e transforma estratégia em comportamento diário.

No fim, não há marketing consistente sem cultura consistente. A força de uma marca é sempre o reflexo da força de sua cultura.

CAPÍTULO 13

INTEGRAÇÃO ESTRATÉGICA

ALINHANDO BRAND, RELATIONSHIP E SALES

O crescimento sustentável de uma empresa exige um equilíbrio entre três pilares essenciais do marketing: marca (brand), relacionamento (relationship) e vendas (sales). Esses três fatores não são ações isoladas, mas devem operar de maneira integrada para que a empresa fortaleça sua presença no mercado, retenha clientes e gere receita de forma contínua.

Nos capítulos anteriores, exploramos cada um desses pilares separadamente. Agora, vamos entender como essa integração estratégica acontece na prática e como empresas que equilibraram bem esses fatores conseguiram crescer de maneira sólida.

EQUILÍBRIO E HARMONIA: COMO DISTRIBUIR ESFORÇOS ENTRE OS PILARES

Muitas empresas enfrentam o dilema de onde alocar investimentos e esforços de marketing. O segredo não está em escolher apenas um dos pilares, mas, sim, em encontrar o equilíbrio ideal, considerando fatores como:

- **Momento da empresa:** empresas em estágio inicial precisam focar mais na construção da marca e na aquisição de clientes. Já empresas consolidadas devem priorizar retenção e fidelização.
- **Mercado e concorrência:** em mercados altamente competitivos, o branding pode ser um diferencial decisivo. Já em segmentos com pouca diferenciação, a estratégia pode priorizar ofertas comerciais e programas de fidelidade.
- **Modelo de negócio:** empresas B2B geralmente exigem maior esforço em relacionamento e nutrição de leads, enquanto e-commerces podem depender mais de estratégias de conversão e performance.

O ponto central é evitar uma estratégia desequilibrada. Empresas que investem apenas em vendas podem crescer rápido, mas, sem uma marca forte, acabam sendo substituídas facilmente. Por outro lado, investir apenas em branding sem estratégias comerciais sólidas pode fazer com que o crescimento demore muito mais para acontecer.

GERENCIAMENTO DE PRODUTOS COMO APOIO ESTRATÉGICO

Outro fator importante no crescimento das empresas é a gestão de produtos. O marketing não pode ser pensado isoladamente do portfólio de produtos e serviços que a empresa oferece. Inovação, ajustes de portfólio e expansão de mercados devem estar alinhados às necessidades do consumidor.

O papel do marketing nesse processo inclui:

- **Pesquisa de mercado** para identificar tendências e necessidades do público antes do lançamento de novos produtos.
- **Testes e validações**, aplicando metodologias como MVP (*Minimum Viable Product*) para testar soluções antes de um grande investimento.
- **Planejamento de posicionamento e comunicação** para criar narrativas que traduzam os diferenciais do produto para o mercado.

Empresas que negligenciam essa integração entre produto e marketing perdem oportunidades de inovação e podem lançar ofertas desalinhadas às reais necessidades dos clientes.

LOCALIZA: O PODER DO RELACIONAMENTO COM CLIENTES E PARCEIROS

A Localiza é um exemplo de como uma empresa pode transformar um mercado tradicional por meio de uma estratégia integrada de marketing. Seu crescimento não se deve apenas ao branding e à experiência do cliente final, mas também a um forte relacionamento com fornecedores e parceiros estratégicos, o que a tornou líder no setor de aluguel de veículos na América Latina.

1. **Construção da marca**

   A Localiza sempre investiu em branding e publicidade para se posicionar como a maior referência em aluguel de carros no Brasil. Sua comunicação reforça atributos como confiança, segurança e conveniência. Esse investimento em marca fez com que se tornasse *top of mind* no setor.

2. **Relacionamento com clientes, parcerias estratégicas e relacionamento com fornecedores**

Além de campanhas institucionais e promocionais, a Localiza criou o **Localiza Fidelidade**, programa de recompensas para clientes frequentes. Esse programa aumenta a retenção e melhora o LTV dos usuários, garantindo que eles sempre escolham a empresa quando precisam de um aluguel de carro.

Outro ponto de destaque é a digitalização do atendimento, que simplificou o processo de aluguel e reduziu fricções na jornada do consumidor. Aplicativos e ferramentas digitais permitem que clientes façam reservas com rapidez, economizando tempo e aumentando a satisfação.

Um dos diferenciais da Localiza é seu ecossistema de parcerias bem estruturado, que fortalece a empresa e aumenta sua capilaridade no mercado. Entre os principais parceiros estão:

- **Empresas de aviação e turismo:** parcerias com companhias aéreas, agências de viagens e plataformas como Booking. com ajudam a Localiza a captar clientes no momento exato da necessidade — quando estão planejando ou executando uma viagem.
- **Fornecedores e montadoras:** a Localiza mantém **acordos estratégicos com montadoras**, permitindo a compra de grandes volumes de veículos com condições vantajosas. Isso possibilita oferecer uma frota sempre nova e com preços competitivos.
- **Oficinas e seguradoras:** o relacionamento com oficinas credenciadas e seguradoras é essencial para manter a qualidade da frota e garantir suporte rápido em caso de manutenção ou acidentes. Esse modelo evita perdas financeiras e mantém a experiência do cliente intacta.
- **Parcerias corporativas:** muitas empresas utilizam a Localiza para aluguel de frotas e mobilidade executiva. A Localiza oferece condições especiais para empresas, consolidando-se como parceira estratégica no segmento B2B.

3. **Expansão comercial e novas fontes de receita**

   Além do aluguel de carros, a Localiza diversificou suas fontes de receita com a venda de seminovos e um ecossistema de mobilidade. Dessa forma, clientes que alugam veículos por um período podem optar por comprá-los depois, gerando um fluxo de receita adicional.

   Insight: o sucesso da Localiza está na integração entre experiência do cliente e estratégias de relacionamento com parceiros e fornecedores e estratégias comerciais. Esse ecossistema de colaboração garante vantagem competitiva, maior eficiência operacional e mais oportunidades de crescimento.

13.1 COMO UTILIZAR A ESTRATÉGIA LEBBE GROWTH NA PRÁTICA

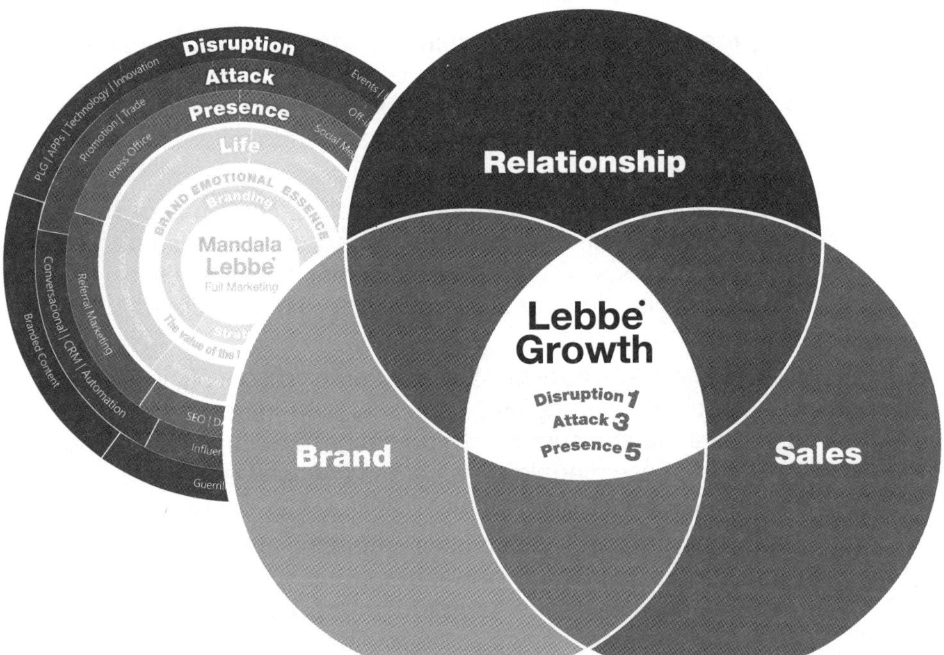

O Lebbe Growth é a aplicação prática da Mandala Lebbe, transformando os conceitos estratégicos em um método executável e mensurável. Enquanto a Mandala estrutura as camadas do marketing (Branding → BEE → *Life* → *Presence* → *Attack* → *Disruption*), o Lebbe Growth organiza todas as ações em três pilares de resultado: Brand (reconhecimento), Relationship (retenção) e Sales (conversão).

A metodologia 5/3/1 aplicada

Para cada um dos três pilares do Lebbe Growth, utilizamos a lógica das camadas da Mandala:

- 5 ações de *Presence:* base contínua e consistente — ações de baixo/médio custo que mantêm a marca presente no dia a dia do público.
- 3 ações de *Attack:* alavancas de impacto — investimentos focados para acelerar resultados e amplificar alcance.
- 1 ação de *Disruption:* diferenciação ousada — iniciativa inovadora que eleva o patamar competitivo.

Por que essa estrutura funciona?

Presence garante continuidade e constrói confiança ao longo do tempo

- *Attack* gera picos de atenção e acelera conversões quando necessário
- *Disruption* cria marcos memoráveis que diferenciam a marca da concorrência

Aplicando essa lógica nos três pilares:

- BRAND 5/3/1: 5 ações contínuas de presença + 3 campanhas de impacto + 1 iniciativa disruptiva para reconhecimento.
- RELATIONSHIP 5/3/1: 5 processos de relacionamento constante + 3 ações de engajamento intensivo + 1 experiência inovadora para fidelização.
- SALES 5/3/1: 5 estratégias de conversão sempre ativas + 3 campanhas comerciais focadas + 1 oferta revolucionária para acelerar vendas.

Resultado prático

Em vez de um planejamento genérico, você tem 27 ações específicas (9 por pilar) distribuídas ao longo do ano, garantindo:

- Consistência na construção da marca.
- Relacionamento estruturado com clientes.
- Pipeline previsível de vendas.
- Equilíbrio entre sustentação e crescimento.

Esta metodologia foi testada em dezenas de empresas de diferentes portes e segmentos, facilitando a execução e o acompanhamento de resultados. O **formato 5/3/1** permite que até empresas com recursos limitados tenham um plano estruturado e realizável.

A grande verdade é que nenhuma empresa do mundo tem orçamento infinito para investir em todas as frentes de marketing ao mesmo tempo. Por isso, **o papel central de um bom planejador é saber priorizar** — escolher onde colocar energia e verba para gerar o maior impacto possível.

Esse desafio é ainda maior no Brasil, onde a grande maioria das empresas trabalha com margens reduzidas e recursos limitados. Segundo dados do Ministério do Desenvolvimento, Indústria, Comércio e Serviços, o país possui mais de 21 milhões de CNPJs ativos, dos quais 93,7% são microempresas ou empresas de pequeno porte — aproximadamente 19,7 milhões de negócios.

Isso significa que apenas 1,3 milhão de empresas (6,3%) são de médio e grande porte, concentrando boa parte do PIB nacional. Quando falamos de marketing no Brasil, estamos falando de um universo em que grande parte das empresas precisa fazer mais com menos recursos.

E aqui entra a força do **Lebbe Growth: equilibrar Brand, Relationship e Sales** de forma prática e estruturada, usando a lógica testada da Mandala aplicada em cada pilar de resultado.

Estrutura de implementação

Esse formato permite que a empresa organize seu plano anual de forma equilibrada:

- Constância na presença (*Presence*).
- Intensidade no ataque (*Attack*).
- Ousadia na disrupção (*Disruption*).

Empresas maiores ou com mais verba podem expandir o número de ações, enquanto negócios menores podem adaptar o 5/3/1 para sua realidade. O plano também pode ser aplicado para linhas de produtos diferentes, segmentos de clientes ou unidades de negócio, garantindo que cada área receba foco estratégico.

O último passo é transformar tudo em um calendário anual organizado, apoiado por ferramentas práticas como a planilha 5W2H (o que, por que, quem, quando, onde, como e quanto), garantindo clareza, disciplina e acompanhamento de cada ação planejada.

Em resumo: o Lebbe Growth é mais do que uma teoria — é um método simples, adaptável e realista para empresas brasileiras que precisam crescer de forma estruturada, sem desperdiçar energia e verba.

Exemplo aplicado (empresa de varejo digital/e-commerce)

1) BRAND (marca)

Presence (5)

1. Calendário editorial (site, YouTube, LinkedIn/Instagram) alinhado ao BEE.
2. SEO sempre-ativo (páginas pilar + *clusters*) e manutenção de reputação (reviews).
3. PR contínuo com pautas mensais e porta-vozes treinados.
4. Social orgânico com séries fixas (ex.: "Por trás do produto", "Cliente da semana").
5. Kit de marca e governança de identidade para times e parceiros.

Attack (3)

1. Campanha integrada de *awareness* (YouTube/CTV + OOH + *creators*).
2. Patrocínio/ativação em 1–2 eventos do segmento (com coleta de leads).
3. *Hero video* (manifesto) com distribuição paga e testes de criativos.

Disruption (1)

- Estudo proprietário anual (dados do setor) + lançamento com experiência imersiva e ampla imprensa — para posicionar a marca como referência.

2) RELATIONSHIP (relacionamento)

Presence (5)

1. Programa de CX com NPS/CES trimestral e planos de ação.
2. CRM com jornadas por comportamento (boas-vindas, pós-compra, reabastecimento).
3. Base de conhecimento/FAQ atualizada e fácil de achar.
4. Comunidade de clientes (grupo fechado, webinars, conteúdos exclusivos).
5. Boletim executivo para stakeholders (investidores, parceiros, imprensa).

Attack (3)

1. Programa de indicação com dupla recompensa (quem indica e quem é indicado).
2. Campanhas de *win-back* (carrinho abandonado/inativos) com ofertas personalizadas.
3. Parcerias de ecossistema (co-marketing com marcas complementares).

Disruption (1)

- Imersão anual para clientes (experiência proprietária + *preview* de lançamentos + acesso a lideranças) para gerar *advocacy* e conteúdo orgânico.

3) SALES (vendas)

Presence (5)

1. *Playbook* comercial + cadências (SDR/*Closer*) e scripts por persona.
2. CRO contínuo nas páginas de produto/check-out (testes A/B).
3. *Always-on* (anúncios contínuos) de captura (Search/Shopping + remarketing dinâmico).
4. Conteúdo *"sales enablement"* (Treinamentos frequentes: ROI *calculator*, cases, one-pagers).
5. Regras de *pricing* e *bundles* (Promoções, pacotes, descontos progressivos, kits sazonais) bem documentadas.

Attack (3)

1. Campanha de conversão (PMAX + Social Ads) para categorias prioritárias.
2. Sequência de oferta por gatilhos (escassez, prova social, garantia estendida).
3. Live commerce com *creators* focada em ticket e velocidade de giro.

Disruption (1)

- Oferta *"moonshot"* (muito ousada — ex.: assinatura com reposição inteligente + benefícios VIP por 90 dias) com narrativa forte e janela limitada.

COMO PRIORIZAR (RÁPIDO E OBJETIVO)

Use um score simples I.C.E.A. para comparar ações dentro de cada pilar:

- **Impacto** (0–5): potencial de mover KPI-chave (*awareness*, CAC, LTV, receita).
- **Custo** (0–5, invertido): menor custo = maior nota.
- **Esforço** (0–5, invertido): menor complexidade = maior nota.
- **Aderência ao BEE** (0–5): quanto reforça sua essência emocional.

Some as notas e priorize o topo. Em caso de empate, vence quem gera aprendizado mais rápido.

Cadência anual e governança

- **Q1:** fechar 5/3/1 de cada pilar; operar *Presence*; *Attack* #1 no ar, *Disruption* em pré-produção.
- **Q2:** otimizar o que rodou; *Attack* #2; *checkpoints* de CX e BI.
- **Q3**: picos sazonais; *Attack* #3; MVP da *Disruption* com ajustes finos.
- **Q4**: *Disruption* "full"; consolidação de aprendizados; orçamento e pipeline do próximo ano.

Regra de ouro: não abra frente nova sem fechar o ciclo de aprendizado da anterior (hipótese → teste → métrica → decisão).

Do plano à execução

Depois de escolher as ações 5/3/1 **em cada pilar**, transforme tudo em **calendário anual** e detalhe com **5W2H** para cada iniciativa:

What (o quê?), **Why** (objetivo/KPI), **Who** (responsáveis), **When** (cronograma), **Where** (canais), **How** (tática/risco), **How much** (budget/ROI esperado).

Dicas finais

- **Menos frentes, mais profundidade:** escale o que já provou tração.
- **Fidelidade ao BEE:** toda ação deve "transpirar" sua essência.
- **Orçamento dinâmico:** reserve 10%–15% para otimizações e oportunidades.
- **Pareto sempre:** 20% das ações trazem 80% do resultado — descubra quais.

Exemplo aplicado (varejo físico)

1) BRAND (marca)

Presence (5)

1. Identidade visual consistente em todas as lojas e materiais de PDV.
2. Calendário de conteúdo em redes sociais, mostrando bastidores e promoções.
3. Relações públicas locais: notas em jornais regionais e parcerias com rádios comunitárias.
4. Ambientação sensorial (trilha sonora, aroma, layout visual) padronizada para reforçar identidade.
5. Patrocínio de causas locais (time esportivo, evento cultural ou ação social do bairro).

Attack (3)

1. Campanha integrada com OOH local (outdoors, *busdoor*, rádio regional).
2. Lançamento de coleção ou campanha sazonal (ex.: Volta às Aulas, Dia das Mães, Black Friday).
3. Criação de um herói de campanha (personagem, jingle ou mascote) para gerar recall na comunidade.

Disruption (1)

- Transformar a loja em um **espaço de experiência**. Exemplo: um supermercado cria um "festival gastronômico" mensal com chefs locais cozinhando no ponto de venda.

2) RELATIONSHIP (relacionamento)

Presence (5)

1. Programa de fidelidade simples (pontos, cashback ou descontos progressivos).
2. Treinamento contínuo de equipe para atendimento encantador.
3. WhatsApp corporativo para clientes com ofertas semanais personalizadas.
4. Newsletter digital e impressa (para clientes que preferem físico).
5. Pesquisa rápida de satisfação no caixa ou via QR code no cupom fiscal.

Attack (3)

1. Clube VIP: ofertas exclusivas para clientes cadastrados no programa de fidelidade.
2. Ações de co-marketing com marcas de consumo (degustações, amostras grátis, promoções conjuntas).
3. Evento de clientes frequentes (*preview* de coleções, descontos antecipados, café da manhã especial na loja).

Disruption (1)

- Criação de uma **comunidade própria:** grupo no WhatsApp/ Telegram ou aplicativo da marca com gamificação (desafios, pontos, prêmios), estimulando pertencimento e *advocacy*.

3) SALES (vendas)

Presence (5)

1. Planograma bem definido (disposição de produtos no PDV para estimular compra por impulso).
2. Promoções recorrentes de giro rápido (ex.: "Leve 3, pague 2").
3. Materiais de PDV sempre atualizados (faixas de gôndola, *wobblers*, displays).

4. Monitoramento de rupturas e reposição eficiente para nunca faltar produto.
5. Uso de CRM para mapear frequência de compra e ticket médio.

Attack (3)

1. Campanhas sazonais agressivas (ex.: Black Friday, Liquida Cidade, Dia do Cliente).
2. Ações de "compre e ganhe" (brindes colecionáveis ou descontos em produtos complementares).
3. Live shopping direto da loja transmitido nas redes sociais, estimulando compra presencial e on-line.

Disruption (1)

- Implementar um **modelo híbrido físico + digital** (ex.: "compre on-line e retire na loja" + *lockers* inteligentes) para transformar o ponto de venda em hub de conveniência.

A aplicação do **5/3/1** no varejo físico ajuda a evitar o erro comum de depender apenas de **promoções de preço**. Ele equilibra consistência (*Presence*), alavancas de curto prazo (*Attack*) e diferenciação real no mercado (*Disruption*).

Exemplo aplicado (indústria B2B)

1) BRAND (marca)

Presence (5)

1. Produção de *whitepapers* (documento informativo) e relatórios técnicos para fortalecer a autoridade.
2. Conteúdo educativo (webinars, artigos em revistas do setor, vídeos técnicos).
3. Gestão ativa de presença em feiras e congressos (mesmo sem patrocinar, estar presente).
4. Reputação digital: site atualizado + SEO para termos técnicos relevantes.
5. Press releases regulares sobre inovação, ESG e expansão de capacidade produtiva.

Attack (3)

1. Campanha integrada de branding em mídia especializada (revistas setoriais, portais técnicos).
2. Patrocínio de um grande congresso da categoria, com estande e ativações de networking.
3. Produção de um documentário ou série curta sobre inovação e impacto social da indústria.

Disruption (1)

- Criação de um **hub digital proprietário** (plataforma de conhecimento técnico + comunidade de engenheiros e compradores) para se tornar referência no setor.

2) RELATIONSHIP (relacionamento)

Presence (5)

1. CRM robusto para gestão de leads e histórico de distribuidores/clientes.
2. Atendimento técnico e suporte contínuo (manual digital + *help desk* especializado).
3. Programa de treinamentos regulares para distribuidores e representantes comerciais.
4. Newsletter mensal segmentada para clientes e stakeholders com insights de mercado.
5. Relatórios de sustentabilidade e inovação compartilhados com parceiros estratégicos.

Attack (3)

1. Programa de fidelidade para distribuidores (incentivos + certificações exclusivas).
2. Campanha de relacionamento com clientes-chave (Top 20 *accounts*) via eventos exclusivos.
3. Parcerias institucionais com universidades e centros de pesquisa para co-branding.

Disruption (1)

- Imersão anual para clientes estratégicos e distribuidores em um **Tech Day** dentro da fábrica, com experiências de realidade aumentada, laboratórios abertos e prévias de novos produtos.

3) SALES (vendas)

Presence (5)

1. Estruturação do funil de vendas com SDRs e *Closer* para grandes contas.
2. CRO contínuo em *landing pages* e formulários de solicitação de orçamento.
3. Regras claras de preços, descontos progressivos e *bundles* B2B.
4. Produção de estudos de caso robustos para equipar o time comercial.
5. *Roadshow* (visitas presenciais) em 3–4 cidades estratégicas para geração de demanda com clientes locais.

Attack (3)

1. Campanhas sazonais para lançamento de linhas de produtos com kits de amostra e webinars de demonstração.
2. Inside Sales com foco em reativação de clientes inativos (listas segmentadas + ofertas especiais).
3. *Always-on* em mídia de performance para geração de leads (LinkedIn Ads + Google Search).

Disruption (1)

- Modelo de negócios inovador de **"subscription B2B"** (assinatura de insumos ou peças sob demanda com condições exclusivas e reposição automática), testado com clientes estratégicos.

Exemplo aplicado (empresa de serviços)

1) BRAND (marca)

Presence (5)

1. Produção contínua de conteúdo educativo (blog, YouTube, LinkedIn) para reforçar autoridade.
2. Participação ativa em eventos do setor (palestras, webinars, painéis).
3. Gestão de reputação digital em plataformas de avaliação (Google Reviews, Reclame Aqui, TripAdvisor — dependendo do setor).
4. Identidade visual e tom de voz consistentes em todos os canais e materiais.
5. Newsletter mensal com insights e cases para educar clientes e *prospects*.

Attack (3)

1. Campanha digital de branding com foco em autoridade (LinkedIn Ads + YouTube Ads para profissionais do setor).
2. Patrocínio de um evento estratégico ou publicação de destaque (ex.: revista setorial, portal especializado).
3. Produção de um *hero content* (ex.: e-book, estudo de mercado, pesquisa proprietária) amplamente distribuído com mídia paga para captação de lead.

Disruption (1)

- Lançamento de um **evento proprietário** (ex.: conferência, *summit*, workshop imersivo) para posicionar a empresa como protagonista do setor.

2) RELATIONSHIP (relacionamento)

Presence (5)

1. CRM ativo para nutrir leads e clientes com comunicações segmentadas.
2. Atendimento multicanal (WhatsApp, e-mail, telefone, chat on-line).
3. Pesquisas de satisfação (NPS) após cada serviço entregue.
4. Comunidade digital exclusiva (grupo fechado ou fórum de clientes).
5. Relatórios e feedbacks regulares para clientes ativos (transparência e confiança).

Attack (3)

1. Programa de indicação com recompensas (ex.: desconto, bônus de horas, benefício extra).
2. Campanhas de reativação para clientes inativos, com ofertas personalizadas.
3. Parcerias estratégicas (ex.: coworkings, universidades, fintechs) para expandir a rede de relacionamento.

Disruption (1)

- Criação de uma **plataforma proprietária de engajamento** (app, portal de conteúdos exclusivos, gamificação de aprendizado/uso do serviço).

3) SALES (vendas)

Presence (5)

1. Estruturação do funil de vendas (captação → nutrição → proposta → fechamento).
2. *Playbook* de vendas consultivas com scripts personalizados por persona.
3. Site otimizado para conversão (*landing pages* claras, CTAs fortes, provas sociais).
4. Webinars e masterclasses ao vivo para geração de leads quentes.
5. Materiais de apoio de alto valor (*cases*, *whitepapers*, ROI *calculator*).

Attack (3)

1. *Always-on* de captação via Google Ads (Search) para demanda ativa.
2. Campanha de captação em redes sociais (Meta + LinkedIn) com oferta de diagnóstico gratuito.
3. Pacotes e promoções sazonais (ex.: desconto no primeiro mês de contrato, bônus de consultoria).

Disruption (1)

- Um **modelo inovador de oferta** (ex.: assinatura flexível, garantia de resultados ou modelo *pay-per-performance*) que muda a lógica do setor.

COMO ADAPTAR OS EXEMPLOS À SUA REALIDADE

Os exemplos apresentados — varejo (digital e físico), indústria e serviços — mostram a lógica de como distribuir esforços nas camadas **Presence, Attack e Disruption** dentro de cada pilar do Lebbe Growth (**Brand, Relationship e Sales**). Mas lembre-se: eles servem como pontos de partida. Cada empresa tem contexto, orçamento, maturidade e público diferentes, e o grande valor da metodologia está justamente na **personalização**.

Ao aplicar o 5/3/1, questione sempre:

- Essa ação fortalece meu BEE (*Brand Emotional Essence*)?
- Ela está alinhada aos objetivos estratégicos do negócio?
- Quais KPIs vou monitorar para avaliar se essa ação funcionou?
- Tenho verba, equipe e capacidade de execução para manter essa ação com qualidade?

Outro ponto essencial é entender que nem todas as empresas precisam começar com o mesmo peso em cada pilar. *Startups* podem priorizar Sales no curto prazo, enquanto marcas já consolidadas podem focar mais em Brand e Relationship para sustentar crescimento no longo prazo. O segredo é o equilíbrio dinâmico: ajustar continuamente a distribuição de esforços conforme o negócio evolui e os resultados aparecem.

Por fim, trate cada ciclo do 5/3/1 como uma base de aprendizado. A cada trimestre, revise o que deu certo, descarte o que não funcionou e reforce o que trouxe mais resultado. Assim, a metodologia deixa de ser apenas um exercício de planejamento e se torna um motor contínuo de crescimento sustentável.

CAPÍTULO 14

TEMPO X RESULTADO

A PACIÊNCIA NECESSÁRIA PARA CONSOLIDAR UMA MARCA

Uma das maiores falhas dos empresários é acreditar que resultados de marketing chegam da noite para o dia. Muitas empresas, pressionadas por metas imediatas, desistem de estratégias sólidas de marca antes que elas possam mostrar todo o seu potencial. O problema é que construir uma marca é como plantar uma árvore: exige tempo, consistência e cuidado — mas, quando cresce, torna-se um ativo que gera frutos por muitos anos.

Pesquisas do **IPA (Institute of Practitioners in Advertising)** mostram que campanhas institucionais precisam de **6 a 12 meses** para começar a gerar ROI positivo, mas que seus efeitos se prolongam por anos. É o oposto de campanhas de vendas imediatas, que trazem retorno rápido, porém se esgotam com a mesma velocidade.

Outros dados reforçam essa visão:

- **Marcas fortes aumentam a propensão de compra em até 47%** (Nielsen).
- **Reduzem o CAC em até 50%**, já que consumidores preferem comprar de quem conhecem e confiam.
- **Aumentam o LTV** ao manter clientes ativos por mais tempo, reduzindo *churn* e estimulando recompra.

O grande insight é simples: o segredo não está em escolher entre vendas ou branding, mas em **equilibrar ações de curto prazo com estratégias de longo prazo**. É como dirigir um carro: o pedal de aceleração (sales) gera movimento imediato, mas é o volante (brand + relationship) que dá direção e garante que a jornada leve ao destino certo.

O FUTURO DO MARKETING COM IA E DADOS

Estamos entrando em uma nova era em que a **inteligência artificial e a análise avançada de dados** remodelam completamente o marketing. Mas surge uma pergunta inevitável: a tecnologia substituirá a criatividade e o pensamento estratégico?

Segundo **Philip Kotler, em Marketing 6.0**, a resposta é clara: a IA será uma ferramenta indispensável, mas o diferencial continuará sendo a essência da marca e a capacidade de criar conexões humanas genuínas.

Algumas das principais transformações já em curso incluem:

- **Hiperpersonalização** → mensagens, ofertas e experiências adaptadas a cada indivíduo em tempo real.
- **Análise preditiva** → algoritmos que antecipam necessidades antes mesmo que o cliente perceba.
- **Automação avançada** → chatbots inteligentes, otimização de mídia e campanhas que se ajustam sozinhas.

Mas há um alerta: marcas que dependem apenas da automação correm o risco de perder **autenticidade**. A tecnologia pode aproximar, no entanto, também pode desumanizar se não for usada com propósito.

O CORAÇÃO DO MARKETING

O futuro do marketing não será uma batalha entre humanos e máquinas, mas uma **integração equilibrada entre inovação e essência**. Empresas que conseguirem usar IA para ganhar eficiência, sem perder a capacidade de **emocionar, contar histórias e gerar confiança**, terão vantagem competitiva duradoura.

Porque, no fim, o coração do marketing não está em ferramentas, canais ou algoritmos. O coração do marketing sempre será a **essência do negócio, o propósito da marca e a conexão com as pessoas**.

CAPÍTULO 15
FULL MARKETING
A ESSÊNCIA DO NEGÓCIO

Full Marketing não é mídia. Não é anúncio. Não é algoritmo.

Full Marketing é **vida pulsando**. É a ponte invisível que conecta sonhos a marcas, pessoas a propósitos, negócios a histórias que merecem ser contadas.

Ao longo deste livro, você viu que não existe mágica. Existem método, coragem e disciplina. Existe a paciência de plantar hoje o que só floresce amanhã. Existe a ousadia de arriscar, de inovar, de acreditar que uma boa ideia pode mover multidões.

A **Mandala Lebbe** nos mostrou que marketing não pode ser improviso, é construção.

O **Lebbe Growth** nos ensinou que o crescimento não vem do desequilíbrio, mas da dança harmoniosa entre **Brand, Relationship e Sales**.

E os exemplos que percorremos juntos deixaram claro: o marketing que fica não é o que queima verba, mas o que **gera significado**.

O futuro?

Será digital, veloz, inteligente. A inteligência artificial já desenha caminhos antes inimagináveis. Mas a tecnologia, por mais poderosa que seja, nunca substituirá o **olho no olho**, a emoção de uma história bem contada, a confiança de um relacionamento verdadeiro.

Porque, no fim, marcas não são feitas de logotipos nem de métricas.

São feitas de **gente para gente**.

São feitas de **emoções que se repetem até virarem lembranças**.

Se este livro pudesse ser resumido em uma única verdade, seria esta:

O marketing que transforma

não é o que grita,

é o que toca.

E esse é o convite que deixo para você: que cada ação, cada campanha, cada estratégia seja mais do que um número no relatório. Que seja um gesto de impacto, de conexão e de transformação.

Porque marcas passam, campanhas acabam, tecnologias mudam.

Mas a **essência** permanece.

E é nela que mora o verdadeiro poder do marketing.

BIBLIOGRAFIA

MARKETING E ESTRATÉGIA

GODIN, Seth. ***This is Marketing:*** *You Can't Be Seen Until You Learn to See.* Portfolio, 2018.

- Marketing centrado no valor e conexão humana.

KOTLER, Philip. ***Marketing Management.*** *15ª ed.* Pearson, 2016.

- Conceitos fundamentais de marketing e suas evoluções.

KOTLER, Philip. ***Marketing 6.0:*** *Technology for Humanity.* Wiley, 2021.

- Transformação digital e o papel da IA no marketing moderno.

LEVINSON, Jay Conrad. ***Marketing de Guerrilha.*** *Best Seller, 2010.*

- Estratégias criativas e não convencionais de marketing.

ROSS, Aaron. ***Receita Previsível.*** Saraiva Uni, 2017.

- Metodologias de crescimento sustentável e vendas.

POSICIONAMENTO E BRANDING

AAKER, David A. ***Building Strong Brands.*** *Free Press, 2010.*

- Construção e gestão de marcas fortes.

AAKER, David A. ***On Branding:*** *20 Principles That Drive Success.* Morgan James Publishing, 2014.

- Princípios fundamentais do branding moderno.

KELLER, Kevin Lane; MACHADO, Marcos. ***Gestão Estratégica de Marcas.*** Pearson, 2006.

- Estratégia e implementação de marca.

RIES, Al; TROUT, Jack. ***Posicionamento:*** A Batalha por sua Mente. M. Books, 2002.

- Fundamentos do posicionamento estratégico de marcas.

ESTRATÉGIA CRIATIVA E COMUNICAÇÃO

OGILVY, David. ***Confissões de um Publicitário.*** Bertrand Brasil, 2001.

- Fundamentos da comunicação publicitária eficaz.

SCHMETTERER, Bob. ***Salto:*** Uma Revolução em Estratégia Criativa nos Negócios. Futura, 2003.

- Inovação em estratégia criativa empresarial.

PRODUTIVIDADE E FOCO ESTRATÉGICO

MCKEOWN, Greg. ***Essencialismo:*** A Disciplinada Busca por Menos. Sextante, 2015.

- Filosofia do foco no essencial para melhores resultados.

MARKETING DIGITAL E SEO

PATEL, Neil. ***Digital Marketing in an AI World.*** Neil Patel Digital, 2023.

- Marketing baseado em dados e tempo real.

REZ, Rafael. ***SEO:*** Estratégias de Otimização para Mecanismos de Busca. Novatec, 2018.

- Fundamentação sobre SEO e inbound marketing.

TECNOLOGIAS DE INTELIGÊNCIA ARTIFICIAL

Plataformas de IA Generativa:

- **Anthropic Claude** – Análise de dados e geração de variações criativas.
- **Google Gemini** – Pesquisa automatizada e insights de comportamento.
- **OpenAI ChatGPT** – Ideação, criação de conteúdo e hipóteses de teste.
- **Perplexity AI** – Pesquisa e benchmarking rápido.

Ferramentas de Automação e Integração:

- **n8n, Make, Zapier** – Orquestração de fluxos e automação de marketing.
- **PaveAI, Akkio** – Transformação de dados de GA4/CRM em recomendações.

Plataformas de Análise e Experimentação:

- **Amplitude, Mixpanel** – Análise comportamental e funis.
- **Hotjar, Crazy Egg** – Mapas de calor e gravações de sessão.
- **Optimizely, VWO** – Testes A/B e otimização de conversão.

ARTIGOS E PESQUISAS ACADÊMICAS

REICHHELD, Frederick F. The Loyalty Effect: The Hidden Force Behind Growth, Profits, and Lasting Value. **Harvard Business Review**, 1996.

- Fundamentação sobre lealdade e retenção de clientes.

FONTES DE DADOS E ESTATÍSTICAS

Organizações Internacionais:

- **Statista** – Estatísticas de conectividade e comportamento digital.
- **UNCTAD** (Conferência das Nações Unidas sobre Comércio e Desenvolvimento).
- **U.S. Census Bureau** – Dados de e-commerce global.

Plataformas de Dados e Pesquisa Digital:

- **Bydas** – "Quanto custa anunciar no Facebook em 2024: Estratégias e Otimizações para Reduzir Custos". Novembro de 2024.
- **DataReportal** – *Digital 2024: Brazil.* Relatório anual sobre comportamento digital, redes sociais e internet no Brasil. Janeiro de 2024.
- **Meta Business Tools** – Dados oficiais sobre alcance de anúncios e audiências do Facebook e Instagram no Brasil. 2024.
- **Shopify Brasil** – "Estatísticas do Facebook que todo empreendedor deve conhecer em 2024" e "Quanto custa anunciar no Facebook em 2024". 2024.
- **Warc** – *Global Advertising Trends.* Relatório sobre investimentos publicitários globais e tendências de mídia. Maio de 2024.

Consultorias e Pesquisas de Mercado:

- **Accenture** – Estudos sobre automação de negociações comerciais e transformação digital.
- **Deloitte** – Relatórios sobre inteligência artificial no trade marketing e inovação em varejo.
- **McKinsey & Company** – Estudos sobre personalização, marketing digital e transformação de negócios.
- **Nielsen** – Pesquisas sobre confiança em influenciadores digitais e comportamento do consumidor.
- **PwC Brasil** – *Total Retail 2022* e estudos sobre comportamento de compra do consumidor brasileiro.

Entidades Setoriais Brasileiras:

- **Cenp-Meios** – Dados sobre investimento publicitário no mercado brasileiro. 2024.

Institutos de Pesquisa:

- **Kantar Ibope** – Pesquisas sobre consumo de mídia e comportamento digital no Brasil. 2023.
- **Global Media Insights** – Dados sobre usuários ativos e tempo de permanência em plataformas digitais. 2025.

Consultorias e Pesquisas:

- **Accenture** – Automação de negociações comerciais.
- **Deloitte** – Relatórios sobre IA no trade marketing.
- **McKinsey & Company** – Estudos sobre personalização e marketing digital.
- **Nielsen** – Confiança em influenciadores digitais.
- **PwC Brasil** – Total Retail 2022 e comportamento de compra.

Fontes Brasileiras:

- **ABComm** (Associação Brasileira de Comércio Eletrônico) – Dados 2024.
- **Banco Central do Brasil** – Estatísticas do Pix.
- **Conversion** – Rankings e dados de tráfego 2024.
- **Ebanx** – Estudos sobre meios de pagamento digital.
- **Ebit|Nielsen** – Comportamento do consumidor brasileiro.

- **IBGE** – Dados de conectividade domiciliar.
- **Portal E-Commerce Brasil** – Projeções 2025.

Plataformas Especializadas:

- **AIOSEO** (2025) – Estatísticas de SEO e *featured snippets*.
- **SeoClarity** – Adoção de IA em estratégias de SEO.

CASES E EXEMPLOS EMPRESARIAIS

Os cases apresentados foram baseados em análises públicas e observação de mercado das seguintes empresas:

- **Brasileiras:** Carrefour, Mercado Livre, Rappi, iFood, Pão de Açúcar.
- **Globais:** Natura, Nubank, Magazine Luiza, Localiza, Skittles, Amazon, Netflix, Spotify.
- **Tecnologia:** Google, Meta (Facebook), LinkedIn, TikTok, YouTube.

METODOLOGIA PRÓPRIA

LEBBE, Fernando. **Full Marketing:** A metodologia para organizar o marketing da sua empresa e multiplicar os resultados. 2025.

- **Mandala Lebbe** – Framework de diagnóstico e estratégia.
- **Lebbe Growth** – Metodologia de crescimento integrado (Brand + Relationship + Sales).
- **Metodologia 5/3/1** – Priorização de ações por impacto.

DVS EDITORA
www.dvseditora.com.br

Impressão e Acabamento | Gráfica Viena
Todo papel desta obra possui certificação FSC® do fabricante.
Produzido conforme melhores práticas de gestão ambiental (ISO 14001)
www.graficaviena.com.br